존 로빈스의
인생혁명

THE NEW GOOD LIFE

Copyright © 2010 by John Robbins
All rights reserved.
This translation published by arrangement with Ballantine Books,
an imprint of The Random House Publishing Group, a division of Random House, Inc.

Korean translation copyright © 2011 by Sigongsa Co., Ltd.
Korean translation rights arranged with Ballantine Books through EYA(Eric Yang Agency).

이 책의 한국어판 저작권은 EYA(Eric Yang Agency)를 통해 Ballantine Books와
독점 계약한 (주)시공사에 있습니다. 저작권법에 의하여 한국 내에서 보호를 받는 저작물이므로
무단전재와 복제를 금합니다.

《음식혁명》《100세 혁명》에 이은 새롭고 멋진 인생

존 로빈스의
인생혁명

존 로빈스 지음 | **김은령** 옮김

시공사

당신이 아는 가장 부유한 사람은 누구입니까?
우리는 이런 질문을 받으면 대개 돈이 아주 많은 사람을 생각합니다.
하지만 좀 다른 방식으로 질문한다면 어떨까요?
삶을 의미 있게 만들어준다는 관점에서 볼 때 누가 가장 부유한 사람일까요?
이 세상을 더 나은 곳으로 만들려고 노력한 사람을 압니까?
돈이 얼마나 있는지와 상관없이 삶이 기쁨으로 충만한 사람,
다른 사람을 깊이 배려하는 사람, 사랑을 베푸는 사람,
존재 자체만으로도 우리에게 축복인 사람은 누구일까요?
누군가 '성공'했다고 할 때, 이는 무엇을 의미할까요?
감정적으로 균형 잡혀 있고 다른 사람을 사랑한다는 의미일까요?
창조적이고 예술적이라 이 세상에 아름다움을 더해준다는 의미일까요?
그렇지 않을 것입니다. 사람들은 대개 돈을 많이 번 사람에게
'성공'이라는 단어를 붙입니다. 그러면서 자신은 가난하다고 생각합니다.
이것이 바로 멋진 인생에 관해 새로운 비전을 가져야 하는 이유입니다.

Contents

들어가는 글 '잘사는 것'의 의미 9

Part 1   가난한 사람과 부유한 사람 17
Part 2   당신은 돈과 어떤 관계를 맺고 있는가 49
Part 3   돈으로부터 자유로워지는 4단계 101
Part 4   내가 사는 곳이 바로 성전 131
Part 5   출퇴근에 시간을 낭비하기에는 인생이 너무 짧다 177
Part 6   더 잘 먹고 덜 쓰며 잘사는 법 212
Part 7   자녀, 인생 최대의 재무 계획 245
Part 8   청소의 진정한 목적 277
Part 9   행복의 경제학 315

옮긴이의 글 멋진 인생을 위한 한 걸음 344

들어가는 글

'잘사는 것'의 의미

　이 나라와 세계의 경제적 실존 문제가 이제 완전히 새로운 국면에 들어섰다. 지금까지 알아온 금융 지식이나 재정 지식과 작별을 고하게 되었다.

　과거라는 전제는 이제 믿을 수도 없고 믿어서도 안 되게 되었다. 얼마 전까지만 해도 제너럴모터스는 미국 경제의 10퍼센트를 책임졌고 세계에서 가장 큰 고용주 노릇을 했다. 하지만 2008년 제너럴모터스는 자산가치 90퍼센트 상실이라는 사태를 겪었다. 그리고 오랫동안 미국 경제의 중추로 여겨졌던 이 기업은 2009년 파산을 선언했다.

　국가도 파산할 수 있을까? 이런 일은 이미 일어났다. 1990년대 아이슬란드는 놀라운 경제성장을 거두어 다른 나라의 모범으로 여겨졌고 세계에서 가장 견고한 경제 시스템을 자랑했다. 2007년에는 인간계발지수Human Development Index에서 1위를 기록했다. 하지만 2008년에는 말 그대로 국가 파산을 경험했다. 대외 부채를 갚지 못해 아이슬란드 통화인 크로나는 전 세계 어디에서도 사용할 수 없게 되었다.

앞으로 미국 경제에도 어떤 일이 일어날지는 아무도 모른다. 최악의 상황은 이제 지나갔다고 선포한 경제학자와 관료들은 대부분 긍정적으로 생각한다. 진실을 분별할 수 있는 사람은 눈에 띄지 않는다. 수많은 주택소유자는 자기 집이 돼지저금통에서 골칫거리로 변해가는 것을 확인했다. 2010년 미국 주택소유자 세 명 가운데 한 명은 집의 가치보다 훨씬 더 높게 저당을 설정했는데, 이 숫자는 곧 두 명 중 한 명으로 늘어날 것이다. 오늘날 미국에서는 7.5초당 한 건씩 저당권이 상실되고 있다.

위협적인 적자와 대면하게 된 도시들과 국가, 주정부는 유례없이 막대한 예산 감축에 나섰다. 파산이 두려운 정부는 공공안전처럼 반드시 필요한 부분을 포함해 가능한 한 모든 분야에서 엄청난 감축을 단행하는 수밖에 없었다. 이는 가혹할 정도로 진행되어 수술용 메스로는 어림없는 수준이다. 고기 자르는 큰 칼 정도는 있어야 하지 않을까.

예전에는 당연하게 여긴 풍요로움이 이제는 많은 사람에게서 점점 더 멀어져간다. 대학졸업자보다 많은 사람이 파산을 겪고 있다. 미국의 많은 주에서 70년 동안 실업률이 높아 고민했으며 실업자들은 더욱 우울해지는 고용 시장과 마주하고 있다. 사업에 실패한 자영업자, 일자리를 잃은 사무직과 영업직 종사자, 임대사업자들 때문에 빈곤층은 점점 더 늘어난다. 대도시에서는 임시 거처가 필요한 사람들이 해마다 두 배로 늘고 있다. 예전에는 배고픔이라는 말이 낯선 단어였지만 이제는 공공 급식에 의존하며 푸드 스탬프를 받는 사람이 기록적으로 늘고 있다. 수백만 명이 일자리를 잃으면서 건강보험과도 작별하고 있다.

요즘 상황을 1930년대와 비교하는 불길한 기운이 퍼지고 있는데, 사실 두 시대 사이에는 기본적으로 차이가 있다. 최근 맞닥뜨린 경제 위기는 훨씬 더 회복하기 어렵다. 1930년대 국가 채무는 심각한 수준이 아니었다. 오늘날 미 연방정부의 채무는 12조 달러에 이른다. 1930년대는 가계 저축이 미덕으로 여겨졌다. 하지만 오늘날 보통의 미국인은 신용카드 빚을 갚느라 소득의 25퍼센트를 내야 한다. 1930년대는 환경오염이 심각해지기 전으로 천연자원이 풍부했으며, 석유를 필요한 양보다 훨씬 많이 생산했다. 오늘날은 지구온난화가 심각한데다 수입 원유에 대한 의존도가 높아지면서 이것이 경제에 위협을 가하고 있다. 1930년대 미국의 방위비는 전 세계 방위비의 5퍼센트에 지나지 않았지만 오늘날에는 45퍼센트에 이른다.

지난 몇 년 동안 무언가 이상한 일이 북극에서 일어났다. 해마다 북극의 빙산이 녹아내려 대서양에서 태평양을 항해하는 배는 파나마운하나 희망봉을 거치지 않아도 된다. 이는 인류 역사상 처음 있는 일이다. 대기 중 이산화탄소 농도는 300만 년 만에 가장 높은 수준이다. 이로써 빙하가 더 많이 녹아내리고 대양은 산성화된다. 해수면은 높아지고 몇몇 생물 종은 사라지고 기후는 불안정해지고 있다. 이 모든 것이 세계 경제에 스트레스를 더한다.

혹독한 재정 위기를 맞이한 이 세계가 화석원료 대신 대체원료를 사용하게 될까? 재정적으로 불안정한 이 사회가 환경을 잠시라도 파괴하지 않을 수 있을까? 그렇게 하지 못한다면 생태계를 파괴하고 자원을 말살하는 것은 아닐까? 그러면 경제적으로 어떤 결과가 올까?

현재 재정 상태와 상관없이 우리는 모두 그 영향을 받게 된다. 2007년 〈포브스〉는 130억 달러에 이르는 재산을 보유했으며 재산이 점점 더 '늘고 있는' 아돌프 메클레Adolf Merckle를 세계에서 가장 부유한 억만장자 50명에 포함시켰다. 그와 그의 가족은 독일 최대 제약유통업체(피닉스 파르마한델)와 복제약 제조업체(라티오팜), 시멘트 회사 지분(하이델베르크 시멘트), 운송기기 제조업체(카스보리) 등을 소유하고 있다. 이런 막대한 부를 지닌 사람은 어떤 경제 위기가 와도 잘 대처할 거라고 생각한다. 하지만 2009년 1월 아돌프 메클레는 재정적 손실을 감당하지 못하고 달려오는 기차에 몸을 던졌다.

고통은 피할 수 없는 것처럼 분명해 보인다. 불확실한 재정 시스템이 모든 차원에서 믿음에 위기를 불러왔다. 방향도 없이 파괴적인 재정 위기가 긍정적이고 자애로운 목표를 이루는 데 도움이 될 수 있을까? 견디기 힘든 일련의 경제적 사건에 희생되는 대신, 명확한 목표를 가지고 현명하게 대응하여 보람찬 결과를 얻어내는 방법은 없을까? 돈에 대해 더 현명해지고 확실히 자각해야겠다고 느낀 적이 있었던가?

어떤 사람은 두렵고도 잔인한 경제 위기를 경험한다. 하지만 여기에도 대안이 있다고 생각한다. 우리가 직면한 도전에는 또 다른 가능성이 함께한다. 심각한 위기와 맞닥뜨렸을 때 자신에게 내재된 능력을 발휘해 여기에 맞설 수도 있다. 하지만 그러려면 돈과의 관계가 바뀌어야 한다. 그것이 바로 이 책의 핵심이자 책을 쓰는 목적이다. 두려움에 굴복하라고 강요하는 불안한 경제 체제를 기반으로 한 혼란스러운 세상에서, 나는 독자들이 재정적으로 자유롭기를 바란다.

지금과 같은 상황을 심각하고 중요하게 생각해야 한다는 사실에 많은 이들이 동의한다. 부유한 사람이든 가난한 사람이든 삶에서 돈은 중요한 역할을 한다. 삶에서 돈이 영향을 미치지 않는 분야가 있을까? 우리가 먹는 음식, 입는 옷, 사는 집, 하는 일, 꾸는 꿈에 상관없이, 결혼했건 안 했건, 자녀가 있건 없건, 누구를 사랑하건 하지 않건 상관없이 삶은 돈과 어떤 관계를 맺느냐에 크게 영향을 받는다.

최근 몇 년 동안 아주 가깝게 지내는 친구가 있다. 과거 연애사와 성적 경험에 이르기까지 세세한 부분을 터놓을 정도로 서로 믿고 거의 모든 것에 관해 이야기한다. 그런데 무언가 이상하다. 거의 모든 것을 나누고, 그 과정에서 서로 위로를 많이 받는데도 돈 이야기는 하지 않았다.

얼마 전 그 친구에게 이유를 물어보았다. 그랬더니 친구는 돈에 관해 말하는 것이 왠지 불편하고 비난받을 일처럼 여겨진다고 했다. 내 친구만 그렇지는 않을 것이다. 돈과 관련한 문제는 집착을 부르고 희망과 반감을 동시에 줄 수 있으며 두려움, 질투, 부끄러움 등 편치 못한 감정을 불러일으킨다. 보통 때 친절하고 분별 있는 사람도 돈과 관련해서는 두려움을 느끼고 실성한 듯 행동하기도 한다.

이 책에서 전하려는 메시지는 이런 것이다. 돈이 많건 적건 상관없이 돈과 어떤 관계를 맺느냐에 따라 삶은 얼마든지 달라질 수 있다. 돈과 의미 있는 관계를 맺음으로써 더 큰 이해를 바탕으로 충만해져 좀 더 큰 자유를 얻을 수 있다.

그저 입 발린 소리가 아니라 가장 겸손하고 진지하게 한 가지 더 이야기하겠다. 재정적으로 위협을 받으면 분명 한계와 제약을 느낀다. 하지만 분명 여기에는 기회와 통로와 새로운 가능성이 같이 있다.

이 책에서는 돈과의 관계를 다룬다. 돈을 많이 갖고 있든 적게 갖고 있든 상관없이, 돈과의 관계에서 새로운 자유와 진실, 즐거움을 찾는 법을 소개하려 한다. 이 책이 돈과 만족스럽고 정상적이며 현명한 관계를 맺는 방법, 지속적으로 번창하는 삶을 즐기는 방법, 새로운 가능성과 창의력을 발견하는 방법을 알려주는 안내자가 되려고 한다.

사람들은 대부분 돈에 관해 공개적으로 자유롭게 이야기하기가 얼마나 힘든지 잘 알고 있다. 그러나 어둠 속에 심오한 보물이 숨어 있는 법이다. 중요해서 오히려 더 미묘하고 민감한 삶의 단면을 통해 새로운 치유 가능성을 발견할 수 있다. 돈과 관련해 훨씬 더 지각 있고 만족스러운 선택을 할 수 있다. 가장 중요한 가치와 고귀한 책임감을 기반으로 돈과 관련된 문제를 결정하게 된다.

재정적 자유는 우리가 생각하는 것보다 훨씬 더 중요한 의미를 지닌다. 돈이 엄청나게 많아야 자유로울 거라고 생각하겠지만, 재정적 자유는 돈을 얼마나 버느냐에 달려 있지 않다. 경제적 자유를 달성하는 방법 가운데 하나를 '새로운 검약'이라고 부르려 한다. 새로운 검약은 할머니 세대의 근검절약을 말하는 것이 아니다. 박탈감을 이야기하는 것도 아니다. 선택과 자기 판단에 관한 것이다. 박탈감을 느끼면 예기치 못한 행동을 하게 된다. 예산, 음식, 다른 모든 것에서 변화를 경험하게 된다. 이 책에서는 자기를 부정하라고 강조하지 않는다. 독방 크기의 1인용 아파트로 이사 가거나 할인 쿠폰을 모으고, 매끼 통조림에 든 콩을 먹으라는 이야기가 아니다. 새로운 검약은 오히려 그 반대다. 모험인 동시에 재미있기까지 한 새로운 검약에 관한 이야기다.

이는 그야말로 일종의 게임이다. 이 게임의 목적은 삶의 질을 높이면서 소비를 얼마나 줄일 수 있는지 살피는 것이다. 이 게임이 얼마나 박진감 있고 활기가 넘치는지 소개하겠다. 오늘날 소비 사회에서는 '무엇을 사느냐'로 사람을 규정한다. 오늘날 소비 사회는 카드빚이 많은데도 쇼핑몰로 달려가 물건을 사는 것이 애국적인 행위라고 말한다. 2001년 9월 11일, 미국이 테러리스트의 공격을 받은 직후 조지 W. 부시 대통령이 국민에게 한 조언은 무엇이었을까? "가서 쇼핑하라." 마음 깊은 곳에서는 이 조언이 잘못되었고 공동체를 치유하려는 소망에 어울리지 않는다는 사실을 알고 있을 것이다.

"가장 많이 가진 사람이 인생의 승자다." 이런 문구가 적힌 스티커가 자동차 범퍼에 붙어 있는 것을 본 적이 있을 것이다. 하지만 이는 지난 시대의 이야기이자 성공을 규정하는 옛날 방식이다. 새롭고 멋진 인생에서는 무언가를 많이 가지는 것이 아니라 삶의 기쁨을 마음껏 누리는 것이 가장 중요하다.

성공의 새로운 정의는 꽤 자유롭다. 지금 우리가 하려는 새로운 게임은 생활비는 낮추고 누군가에게 이용당하지 않도록 막아주려는 것이다. 영혼에 좋고 건전한 인간관계에도 도움이 되며, 지구촌 생태계에도 도움이 되고 재정적 안정을 약속해주는 게임을 하는 것이다.

이 게임에서는 모든 즐거움을 부정하지는 않는다. 돈이 새어 나간다고 막연히 생각하는 데 그치지 않고 실제 돈이 빠져나가는 곳을 찾아내 막는 것이 목표다. 어떤 사람은 귀하고 비싼 식료품을 사들인 다음 과식으로 생긴 문제를 해결하느라 의료비를 엄청나게 낸다. 어떤 사람은 필요도 없는 물건을 사들여 쌓아놓으려고 더 큰 집과 더 넓은 수납공간을 구하느라 돈을 쓴다. 이 책에서는 위대한 성취를 이루는 데 적합하지 않은 소비 패턴을 살펴본다. 이 책에서는 소비보다 더 원대한 목적과 즐거움도 소개한다. 이미지의 노예가 되는 대신 영혼의 창조적인 불꽃을 더 밝게 피워 올리는 방법을 살펴본다. 집을 넓히는 대신 집 안에 사랑과 웃음을 더 많이 담는 방법을 소개한다.

이 게임에서 중요한 것은 덜 쓰면서도 충만한 삶, 흥미진진한 삶,

즐거운 삶을 누리는 것이다. 새로운 검약은 구두쇠(영어로 구두쇠라는 뜻을 지닌 'miser'는 '비참한miserable'과 어원이 같다)가 되지 말자는 전제를 기반으로 한다. 덜 쓰고 더 잘사는 것이 우리의 목표다. 삶에서 스트레스는 덜 받고 진정한 부를 더 많이 누리는 것이 가장 중요한 목표다.

박탈감을 느끼면서 이런 목표를 달성할 수는 없다. 적절한 대상에 적절하게 돈을 씀으로써 목표에 도달할 수 있다. 모든 지출 분야에서 낭비 요소를 없앨 때, 정말 중요한 것에 지출을 집중할 수 있다. 현명하고 생산적인 지출이 가능해지는 것이다. 삶을 행복하게 만들어주지 못하는 물건을 사려고 돈 버는 일을 그만두면 정말 중요한 일에 시간을 더 많이 쓸 수 있다.

만들고 버리기를 되풀이하는 사회에서 필연적으로 현실로 복귀하는 데에는 그리고 우리가 대면한 경제 위기에는 축복이 숨겨져 있다. 균형에서 벗어났고 너무 빨리 앞으로 달려가는 바람에 정말 중요한 것, 중요한 순간과는 멀어지고 말았다. 지금과 같은 방식으로 살아가기에 인생은 소중하고 불안정하다고 느끼는 사람이 많다. 이 책을 읽으면서 경제 위기 속에서 풍요를 누릴 수 있도록, 영혼을 회복하기 위해 쓴 약이 필요하다는 사실을 인정해야 한다.

Part I

가난한 사람과 부유한 사람

요즘 렉서스는 별로 세련되지 않은 광고 캠페인에 수백만 달러를 쓰고 있다. 렉서스 광고에서는 이렇게 말한다. "돈으로 행복을 살 수 없다고 하는 사람은 돈을 제대로 쓰지 못했기 때문에 그렇게 말한다!" 이 메시지에 따르면 행복은 돈으로 살 수 있다. 5만 달러 정도를 내고 이 회사의 호사스러운 차를 산다면 말이다.

이와 비슷한 일은 경제와 관련된 모든 분야에서 일어난다. 어제 맥도날드의 광고판을 보았다. 맥도날드 커피가 몇 잔 있는 사진에 굵고 뚜렷한 글씨로 이렇게 쓰여 있었다.

"행복을 살 수 없다고 누가 말했나?"

몇 년 전 아버지가 설립한 아이스크림 회사 배스킨라빈스31에서 일할 때 마케팅부서에서 새로운 광고 문구를 들고 왔다. 새로운 광고 문구를 널리 알리는 것이 마케팅부서의 주요 업무다. 라디오와 텔레비전, 신문 광고에 나왔고 소매전문점 곳곳에서도 볼 수 있었던 광고 문구는 바로 "당신을 행복하게 만들어드립니다WE MAKE PEOPLE HAPPY"

였다.

마케팅부서 임원들과 아버지는 이 새로운 문구에 기뻐했지만 나는 그렇지 않았고 결국 격렬하게 토론하게 되었다.

"나는 재미와 행복을 전달한다는 이 문구가 마음에 들어. 사람들은 바로 그런 걸 원하거든." 아버지가 강조했다.

"네. 사람들은 즐겁고 행복하길 바라지요. 하지만 그건 정확한 표현이 아니에요. 우리는 사람들을 행복하게 '만들 수' 없어요. 우리는 그저 아이스크림을 팔 뿐이라고요."

"세세하게 따질 필요는 없잖니. 너는 상황을 지나치게 복잡하게 만드는구나."

물론 나는 아이스크림을 좋아한다. 앉은자리에서 큰 거 한 통을 다 먹을 정도로 말이다. 회사에서 수백 가지 아이스크림을 시장에 내놓았다는 것도 알고 있다. 그 가운데 상당수는 정말 맛이 좋았다. 그중 몇몇을 만드는 데에는 직접 참여하기도 했다.

지금 이 순간에도 회사의 다른 광고 문구에는 별 이견이 없다. 아이스크림을 먹으며 활짝 웃고 있는 내 어린 시절의 사진이 배스킨라빈스 매장 카운터 뒤편에 걸려 있는 걸 보면 즐겁기도 하다. "커다란 31 표지를 찾아보세요. 즐거운 배스킨라빈스 아이스크림입니다" 하는 옛 광고 캠페인 음악이 라디오에서 흘러나오면 따라서 흥얼거리기도 한다. 하지만 새로운 광고 문구는 나를 불편하게 만들었다.

"행복은 어떻게 살아가느냐에 달려 있습니다. 자기 자신을, 다른 사람을 존중하며 살아갈 때 얻을 수 있지 사거나 팔 수 있는 대상이 아닙니다. 우리는 재미를 만들어내고 순간적인 기쁨을 제공하겠지만 그건 '사람들을 행복하게 만들어주는 것'과는 다르지요."

내 말에 아버지는 기분 나빠 하셨다.

"철학자라도 된 듯 말하는구나. 모든 것을 분석하려 들지 마라. 우리는 그저 광고 문구에 관해 말하는 거야. 넌 이 문제를 추상적인 논쟁으로 끌고 가려고 하는데 제발 그만두자."

"그렇다면 무엇이 중요하다는 말씀이신가요?"

"아이스크림을 파는 것이 중요하지."

"그게 바로 제가 말하려는 거예요. 그게 우리가 하는 일이죠. 아이스크림을 만들어 파는 것, 사람들을 행복하게 하려면 아이스크림콘 이상이 필요해요."

"그럼 쿼터, 하프 갤런, 아이스크림 케이크를 팔면 되겠구나."

가슴이 답답했다. 제품을 효과적으로 파는 문제에서는 아버지 말씀이 옳다는 사실을 알았다. 결국 그것이 광고의 목적이니 말이다. 고객들은 배스킨라빈스 아이스크림이 대표하는 경험과 이미지, 행복감을 좋아한다. 이 광고 문구가 효과적이라는 사실을 알고 있다. 하지만 여전히 뭔가 석연치 않은 느낌이 들었다.

양심이 깨어나다

내 우려와 달리 회사에서는 이 광고 문구를 채택했고 '당신을 행복하게 만들어드립니다'는 미국 식품산업 역사상 가장 성공적인 마케팅 슬로건으로 남게 되었다. 말하자면 아이스크림 판매량을 늘리는 데에는 성공했다. 내가 태어난 바로 그해에 설립된 배스킨라빈스는 세상에서 가장 크고 수익을 많이 내는 아이스크림 회사였다.

여전히 나에겐 고민이 있었다. 아이스크림에 포화지방과 당분이 얼마나 많이 들어 있는지와 이런 문제가 심장병을 불러온다는 사실을 알았기 때문이다. 아이스크림콘 하나는 누구도 해치지 않지만 아이스크림을 많이 먹은 사람은 건강 문제를 겪게 된다. 회사는 아이스크림을 가능한 한 많이 팔려고 한다. 회사가 놀랍게 성장하는 동안 더 많은 사람이 심장 발작으로 고생한다는 것은 걱정스러운 일이었다.

1967년, 회사의 공동창립자인 버트 배스킨 삼촌이 심장마비로 돌아가셨다. 덩치가 큰 그분은 당시 54세밖에 되지 않았다. 내가 특히 좋아한 삼촌과의 이별, 실존적인 고민과 대면하며 상심에 빠질 수밖에 없었다.

삼촌이 먹은 엄청난 양의 아이스크림과 심장마비의 관계를 아버지에게 여쭈어보았다.

"그럴 리가 없다. 그저 버트의 심장이 지쳐 작동을 멈춘 거야."

삼촌의 죽음과 아이스크림이 상관관계가 있다고 생각하고 싶어 하지 않는 아버지를 이해할 수 있었다. 아버지는 지구상에 존재하는 어느 누구보다 아이스크림을 많이 만들어 팔았다. 아이스크림이 누구에게 해를 입힌다고 생각하고 싶지 않았을 것이다. 또 당신이 아끼는 동생이자 사업 파트너의 죽음과 아이스크림이 관계가 있다는 사실을 받아들일 수 없었을 것이다. 하지만 나는 고민하지 않을 수 없었다.

아버지는 언젠가 내가 당신의 뒤를 잇도록 어린 시절부터 나를 훈련시켰다. 회사는 점점 더 커졌고 연매출이 수십억 달러에 이르렀다. 하지만 나는 엄청난 부를 누리는 삶이 아닌 다른 삶을 살고 싶었다. 돈을 많이 버는 대신 남다른 변화를 만들어내는 삶을 살고 싶었.

돈과 사회적 지위를 맹목적으로 추종하는 세태에 도전한 헨리 소로

Henry David Thoreau의 글을 십대 때 읽었다. '돈과 물건에 사로잡힌 노예'를 바라보며 그는 "사람은 꼭 필요하다고 여기는 물건의 숫자와 반비례해서 부유해진다"라고 말했다. 또 "대지와 가장 가까이 있는 삶을 살펴보고 싶다"라고 말했다.

헨리 소로의 책을 읽으면서 내가 자란 집에서는 한 번도 얘기된 적이 없는 자연과의 교감, 자기 확신, 개인적 각성, 사회적 책임 등에 관해 생각해보게 되었다. 그때 나는 아이스크림콘 모양의 풀장과 31가지 맛을 마음대로 골라 먹을 수 있는 소다수 장치가 딸린 집에서 살았다. 아버지는 롤스로이스를 비롯해 당신이 수집한 클래식 카에 자부심을 느꼈으며 요트에는 '32번째 맛'이라고 이름 붙이기도 했다.

돈과 아이스크림만이 사람을 행복하게 만들어준다면 나는 무척 기뻤을 것이다. 하지만 그렇지 못했고 고민은 점점 더 깊어졌다. 인류 역사상 그 어느 때보다 편안하고 안락하게 살게 되었는데도 행복한 삶에서 계속 멀어지는 건 아닌가 하는 생각이 들었다.

모든 사람의 필요를 충족시키기에는 충분하지만 모든 사람의 탐욕을 만족시키기에는 충분하지 않다는 간디의 말이 얼마나 타당한지 생각했다. 궁극적인 목표에 봉사하는 수단이어야 할 돈이 그 자체로 삶의 목적이 되었다는 말도 생각해보게 되었다.

주인공 고든 게코(마이클 더글러스Michael Douglas 분)가 '탐욕은 좋은 것'이라고 단언하는 영화 〈월스트리트Wall Street〉는 20여 년 전에 나왔다. 그때 이미 지칠 줄 모르는 소비욕에 휘둘려 모두 부를 추구했고 영혼과 세상에 필요한 것들을 파괴하라고 유혹받았다. 만일 이런 풍조가 계속된다면 세계 경제는 심각한 불평등을 겪게 될 것이다.

나는 무한대 소비가 보장되는 예전의 멋진 인생이 정점에 달했을 무렵 태어났고 이런 인생이 다음 세대로 연결되는 과정을 목격했다. 무분별한 대출과 탐욕이 주요 금융기관을 무너뜨리면서 2008년 경제위기를 불러오리라고 예측할 수는 없었다. 하지만 인간과 지구에 대한 당시의 생각과 대응방식이 사회적 불공정과 영적 공허함을 불러오고 환경문제를 불러일으키며 도덕적 붕괴를 가져오리라는 걸 막연히 알았다. 내 삶을 가장 깊숙한 곳까지 바꾸지 않으면 안 되겠다는 생각이 들었다.

하루도 빼놓지 않고 〈월스트리트 저널〉을 읽는 보수적인 사업가인 아버지에게 내 생각과 감정을 전하기는 쉽지 않았다. 아버지는 대공황이 한창이던 1930년대에 활동하신 데 비해 나는 1960년대에 성인이 되었다. 다른 시대에 성장한 두 사람의 삶은 다를 수밖에 없었다.

"아버지가 활동하실 때와는 전혀 다른 시대가 되었어요. 인간 때문에 환경은 심각하게 황폐해지고 있어요. 어린아이가 2초에 한 명씩 굶어 죽는데 다른 곳에서는 충분히 쓸 수 있는 자원이 마구 버려지지요. 부유한 사람과 가난한 사람의 차이가 심각하게 벌어지고 있어요. 핵의 위협을 받으며 살고 있고, 말로 표현하고 싶지 않은 일이 언제라도 일어날 수 있어요. 이런 환경에서 32번째 아이스크림 맛을 개발하는 것이 인생에서 가장 중요한 일이라 할 수 있을까요?"

고결함을 지키기 위한 선택

아버지는 내가 당신의 사업을 물려받을 거라고 믿으며 엄청난 부를 누릴 기회를 주셨다. 하지만 마음 깊은 곳에서 무언가가 나를 전혀 다른 방향으로 이끌었다. 나에게 돈이란 궁극의 목적을 이루는 하나의 수단일 뿐, 인간의 가치를 돈으로 계산하는 사고방식에는 동의할 수 없었다. 존중과 이해를 바탕으로 이 세상을 더 넓게 통합하는 일을 도우며 살고 싶었다.

21세가 되었을 때 물질주의와 각종 지위의 영향력을 확인하고 나서 아버지에게 배스킨라빈스에서 일하지 않겠다고 말했다. 더는 아버지의 재산에 의지하지 않겠다고 선언했다. 신탁자산은 물론 아버지의 돈과는 어떤 연관도 맺고 싶지 않았다. 나 자신의 가치 기준에 따라 살고 싶었지만 의지가 부족했기 때문에 아버지의 재산에 기대어 그 영향력 안에 있다면 내 진정한 가치를 발견할 수 없을 거라고 생각했다.

화가 난 아버지는 내가 가업을 거부한다고 느끼셨다. 내가 엄청난 실수를 저지른다고 판단하고는 주저 없이 이렇게 말씀하셨다. "넌 진심으로 말하는 것 같은데, 내가 보기에는 제정신이 아닌 것 같다."

난 아버지가 실망을 넘어 분노하는 모습을 지켜보기가 고통스러웠다. 상처를 주고 싶지 않았지만 아버지의 엄청난 분노를 이해하기는 쉽지 않았다. 왜 내가 이토록 엉뚱한 선택을 해야 했는지, 왜 아버지가 그토록 힘들게 일으킨 사업과 열심히 번 돈과 무관하게 살려고 하는지 이야기하기는 쉽지 않았다. 나 자신도 나를 완전히 이해할 수 없었으니 말이다. 아버지는 아이스크림을 팔았고 나도 아이스크림을 좋아했다. 아이스크림은 건강에 좋다고 할 수는 없지만 그렇다고 사악한 음식이라고 할 수도 없다. 배스킨라빈스에서 핵무기에 사용하는 플루토늄 제동장치를 만들지는 않으니까 말이다.

하지만 내 안에 있는 무언가가 계속해서 나를 다른 방향으로 이끌었다. 마치 애벌레가 고치를 만들고 새로이 변신하듯 소명을 거부할 수 없었다. 그 소명을 거부한다면 부자로 살겠지만 나 자신을 믿지 못하고 삶을 불행하게 끝낼 것이 확실했다. 내면에 자리한 소중한 가치에 반하는 삶을 살다간 탈이 나게 마련이다. 불성실하고 위선적이며 가식적인 삶을 살게 될 테니 말이다.

시간이 오래 걸리기는 했지만 아버지와는 결국 화해했다. 오랫동안 갈등을 빚다가 아버지가 내 결정을 인정하는 날이 왔다. "결국 너는 다른 박자에 맞춰 나아갔는데 내가 괜히 그랬구나." 아버지는 내 삶의 방식을 인정한다는 식으로 말씀하셨다.

아버지가 내 삶을 인정하고 존중해주어 감사했다. 아버지 마음을 아프게 하려고 일부러 그러는 것이 아니라 천성을 따랐을 뿐임을 알아주셔서 더욱 감사했다. 역설적이게도 사람들이 자주 인용하는 '다른 북소리를 듣는 고수'라는 표현을 가장 먼저 쓴 사람이 바로 헨리 소로다.

"동료와 발을 맞춰 행진하지 않는 것은 다른 북소리를 들었기 때문이다. 어떤 박자건 얼마나 멀리서 들려오건 자신이 들은 음악에 발을 맞춰라."

아이스크림을 떠난 뒤의 삶

나는 아이스크림이 약속해준 부와 작별한 뒤 캘리포니아 버클리대학에서 공부하며 인생을 개척했다. 매주 20시간씩 접시를 닦았고 시간제 일을 여러 가지 했다. 고백하자면, 여기에 더해 또 다른 돈벌이가 있었다. 포커와 브리지 게임에서 돈을 따서 대학 생활 마지막 2년 동안 생활비로 썼을 뿐 아니라 수천 달러를 저금했다. 내 삶을 다음 단계로 이끈 것은 바로 이때 저금한 돈이었다.

1969년 대학을 졸업하고 아내 데오와 함께 브리티시컬럼비아주에 있는 작은 섬 솔트스프링섬으로 이사했다. 그리고 2,000달러가 안 되는 돈으로 땅을 얼마간 샀다. 가장 가까운 이웃도 1.6킬로미터 이상 떨어져 있는 외진 곳에 방 하나짜리 오두막을 짓고 1969년에서 1979년까지 10여 년간 살면서 먹을거리를 직접 길렀다. 가구라곤 작은 탁자와 의자 두 개, 침대밖에 없었다. 가구는 모두 오두막을 지을 때 나온 목재로 직접 만들었다. 옷장이 없었지만 문제되지 않았다. 옷이라곤 부부가 한 벌씩밖에 없었으니까.

돈이 거의 없었지만 가난하다고 느끼진 않았다. 돌아보면 그때 나는 가장 부유하게 살지 않았나 싶다. 깨끗한 대기와 물, 명상할 수 있는 완벽한 고요, 아름답고 오염되지 않은 환경에서 멋진 일을 했다. 하루에 몇 시간씩 요가와 명상을 하면서 삶이 내적으로 더욱 풍요로워지는 것을 느꼈다.

예전에는 느끼지 못한 방식으로 살아 있는 기쁨을 경험했다. 아침에는 감사하는 마음으로 기쁘게 일어났고 밤에는 평화롭게 잠들었다. 생애 처음으로 삶이 아주 평안하게 느껴졌다. 가족의 기대에서 벗어나 자유로워졌고, 내적 가치를 탐구하게 되었으며, 내가 태어난 진정한 목적과 완벽하게 조화되는 삶을 살았다. 내 마음 깊은 곳에 자리한 무언가가 깨어나던 그때, 나는 더 이상 애벌레가 아니었다.

도시에서 태어나 현대인의 삶을 규정하는 소란과 경쟁 속에서 살아온 우리 부부는 다른 가능성은 없는지, 더 큰 성취감을 주는 것은 없는지 알고 싶었다. 인구 증가나 생물 멸종에 대해 다룬 최신 자료는 없었지만 뼛속 깊은 곳에 자리한 무언가가 우리에게 말을 걸었다. 인류가 곧 비극을 불러올 거라고 말이다. 무의미한 쥐들의 경쟁에서 벗어나 의미 있는 삶을 살아야 한다고 느꼈다.

우리는 돈 없이 단순하게 사는 삶을 선택한 뒤 5년 동안은 일 년에 500달러 정도로 생활을 꾸려갔다. 아들 오션이 태어난 뒤 5년 동안은 1년에 1,000달러면 충분했다.

우리의 삶이 일반적이지 않다는 사실은 잘 알았다. 모든 것을 포기하고 작은 섬에서 다시 인생을 시작해야 한다거나 지출을 줄여야 한다고 생각했기에 모험을 감행한 것은 아니었다. 다른 사람이 따라 하라고 그렇게 산 것도 아니었다. 그저 삶에서 정말 중요한 게 무엇인지 새로운 관점을 찾기 위해 지름길로 가보기로 한 것뿐이었다.

물론 지출을 아무리 줄인다고 해도 그 돈은 어딘가에서 왔다. 나는 경험이 별로 없었으며 돈과 바꿀 수 있는 재능이나 능력도 없었다. 섬에 들어갔을 때 작은 오두막 하나 지을 돈과 일 년 정도 지낼 수 있는 돈밖에 없었다.

그러던 어느 날 장작더미를 덮을 방수 시트를 사려고 길에서 차를 얻어 타고 마을로 가면서 운전하는 젊은이와 이야기를 나누었다. 내가 요가를 한다고 하자 젊은이는 자기도 요가를 배우고 싶다며 섬에는 요가를 배우고 싶어 하는 사람들이 몇몇 있다고 알려주었다. 이 대화를 계기로 나는 섬 주민들에게 일주일에 몇 번씩 요가를 가르치게 되었다. 요가 교실이 인기를 끌어 널리 알려지면서 밴쿠버, 빅토리아는 물론 시애틀에서까지 찾아온 사람들에게 요가를 가르치게 되었다. 수강생은 재정 상태에 따라 수강료를 냈으며 수강료로 노동력을 제공하는 이들도 있었다.

요가와 명상 수업을 해서 일 년에 2,000달러 정도 벌었지만 돈 쓸 일이 많지 않았으므로 절반쯤 저축할 수 있었다.

데오와 나는 1달러 정도의 적은 돈을 쓰거나 벌 때도 심사숙고했다. '5달러'로 지출 한계를 정해놓고 부부가 함께 의논했다. 그 돈으로 농사 지을 씨앗을 샀고 도구 몇 개를 샀으며 우리가 만들 수 없는 식료품을 몇 가지 샀다. 우리에게는 곡물을 키울 마땅한 땅도 없었고 거기에 들일 시간도 없었다. 하지만 필요한 곡물을 대용량으로 그리 비싸지 않게 샀다. 한번은 450그램당 5센트를 내고 유기농으로 지은 붉은 봄밀 한 가마를 산 적이 있다. 이 밀은 맷돌로 갈아서 썼지만 빵보다는 흑미나 기장, 메밀 등을 주로 먹었으므로 그리 오래 맷돌을 돌리지는 않았다.

일 년에 한 번, 늦가을이면 본토에 있는 협동조합이나 건강식재료 상점에서 식료품을 300달러어치 정도 사면서 섬으로 배달해달라고 했다. 식료품을 사는 데 들어간 300달러는 일 년 총지출의 절반이 넘는 액수였다. 주문 목록에는 여러 가지 콩(팥, 병아리콩, 강낭콩)과 곡물(밀, 흑미, 기장, 메밀 등), 어린 싹(편두, 알팔파), 견과류(호두, 아몬드, 개암열매), 해바라기 씨, 참깨소스인 타히니와 타마리, 된장과 이것저것 등이 포함되어 있었다. 그 밖에는 직접 키우거나 따온 것을 먹었다.

쌀과 콩에 싫증이 나면 식단을 다양하게 하려고 열심히 일했다. 늦봄과 여름, 가을이면 정원은 온통 호화찬란한 빛으로 물들었다. 가을에는 과수원에 버려진 사과를 주워 상자에 담아 저장했다. 겨울이면 알팔파나 편두 새싹, 호박, 감자, 양파, 양배추, 순무, 당근, 비트는 물론 다른 뿌리채소, 쌀과 다른 곡류, 콩을 먹었다. 하지만 겨울철에는 주로 케일을 먹었다. 진한 초록색 케일 잎(시베리안 케일)만 있으면 캐나

다의 추운 겨울을 이겨낼 수 있었으므로 케일을 엄청나게 많이 심었다. 우리는 겨울 내내 정원을 산책하고 눈을 치우고 신선한 케일 잎을 따서 먹었다.

이 놀라운 진초록 채소로 겨울 내내 영양분을 보충하며 4년 동안 섬에서 지냈다. 아내가 임신했을 때 태어날 아이 이름을 '케일'이라고 지어야 하지 않을까 잠시 고민했을 정도였다.

일 년 내내 정원에서 긴 시간 일했다. 겨울이 되면 퇴비로 쓰기 위해 숲에서 긁어낸 낙엽과 각종 유기물을 실은 손수레를 끌고 오랜 시간 걸었다. 이렇게 해서 퇴비를 아주 많이 만들었다.

일은 힘들었지만 무척 즐거웠다. 밖에서 일하면서 계절에 익숙해졌고 미묘한 날씨 변화도 감지할 수 있게 되었으며 자연의 힘에 경외감을 느끼게 되었다. 풍요로우면서도 소박한 일상을 보냈다.

처음에는 아는 게 없어서 말도 안 되는 실수를 많이 했다. 돌이켜볼 때 섬에 들어간 첫해에 저지른 실수가 가장 부끄럽게 생각된다. 여러 채소 가운데 양배추를 먼저 심기로 하고 우편 주문으로 양배추와 다른 채소의 씨앗을 구했다. 일주일에 한 번씩 우편배달부가 우편물을 들고 숲을 지나 우리 오두막까지 왔다.

씨앗을 심기 위해 유기농법 소개책자를 보면서 땅을 갈았다. 그다음에는 무엇을 하지? 우리는 둘 다 그때까지 씨앗을 뿌려본 적이 없었다. 사실 무언가를 키워본 적도 없었다. 그저 순진한 이상주의자였던 우리가 양식을 직접 키워보겠다고 나선 것이다.

씨앗이 들어 있는 포장지에는 90센티미터 정도의 이랑을 만들고 씨앗을 7센티미터 간격으로 듬성듬성 심어 움이 튼 뒤에는 45센티미터 간격으로 자라게 하라고 되어 있었다. 씨앗을 한 줄로 심으라는 것은 트랙터나 다른 기계로 농사짓는 농부들을 위한 조언이라고 생각했다. 우리는 모든 일을 손으로 하기에 반드시 한 줄로 심을 필요는 없다며 우리가 영리하다고 생각했다.

이런 생각으로 양배추 씨를 정원 한쪽에 아무렇게나 흩뿌렸다. 씨앗을 듬성듬성 뿌려서 자라날 공간을 충분히 확보하면 되지 꼭 한 줄로 뿌려야 할까? 그건 자연의 섭리가 아니라고 생각했다. 도시에서 살면서 반듯반듯한 직선과 구획은 너무 많이 보지 않았던가.

하지만 일이 생각대로 되지 않았다. 며칠 뒤 양배추 씨를 뿌린 곳 여기저기에서 새싹이 솟아올랐다. 제대로 돌아가는 듯 보였지만 사실은 문제가 있었다. 양배추를 키워본 적이 없어서 양배추 싹이 어떻게 생겼는지, 어린 양배추가 어떻게 생겼는지 몰랐다. 시간이 지나면서 어떤 것이 양배추이고 어떤 것이 잡초인지 구별할 수 없었다. 양배추를 키워본 사람이라면 당연히 구별하겠지만 경험이 없으니 그저 내버려둘 수밖에 없었다.

양배추 씨앗을 뿌린 밭에서 갑자기 엄청나게 많은 무엇인가가 솟아올랐다. 나는 그것이 모두 양배추 새싹이라고 생각했다. 그래서 그 뒤에 싹튼 것들은 잡초가 틀림없다고 생각하며 솟아나오는 대로 뽑아버렸다. 그러면서 양배추라고 확신한 싹에 열심히 물을 주고 잘 자라게 보살폈다.

몇 주가 지나자 양배추라고 생각한 작물이 정원 밖에서 무성하게 자라는 잡초와 생김새가 비슷하다는 것을 깨달았다. 그 잡초는 내가 키우는 양배추와 무슨 관계가 있을까? 야생 양배추가 자라는 곳 가까이에 정원을 만들어서 그럴까? 저 야생식물이 우리가 먹는 양배추의 원래 조상은 아닐까?

잘못을 깨닫지 못하고 양배추라 생각한 어린 작물을 열심히 키웠다. 그 덕에 '양배추'는 무성하게 자라났다. 마치 그곳이 원래 서식지인 듯 잘 자라났다. 시간이 흐르자 보라색 꽃이 뾰족하게 솟아올랐다. 그때서야 비로소 우리가 양배추 싹을 모두 뽑아버리고 야생 엉겅퀴를 키웠음을 알게 되었다.

이런 일은 내가 어떻게 해야 자연주의로 살아가는지를 얼마나 몰랐으며 어느 정도 준비가 안 되었는지를 보여주는 황당한 사례의 하나일 뿐이다. 다른 한편, 우리는 열심히 참으며 일 년을 버텼다. 시간이 흐르면서 채소를 키우는 데도 익숙해졌다. 엉겅퀴는 뿌리의 단단한 겉껍질을 잘라내고 제대로 조리하면 먹을 수 있는 식물이라는 사실도 알게 되었다. 점점 더 민들레, 명아주, 쐐기풀, 야생버섯, 나무딸기, 검은 딸기, 고사리 새순 등 온갖 야생식물을 먹는 데 익숙해졌지만 엉겅퀴만은 좋아할 수 없었다.

여기서 주의할 점이 한 가지 있다. 먹을 수 있는 식물인지 확실히 알기 전에는 아무것이나 함부로 먹어서는 절대로 안 된다는 것이다. 먹으면 안 되는 야생식물을 실수로 먹은 적이 있는데, 결코 기분 좋은 경험은 아니었다. 그럼에도 야생식물을 먹으면서 겸손을 배웠고 인간이 얼마나 하찮은 존재인지 확인했다. 이 아름다운 지구의 놀라운 힘에 경외감을 가지고 살아야 한다는 것을 알았다.

새롭고 멋진 인생

나는 생각보다 훨씬 적은 돈으로도 잘살 수 있다는 사실을 배웠다.

어떤 사람은 이 말을 가능한 한 많은 것을 될 수 있으면 싸게 사들이라는 의미로 해석할지 모른다. 나도 흥정을 좋아하지만 그 자체가 목표는 아니다. 싸게 가능한 한 많이 사들이는 문화에서 삶은 더 가난해지고 월마트는 지상에서 가장 수지맞는 최대 기업으로 커간다.

월마트는 물론 그와 비슷한 다른 회사들은 많은 물건을 싸게 팔지만 새롭고 멋진 인생은 많은 물건을 싸게 들여놓는 삶이 결코 아니다. 덜 소비하고 더 현명하게 소비하는 것이 삶을 새롭고 멋지게 사는 방법이다. 막연히 갖고 싶은 것과 꼭 필요한 것을 냉정하게 구분하는 것이 인생을 멋지게 사는 방법이다. 욕망 때문에 진정 무엇이 필요한지 판단하지 못하는 일이 일어나지 않게 해야 한다.

불교 철학의 한 유파에 따르면 인간의 고난은 불필요하고 지나친 욕망에 집착하기 때문에 생겨난다고 한다. 예전의 멋진 삶에서 핵심은 이런 것들이 아니었다. 불필요하고 지나친 욕망이라면 오늘날 광고가 그토록 열심히 추구하는 것들이 아니던가?

만일 우리가 보는 모든 것이 불만족을 만들어낸다면 이런 불만족은 우리에게 어떤 영향을 미칠까? 새로운 휴대전화, 더 큰 집, 성능이 향상된 컴퓨터나 새로운 자동차를 사라는 유혹은 우리의 자기만족과 내적 평화에 어떤 영향을 미칠까? 삶을 좀 더 여유롭게 만들어주지 못한다면 별 의미가 없다고 할 수 있을까? 자기 자신에게나 다른 사람에게 훨씬 덜 충실하게 되는 것은 아닐까?

새롭고 멋진 인생은 세상을 바라보는 데 전혀 다른 수단과 방식을 요구한다. 지나친 절제나 고행을 요구하지는 않지만 새로운 삶의 방식과 기업의 광고에 냉정하라고 요구한다. 최면 상태의 황홀경에 사로잡힌 문화 속에서 밤낮 없이 우리를 공격하는 메시지를 단호하게 거부하는 것이 새롭고 멋진 인생이다.

미국인은 아이들과 노는 시간의 7배나 되는 시간을 쇼핑하면서 보낸다. 미국인의 34퍼센트는 가장 좋아하는 활동이 쇼핑이라고 대답했는데, 이는 같은 물음에 자연에서 보내는 시간이라고 대답한 수치의 2배다.

즉각적인 만족을 지나치게 중시하는 세상은 너무 유치하지 않을까? 브랜드와 물건으로 자신의 정체성을 표현하라고 다그치는 문화에는 사람들에게 상실감을 주는 요소가 들어 있다. 돈을 써야 기분이 좋아진다면 사회가 슬프게 느껴지지 않을까?

물론 얼마나 검소한지가 도덕적·영적 성취의 기준이 될 수는 없다. 더 적게 쓰는 사람이 더 많이 쓰는 사람보다 우위에 있다고 생각해서도 안 된다. 이는 예전의 멋진 인생의 잣대일 뿐이다. 제일 큰 집에서 살고 비싼 차를 가지고 있고 은행 잔고가 엄청나게 많아야 성공한 사람이고 다른 사람보다 더 가치 있다는 것의 또 다른 표현에 지나지 않는다. 지나친 소비를 지나친 검약으로 대체하고 싶은 생각은 전혀 없다.

새롭고 멋진 인생은 자기 부인도 자기 탐닉도 아니다. 자기 인식과 자기 이해로 가는 통로일 뿐이다. 자신에 대한 존중이자 다른 사람에 대한 존중, 우리가 공유하는 이 아름다운 지구에 있는 모든 생명에 대한 존중을 의미한다.

삶에 의미와 깊이를 선사하는 그 어떤 것도 포기하지 않아도 된다. 물질적인 것에 등을 돌리지 않아도 되고 청교도처럼 굴지 않아도 된다. 청교도에게 삶은 우울함 자체였고 죄를 지으라는 유혹은 도처에 있었다. 이들은 일요일에 웃는 것을 금지하는 법까지 만들었다.

내가 생각하는 삶은 이런 것이 아니다. 나는 실질적인 관점에서 상황을 보려고 한다. 경제는 불확실하고, 사회 안전망은 망가졌고, 통제할 수 없는 소비로 생태계가 괴로워하는 상황에서 경제적 자유를 확보하고 지구에 인간의 자취를 가능한 한 덜 남기려고 애쓰는 것은 선행 이상의 의미가 있다. 모두 살아남으려면 반드시 해야 하는 일이다.

영혼을 풍요롭게 해주는 삶

내가 아는 모든 사람과 마찬가지로 나도 돈 문제로 고생했다. 나는 극히 개인적이고 일관성 없으며 때로는 혼란스러운 방식으로 돈을 써왔다. 돈을 주고 샀지만 결국 쓸모없다고 결론이 난 온갖 것의 길고 긴 목록을 작성해보았다. 내 희망이자 목표는 이 목록에 더해지는 내용이 점점 줄어드는 것이었고 시간이 흘러 그것이 가능해지면서 삶은 훨씬 더 정돈되었다.

아내와 나는 캐나다에서 15년을 보낸 뒤 1984년 미국으로 돌아왔다. 아들 오션은 그때 열 살이었는데 우리는 아이를 위한 최상의 학교를 찾아야 했다. 캘리포니아주 산타크루스 근처에서 그런 학교를 찾아내 그곳으로 이사했다. 나는 캐나다에서 치료 효과가 뛰어난 마사지 관리 프로그램을 운영했는데, 이 프로그램이 인기를 끌었고 생활비를 최대한 절약했기에 미국에서 일 년 정도 살 돈을 모았다.

그때 첫 번째 책 《육식, 건강을 망치고 세상을 망친다》를 썼다. 이 책을 쓰는 데 2년 반 걸렸는데 매주 50~70시간 글을 썼다. 그사이 내가 마사지 관리 프로그램을 운영해서 벌어놓은 돈과 아내가 청소와 회계장부 정리를 해서 번 돈으로 버텨야 했다. 책 한 권을 쓰려고 시간을 투자하는 것은 확신이 없으면 못하는 일이다. 책을 쓰는 동안 돈을 전혀 벌지 못했다. 나는 알려지지도 않았고 지금껏 책을 낸 적도 없었기에 책이 잘 팔릴 거라거나 책을 내줄 출판사를 찾게 될 거라는 기대를 할 수 없었다. 하지만 이 일이 바로 내가 해야 하는 소명이라는 사실을 나는 물론 아내도 의심하지 않았다. 어쨌건 이것이 우리가 할 일이라고 생각했다.

놀랍게도 내가 쓴 첫 책은 몇 년 동안 베스트셀러가 되어 100만 부 이상 팔렸다. 나는 미국 전역에서 출간되는 잡지의 표지에 나왔고 내 이야기도 여기저기 소개되었다. 하지만 여전히 우리는 단순하고 소박하게 살았다.

책이 나오고 4년이 지난 어느 날, 전화가 한 통 걸려왔다. 수화기에서는 톤이 높은 여자 목소리가 들렸다. 텔레비전 프로그램을 만든다는 그녀는 나와 내 작업을 소개하고 싶다고 했다.

"어떤 프로그램인가요?"

내가 물었다.

"라이프스타일 프로그램입니다."

"그런 프로그램이 있다는 얘기를 들어본 적이 없는데요."

"전국방송으로, 주요 도시에서는 다 볼 수 있어요."

전국에 방송되니 재미있겠다고 생각했다. 하지만 더 자세한 정보가 필요해서 다시 물었다.

"내가 사는 지역에서는 언제 방송되나요?"

그녀에게서 자세한 얘기를 듣고 통화를 끝낸 뒤 신문에서 방송 시간대를 찾아보았다. 별로 어렵지 않은 일이라 생각했지만 막상 방송 프로그램을 찾아보고 나서는 깜짝 놀랐다. 프로그램 소개에는 '부유하고 유명한 사람들의 라이프스타일'이라고 쓰여 있었기 때문이다. 이 쇼는 1980년대와 90년대에 인기를 끌었는데, 세계적으로 부유하다는 사람들의 호사스러운 라이프스타일을 보여주는 프로그램이었다. 대개 부유한 사람이 소유한 섬이나 전용 제트기를 소개하는데 중세시대 왕의 삶이 검소해 보일 정도로 놀라운 생활을 보여주었다. 이 쇼의 진행자 로빈 리치Robin Leach는 매회 '샴페인에 소원을 빌고 캐비아를 꿈꾸며'라는 말로 프로그램을 마무리했다.

도대체 이 상황이 믿기지 않아 전화를 걸어 이야기했다.

"알아보니 그 프로그램 제목이 그냥 '라이프스타일'이 아니더군요."

가능한 한 정중하고 재치 있게 말하려 했지만, 내 노력은 헛수고로 끝나고 말았다.

"이 프로그램은 정말 마음에 들지 않아요. 사람들이 지닌 가장 피상적인 부분을 미화할 뿐이지요. 이 프로그램에서 말하려는 것은 결국 '세상이 끝날 때까지 쇼핑하라'는 것 아닌가요?"

"그렇게 느꼈다면 유감이네요. 하지만 우리는 결코 사람들을 기분 나쁘게 만들려는 것이 아니랍니다. 긍정적인 프로그램을 만들려고 노력합니다."

하지만 별로 내키지 않았다. 모든 종교와 영적 탐구에서는 행복이란 물질에서 오지 않는다고 가르치는데 왜 이 프로그램은 그와 정반대로 말하는가? 전 세계 생태계가 위험에 처해 있는 이때 왜 이 프로그램은 흥청망청 소비하는 행태를 찬미하는가?

"나는 이 프로그램의 방향과 정반대의 삶을 사는데, 나에게 출연 요청을 하다니 믿을 수 없군요."

"일 년에 한 번, 프로그램의 원래 방향과 전혀 다른 삶을 사는 사람을 소개합니다. 일 년에 한 번씩 박애주의적 행동을 보여준 자선가를 소개하지요. 자신의 부를 인류 전체를 위해 사용한 사람들을 출연시키는 겁니다."

"그거 멋지군요. 바로 그런 쇼를 매주 보여주고 일 년에 한 번 그 멍청한 부자들의 소비 행태를 소개하면 좋겠네요."

그녀는 크게 웃었지만 나는 진심을 말했기 때문에 당황스러웠다. 20년도 전에 이미 나는 이 프로그램이 보여주는 정신없는 생활방식과 작별했고 이제는 단순하고 자연친화적인 삶을 살고 있다. 내가 아는 한 이 프로그램은 스스로 찬양하는 바로 그 라이프스타일 때문에 급속히 파괴되어 가는 세상에서는 설자리가 없어질 것이다.

그녀는 내가 여전히 배스킨라빈스와 연관이 있고 부자라고 생각했음에 틀림없었다. 이미 오래전부터 나는 배스킨라빈스와 상관없이 살았고, 이제는 스스로 삶을 영위하기에 배스킨라빈스의 돈과는 아무 관계도 없다며 인내력을 발휘해 그녀를 설득했다. 하지만 그녀는 고집을 꺾지 않았다.

이 모든 일을 정리하려면 단호하게 말해야 했다.

"한 가지만 말할게요. 도대체 왜 나를 그 프로그램에 출연시키려 하는 거요? 나는 부자도 아니고 더 솔직히 말하면, 이 프로그램은 정말 구역질 난다고요."

그녀는 한숨을 내쉬면서도 계속 고집을 부렸다.

"잘 알았어요. 하지만 우리 스태프 몇 명이 당신 책을 읽었고 당신이 전하는 메시지와 당신의 생활방식이 정말 중요하다고 확신하게 되었어요. 우리 프로그램에 나와서 그런 메시지를 접할 기회가 전혀 없었던 사람들에게 그 이야기를 들려주면 어떨까요?"

이 말은 훨씬 더 호소력이 있었고 기분 좋은 느낌마저 들게 했다. 하지만 그녀의 의도가 좋다고 해도 여전히 방송에 출연해야 할지 결정할 수 없었다. 나는 우리가 어떻게 살고 있는지 설명하려고 애썼다. 집이 너무 작아서 나와 아내가 자는 방이 거실이자 주방이었고 아들은 벽장을 개조해서 만든 방을 썼다. 우리 차는 15년 된 닛산 스테이션왜건으로 주행거리가 32만 1,900킬로미터나 되었고, 그만큼 형편없어 보였다. 자동차는 잘 달렸고 우리는 행복했지만 우리 생활은 그 프로그램과는 한참 거리가 멀었다.

"그건 걱정하지 않아도 돼요. 우리가 알아서 어떻게든 잘 만들어낼 테니까요. 다 생각이 있답니다."

도대체 어떻게 될지 알 수 없었지만 일단 승낙하고 날짜를 잡았다. 약속한 날짜가 다가오자 우리 가족은 집을 청소하고 정리했다. 진공청소기로 집 전체를 청소하는 데 10분도 걸리지 않았다.

마침내 차 옆면에 '부유하고 유명한 사람들의 라이프스타일'이라고 적혀 있는 거대한 밴이 나타났다. 차문이 열리고 몸집이 큰 사람이 내려서는(나중에 알고 보니 그는 카메라맨이었다) 우리 집 현관문을 두드렸다.

"번거롭게 해드려서 죄송하지만 존 로빈스 씨 집을 찾고 있는데 길을 잃은 것 같아서요. 주소로 보면 이 집인 듯한데······."

이 순간을 잘 활용해야겠다고 생각한 나는 손님들을 맞이했다.

"내가 바로 존 로빈스입니다. 어서 들어오세요. 맘 편히 계시면 됩니다."

그는 당황한 것 같았다.

"이곳이 당신 집입니까?"

"네, 그렇다니까요. 어서 들어오세요."

그가 자동차를 향해 외쳤다.

"이봐! 이 집이 맞는다는군!"

그러고는 크게 웃었다.

"우리가 늘 가던 집과는 완전히 다른 곳이야!"

사람들이 들어오자 친절한 집주인 노릇을 하기 위해 의자를 카메라맨에게 권했다.

"편하게 앉으세요."

그 의자는 몇 십 년 전 시어스에서 산 간이식당용 식탁 의자로, 우리가 기르는 고양이 중 한 마리가 자기 발톱을 다듬을 때 쓰고 있었다. 처음에는 고양이가 그렇게 하지 못하도록 말렸지만 소용이 없어 결국 포기하고 말았다. 고양이가 워낙 의자 할퀴기를 좋아하는지라 의자 속이 터져서 밖으로 나와 있었다. 몇 년이 흐르자 우리는 이 의자를 예술품으로 인정하게 되었다. 이 작품을 만든 예술가는 바로 우리 집 고양이였다.

하지만 카메라맨은 나와 다르게 생각했나 보다.

"괜찮아요. 그냥 서 있겠습니다."

그리고 나와 통화했던 바로 그 유능한 여성을 만났고, 우리는 곧장 일을 시작했다.

그들은 몇 차례에 걸쳐 나를 인터뷰했다. 그리고 내가 만든 비영리 단체 '어스세이브EarthSave'에 후원금을 보내달라고 연설하는 장면을 카메라에 담았다.

촬영 첫날, 아내는 정원에서 직접 가꾼 채소와 지역 농부들이 재배한 유기농 채소로 멋진 점심을 차려냈다. 카메라맨은 이 프로그램을 만들기 위해 몇 년 동안 궁전 같은 대저택을 다니며 촬영했지만 출연자에게서 점심 대접을 받은 것은 이번이 처음이라고 했다. 지금은 다른 경험을 하니 그나마 다행이 아니냐고 그에게 말했다.

다시 나는 카메라 앞에 서서 환경문제에 대해 여러 가지를 이야기했다. 우리의 소비 패턴이 이 세상과 모든 생명체에게 얼마나 큰 해를 미치는지 설명했다. 또 지구에 발자취를 덜 남기도록, 폐기물을 너무 많이 만들어내지 않도록, 에너지를 낭비하지 않도록 생활방식과 공공정책을 바꿔야 한다고 말했다. 부유한 사람과 가난한 사람의 격차가 점점 커지는 문제도 지적했다.

녹화가 끝나갈 무렵 내가 촬영을 꽤 즐겼다는 사실을 깨달았다. 모든 스태프가 내 의견을 존중해주었다. 그들은 떠나면서 즐거운 시간을 보냈고 많은 것을 배웠으며 모든 사람의 미래를 위해 앞으로 소비에 더 신경 써야겠다고 말했다. 나와 처음 통화했던 여성은 이번 촬영이 자신에게 큰 의미가 있으며 자기 인생에서 가장 빛나는 시간이 될 거라고 말했다.

"정말 행복했고 나 자신이 자랑스러웠어요."

나도 적잖이 감동을 받았고 그들이 떠난 뒤 오랫동안 그 감정이 남아 있었다. 하지만 촬영한 내용이 텔레비전에 어떻게 나올지 알 수 없었다. 긴 시간 촬영했지만 편집실에서 적절하게 자르고 이어붙일 터였다. 어떤 결과물이 나올까?

프로그램이 방송되는 날, 벽장에서 작은 텔레비전을 꺼내는데 손이 떨렸다. 그런데 정말 놀라운 일이 일어났다. 그날 방송한 내용이 지금까지 방송된 어떤 에피소드보다 인기가 많아서 전 세계에서 몇 천 회에 걸쳐 재방송된 것이다.

이 쇼의 진행자 로빈 리치는 나를 일컬어 '비영리활동의 선지자'라고 했다. 나는 나를 소개한 다른 어떤 말보다 이 말이 마음에 들었다. 내가 헨리 소로를 존경한다며 "욕망을 줄임으로써 나는 진정한 부자가 될 수 있었다"라고 그의 말을 인용하는 장면이 그대로 방송되었다. 분명 편집될 거라고 생각했던 부분이었다.

카메라맨이 집 안을 훑듯이 촬영하다 의자를 보여주는 장면이 있었는데 그때 로빈 리치가 "이 집의 모든 가구는 재활용한 것이랍니다"라고 말했다. 그가 어떻게 이런 말을 할 생각을 했는지 모르겠다.

하지만 가장 놀라운 장면은 프로그램 마지막에 나왔다. 모든 사람이 지구의 아름다움을 확인할 수 있게 우주에서 찍은 영상을 소개했다. 이 사진은 아마 누구나 한 번쯤 보았을 것이다. 수많은 별 사이에서 보석처럼 빛나는 청록색의 소중한 별 지구. 제작진은 재빨리 다음 장면으로 건너뛰는 일반적인 편집 대신 이 장면을 오랫동안 보여주었다. 그리고 영상과 함께 아름다운 음악을 깔아주었다. 진행자는 이런 종류의 프로그램에서는 절대로 들을 수 없는 말을 했다.

"존 로빈스의 생활은 '죽을 때 가장 많이 가진 사람이 삶을 성공적으로 산 사람'이라고 믿는 이들에게 그것만이 전부가 아님을 보여주었습니다."

그래도 텔레비전 프로그램에 지나지 않기에 이런 방송에 자주 출연하고 싶지는 않았다. 하지만 '부유하고 유명한 사람들의 라이프스타일'이라는 피상적인 모습을 보여주는 쇼가 단 몇 분이라도 이런 메시지를 방송한다면 더 큰 영향력을 발휘할 거라는 생각에 감동을 받았다.

돈만으로 먹고살 수 없다는 사실을 깨우치기 위해 지상에 하나밖에 남지 않은 강이 오염되고, 비옥한 마지막 농토가 아스팔트로 뒤덮이며, 유일하게 남아 있는 울창한 숲이 쇼핑몰로 바뀔 때까지 기다려야 할 필요는 없다.

얻는 것보다 주는 데 능숙한 사람들을 칭송할 날이 그리 멀지 않았다. 그저 돈을 많이 벌기 위해서가 아니라 세상을 더 나은 곳으로 만들기 위해 낮이고 밤이고 일하는 사람들을 인정하고 그들에게 감사할 날도 멀지 않았다.

많은 사람이 전혀 예상하지 못한 분야에서도 지속가능한 삶을 가장 활발하게 창조하는 작업이 확실히 자리 잡게 될 것이다.

그 뒤에 펼쳐진 삶

《육식, 건강을 망치고 세상을 망친다》를 낸 뒤 더 많은 사람을 대상으로 강연하기 위해 북미 전역을 여행했고 그 과정에서 돈을 더 많이 벌었다. 여전히 소박하게 살았으므로 돈을 많이 저축했는데 그 돈은 우리가 중시하는 대의명분과 우리가 돌보고 싶은 사람들을 위해 썼다. 좋아하는 일을 하면서 돈까지 버는 것은 즐거운 특혜였으며 행운이자 감사한 일이었다.

부잣집에서 태어났지만 그 부와 단절하고 몇 년 동안 아주 적은 돈으로 살았다. 이제는 사회를 위해 일하며 의미 있는 방식으로 돈을 번다는 사실에 정말 기분이 좋았다. 물론 내가 배스킨라빈스에 그대로 있었다면 벌었을 돈에 비하면 턱없이 적었지만 진심이 담긴 일을 하면서 돈을 번 것이다. 그 뒤 나는 책을 몇 권 더 썼고 그 책들도 잘 팔렸다. 따라서 우리의 재산은 상당히 늘어났다.

그러던 2001년 1월 어느 날, 우리 삶을 뒤바꾸는 일이 일어났다. 아내와 나는 아들 오션, 며느리 미셸과 함께 살고 있었다. 1994년부터 6년 반 동안 우리와 함께 살아온 미셸은 일란성 쌍둥이를 임신했다. 3월 중순이 출산예정일이었는데 1월 7일 미셸은 미숙아로 아들 쌍둥이를 낳았다. 이름이 리버와 보디인 이 꼬마들은 너무 작은데다가 아무런 준비도 되어 있지 않아서 적절한 의료 조치가 없으면(물론 있다 해도) 살아남기 힘든 상황이었다. 쌍둥이는 태어나서 첫 6주 동안 병원 중환자실에서 보냈는데, 하루에도 몇 번씩 산소 부족으로 얼굴이 파랗게 질렸다. 가족 모두에게 힘든 일이었지만 우리는 이 사랑스러운 아이들을 끔찍이 아꼈다. 태어나자마자 되풀이된 산소 부족이 쌍둥이의 뇌에 영향을 미쳤고 그 결과 아이들은 평생 특별한 도움을 받아야 하는 상태가 되고 말았다.

이런 일과 대면하려면 재정상태가 중요했다. 아내와 나는 아들 가족에게 도움을 줄 수 있는 저축과 수입이 충분해서 다행이라고 생각했다. 동시에 이런 일이 평생 계속되어야 하므로 쌍둥이 손자를 위해 무언가 대비해두어야 한다고 느꼈다.

그때 친구 리처드 글랜츠가 도와주겠다고 나섰다. 변호사이자 어스세이브 이사이기도 한 글랜츠는 아주 유복하게 살았는데, 그의 재정적·법률적 도움은 어스세이브의 발전과 성장에 중요한 역할을 했다. 글랜츠는 전적으로 믿을 만한 사람이었다.

글랜츠는 자신의 재산을 넣어둔 펀드에 우리도 투자하면 어떻겠냐고 제안했다. 그의 가족과 친구들, 진보적인 비영리단체와 자선단체의 기금을 운용하는 펀드에 우리도 돈을 맡겼다. 그는 이 투자가 안정적으로 수익을 가져다줄 것으로 믿었다. 그가 약속한 수익률은 1990년대 증권시장보다는 낮았지만 우리는 꾸준한 이익을 중시했기에 별다른 의문을 갖지 않았다. 게다가 돈을 내가 직접 운용하지 않아도 되었다. 전문가이자 세련된 재정상담가인 글랜츠가 펀드를 관리했다. 쌍둥이를 위한 특별한 도움을 고려할 때 이는 하나님이 보낸 선물이라고 여겼고, 우리 돈을 안전하게 믿고 운용하는 방법이라고 생각했다.

그 뒤 7년 동안 펀드는 글랜츠가 보장했듯이 해마다 상당한 수준의 이익을 냈다. 우리는 수익에 따른 세금을 낼 때만 돈을 인출하면서 쌍둥이를 위한 장기적인 대비책이자 우리의 은퇴 자금으로 이 돈을 그대로 보존하기를 바랐다. 글랜츠에게 전 재산을 맡겨놓은 것이다. 거의 해마다 우리가 지불해야 하는 모기지 이자보다 2~3퍼센트 높은 수익을 올렸다. 나는 이 차익을 충분히 활용하고 펀드에 넣을 돈을 최대한 확보하기 위해 모기지를 최대한 높여 잡았다. 글랜츠도 나와 같은 방식을 택했기에 정말 안전하리라고 믿었다. 글랜츠는 증권거래위원회가 1992년 이 펀드를 감사했는데 운용상태가 건전하며, 나스닥의 예전 수장이 책임지고 있다고 말했다. 나스닥은 미국에서 가장 큰 전자자산평가 기관으로, 전 세계 어느 곳의 주식거래 시장보다 더 많은 거래량을 자랑하는 곳이었다. 완전히 믿을 만하다고 여겼다. 수익률은 좋았지만 엄청난 정도는 아니었기에 상당히 보수적인 투자라고 여겼다.

하지만 2008년 12월 11일, 글랜츠가 깜짝 놀랄 소식을 전했다. 우리가 투자한 펀드를 운용하던 전 나스닥 의장 버나드 매도프가 역사상 가장 엄청난 금융 사기죄로 기소되었다고 했다. 이 역사적인 사기꾼은 650억 달러의 금융 사고를 일으켰는데, 오랫동안 이보다 더 많은 금액을 수천 명을 대상으로 사기를 쳐왔다고 했다.

전화를 끊고서 우리는 전 재산의 95퍼센트가 사라졌다는 사실을 알게 되었다. 펀드에 넣은 돈이 모두 사라져버린 것이다. 직접 투자가 아니었던 탓에 (매도프가 체포되기 전까지 그가 어떤 사람인지도 몰랐다) 어떤 종류의 공적 또는 사적 보험으로도 보장받을 수 없었고 파산하여 남아 있는 자산은 한 푼도 건질 수 없었다.

우리처럼 글랜츠도 재정 파탄을 겪었다. 게다가 그는 자신이 좋아하는 사람들까지 파멸의 길로 몰고 갔다는 죄의식도 떠안게 되었다. 그는 친구를 돕고 싶었을 뿐이고 그럴 수 있다고 생각했는데, 결국 우리 모두에게 재정 파탄을 안겨주고 만 것이다.

너무 큰 충격을 받은 탓에 이러다 죽지는 않을까 하는 생각이 들 만큼 힘들었다. 분노가 격심해 잠을 잘 수 없었고 잠이 들어도 악몽으로 깨어나곤 했다. 두려움이 몰려왔다. 누군가 돈으로 행복을 살 수 없다고 말한다면 그들에게 현실은 그렇지 않다고 말하고 싶었다. 기본적인 요구를 채울 만큼 돈이 충분하지 않을 때 돈은 정말 중요한 존재가 된다. 바로 그때 의문의 여지없이 돈이 더 많다면 좀 더 행복하고, 덜 불안하며, 가족을 더 잘 보살필 거라고 느꼈다. 너무나 두렵고 불안했다.

젊어서 나는 스스로 엄청난 돈과 단절한 뒤 오랫동안 돈이 많이 필요하지 않은 삶을 살았다. 그런 결정을 내릴 때는 훨씬 젊었고 그 돈은 내 것이 아니라는 생각이 들었다. 아버지가 세운 회사이고 아버지가 번 돈이었으니 말이다. 나는 나 자신의 가치기준에 따라 살기로 결심했다. 그것은 자유와 존엄을 유지하기 위한 선택이었다. 하지만 지금은 이미 60대에 들어섰고 아내도 마찬가지였다. 우리는 특별한 보호와 도움이 필요한 손자 둘과 함께 살고 있었다. 우리가 빼앗긴 돈은 평생 동안 모은 것이었고 40년간 노력한 결과물이었다. 어떻게 하면 소박하게 살 수 있는지 알았지만 여전히 손실 때문에 가슴 아팠다. 재정적인 손실에서 빠져나올 어떤 방법도 없다는 사실이 더욱 슬펐다.

　삶과 관련한 선택에서 나는 많은 사람을 아프게 하는 탐욕과 특권에서 멀리 떨어져 있으려 노력했지만, 2009년 〈뉴스위크〉가 '지구상 가장 탐욕스러웠던 인물'로 선정한 매도프라는 인물이 저지른 범죄 앞에서는 속수무책이었다. 이 일에 관해 부모님에게 조언을 구하고 응원을 부탁하고 싶었다. 이런 급박한 상황에서 단기 융자라도 얻고 싶었다. 하지만 아버지는 일 년 전에 돌아가셨고, 어머니는 알츠하이머 때문에 고생하고 계셨으니 가능하지 않은 일이었다.

　'내 가족을 낭떠러지로 몰아가다니……'

　부끄러움이 몰려왔다. 나는 모든 계란을 한 바구니에 담는 잘못을 저질렀다. 몇 년 동안 돈을 많이 벌었고 열심히 저축해 가족을 위해서 경제적으로 안정을 유지하려 했지만 모든 것이 갑자기 사라져버렸다. 우리 집은 지킬 수 있을까? 거리로 나앉게 되는 것은 아닐까? 쌍둥이 손자에게 무슨 일이 생기면 어떡하지?

　충격과 고통으로 괴로웠지만 시간이 없었다. 어떻게든 방법을 찾아야 했다. 그것도 서둘러서 말이다. 그저 망연자실하고 있거나 유약하게 대응하지 말고 이 슬픔을 강점으로 바꿔놓을 계기를 찾아야 했다.

　매도프는 우리 돈을 훔쳐갔지만 나는 그가 남은 우리 삶까지 훔쳐가도록 내버려둘 수 없었다. 너무나 갑작스럽게 빠져들어간 경제적 난국에서 다시 빠져나와야 했다. 한 번에 한 가지씩 가족 모두 힘을 합쳐 해결하기 시작했다. 사건이 일어나고 3주가 안 된 시점에 방을 세놓고 이동식 트레일러 주택을 빌렸다. 가구와 가전제품, 다른 소유물은 대부분 팔았고 아내는 다시 개인비서로 일하기 시작했다. 나도 새로운 책 쓰기에 매달렸고 홀 푸드 마켓이라는 회사에 컨설팅 일자리를 얻었으며 오래전 그만둔 유료 강연을 다시 시작했다. 며느리는 시간제 일자리를 얻었고(특별한 도움이 필요한 쌍둥이의 엄마로 이미 할 일이 많았지만) 아들은 일하는 시간을 늘렸다. 온 가족이 불필요한 지출을 최소화했다. 고통스러웠지만 여러 단체와 사람들을 재정적으로 후원하는 일도 잠시 중단했다. 다만 이것이 일시적인 중단이 되기를 빌면서 말이다. 많은 친구가 우리를 도와 함께 힘든 결정을 내려주었고 우리 가족의 미래 준비를 도와주었다. 또 친구이자 사회활동가인 패티 브라이트먼Patti Breitman은 자신이 알고 있는 채식주의자와 지속가능성, 사회정의에 관심이 많은 사람들에게 편지를 보내 우리 상황을 알렸다. 정말 도움이 절실할 때 손을 내밀어 사랑과 친절을 베풀어준 많은 사람을 결코 잊지 못할 것이다.

정말 많은 사람이 열정적으로 도움의 손길을 뻗어준 그때를 생각하면 지금도 눈물이 나려 한다. 여러 친구의 도움(선물과 저자 대출 등 다양한 형태)과 끊임없는 일거리 제공, 가족의 헌신적인 희생이 없었다면 결코 이겨내지 못했을 것이다. 마치 기적처럼 우리 집을 지켜내 가족이 함께할 수 있었고 내가 소명처럼 여긴 일도 계속할 수 있었다.

겸허한 마음과 감사하는 마음을 되찾게 된 나는 내게 보내준 사람들의 믿음에 보답하려고 노력했다. 다른 사람들이 보여준 관대함을 계기로 달라이 라마가 한 말을 새롭게 생각해보게 되었다.

"만일 나 자신만 생각한다면 다른 사람들의 권리와 행복을 잃게 될 것이다. 다른 사람을 착취한다면 궁극적으로 모든 것을 잃게 될 것이다. 내 행복에 관심을 갖는 친구가 한 사람도 남아 있지 않을 것이다. 만일 나에게 비극이 닥치면 사람들은 나를 염려하는 대신 내 불행을 즐거워할 것이다. 이와 반대로 인정 넘치고 이타적으로 행동한다면, 다른 사람을 먼저 배려한다면, 얼마나 많은 사람을 아는지와 상관없이 그 사람이 움직일 때마다 곳곳에서 많은 친구를 만나게 될 것이다. 이런 사람이 비극을 겪는다면 수많은 사람이 도움을 주러 올 것이다."

나는 부자로 태어나 스스로 가난을 선택했고 그 뒤 자수성가해 부를 이루었다. 하지만 원치 않았음에도 다시 가난한 삶으로 돌아왔고, 이제 서서히 회복하고 있으며, 다시 한 번 충실한 삶을 만들어가고 있다. 지금까지 내 여정은 내가 포기한 재산보다, 내가 벌어 저축했던 수백만 달러보다 훨씬 고귀하고 가치 있는 그 무엇을 선사한 것 같다.

영구차에는 짐 가방을 실을 수 없다고들 말한다. 세속적인 부를 얼마나 많이 누리건 결국 모든 것을 남겨두고 떠나야 한다. 그렇다면 마지막 순간에 과연 무엇을 가져갈 것인가?

어느 선생님이 학생들에게 이렇게 질문했다.

"500달러가 있는데 살아가면서 400달러를 남에게 주었다면 삶의 마지막 순간에는 얼마나 남게 될까?"

학생들이 대부분 이렇게 대답했다.

"100달러요."

"그렇게 생각할 수도 있겠지만, 진실은 좀 다르단다. 내가 지상에서 500달러를 갖고 있다가 400달러를 남에게 주었다면, 마지막 순간에는 400달러를 갖게 되는 거란다. 결국 마지막 순간에는 남에게 준 만큼 내게 남아 있게 되니까 말이다."

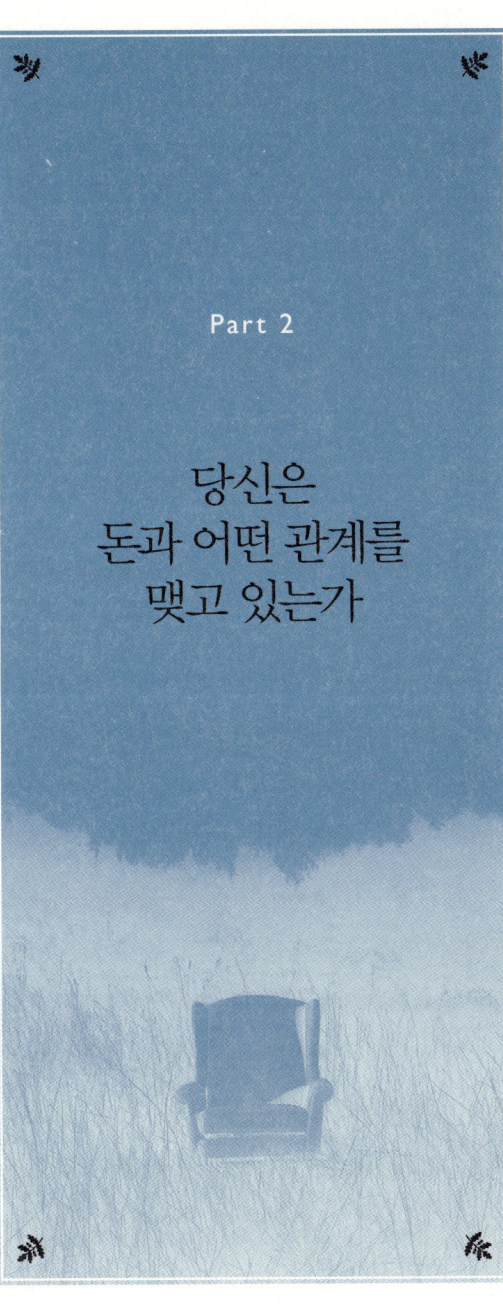

Part 2

당신은
돈과 어떤 관계를
맺고 있는가

앞에서 내 이야기를 하며 금전 면에서 내 인생이 어떻게 변해왔는지 살펴보았다. 누구나 돈에 얽힌 이야기를 가지고 있다. 부유한 사람이건 가난한 사람이건 돈과 관련해서 기복이 심한 여정을 거치며 때로는 도전하고, 때로는 상처입으면서 어둡고 우울한 시기와 환하고 기분 좋은 시기를 모두 경험했다. 이런 과정을 거쳐 돈에 관해 생각하고 돈을 다루는 방식을 나름대로 알게 되었다.

돈과 관련해 생각할 때 당신은 어떤 특징을 가지고 있는가? 돈과 관련한 태도, 감정, 믿음에서 다른 사람과 무엇이 어떻게 다른지 비교할 수 있는가? 당신의 강점은 무엇이고 약점은 무엇인가? 성격적인 특징이 만들어내는 기회와 함정에 대해 아는가? 돈 때문에 스트레스 받는 상황에서 어떤 모습을 보여주는가?

돈에 대해 인식하는 방법은 살면서 축적해온 온갖 경험의 결과물이자 우리 각자에게 내재한 어떤 패턴의 표현이기도 하다. 재정적으로 자유롭고 자신을 제대로 인식하려면 돈과 관련해 어떤 경험을 했는지 이해해야 하고 경험과 행동에 영향을 미치는 내면의 조직화된 패턴을 살펴보아야 한다. 재정적인 측면에 엄청난 영향을 미치는 돈의 원형을 이해해야 한다는 말이다.*

인간 삶의 다양한 경험에 '전의식 상태의 심리적 기질preconscious psychic disposition'이 자리한다는 사실을 처음 발견한 사람은 칼 융이다. 이런 유형분석은 각각의 조건에 기반을 둔 에너지를 구분했으므로 개인적이라 할 수 없다. 동시에 근원적으로 개인적이기도 한데, 각자 자신의 상처와 치유, 상실과 승리, 선택과 행운을 경험하는 방식에 엄청난 영향을 미치기 때문이다.

돈과 관련한 유형을 아는 것은 자신을 이해하는 데 중요한 과정이다. 돈과 더 행복한 관계, 삶을 더욱 잘 뒷받침해주는 관계로 인도하는 여정의 첫걸음이 되기 때문이다. 우리는 돈과 관련한 본성을 이해함으로써 재정적으로 만족하는 삶을 누리게 된다. 돈과 관련된 유형을 인식하면 자기 자신과 자신의 선택, 행동을 새로이 이해하게 된다. 다른 사람의 특징을 인식하고 다른 사람과 차이를 이해해 이를 현명하게 활용할 수도 있다.

여기에서는 돈에 관한 인식, 돈과 관련한 지배적인 특징을 구성하는 여섯 가지 기본 유형을 소개한다. 여섯 가지 유형은 다음과 같다.

---

* 사람들이 돈과 복잡한 관계를 맺고 있으며 재정적으로 스트레스를 받는 상황에서는 나름대로 반응한다는 사실을 확인한 많은 작가, 심리학자, 재정상담자는 사람들이 자기 자신을 좀 더 확실히 이해할 수 있도록 이런 유형을 만들어냈다. 이 책에서 소개하는 돈과 관련한 특징과 패턴 분류는 브렌트 케셀Brent Kessel의 저서에서 가져왔다. 그 밖에 올리비아 멜란Olivia Mellan, 데이비드 커세이David Keirsey, 데보라 프라이스Deborah L. Price, 로라 로울리Laura Rowley, 캐럴 피어슨Carol Pearson, 에니어그램이라 알려진 심리적 유형분석법, 융의 심리학에 기반을 둔 마이어-브릭스 분류법의 도움을 받았다.

- 절약가형 The Saver
- 순진무구한 유형 The Innocent
- 배우형 The Performer
- 감각주의자형 The Sensualist
- 경계자형 The Vigilant
- 기증자형 The Giver

그렇다고 한 사람에게 한 가지 유형만 존재한다는 것은 아니다. 각각의 유형이 어느 정도 섞여 있고 여섯 가지 특징이 한 사람에게 자리 잡고 있다. 하지만 여섯 가지가 모두 균등하게 내재하지는 않는다. 궁극적으로 특징을 발휘하는 한두 가지 특별한 유형과 나머지 미약한 몇 가지 요소가 돈과 관련한 문제에서 영향력을 발휘한다.

어린 시절의 경험과 가족의 역사, 유전, 조상 대대로 내려오는 특징과 부모의 영향 등 여러 가지 요소 때문에 대부분의 사람들에게 돈과 관련한 여섯 가지 유형 가운데 한두 가지가 특히 두드러지는데 나머지 요소 역시 영향력은 덜하지만 나름대로 의미 있는 구실을 한다. 이렇게 지배적인 유형은 다른 부수적 유형과 합해져 돈에 관한 인식과 특징을 규정하게 된다.

어떤 유형이 다른 유형보다 더 낫거나 못하다고 말할 수 있을까? 그렇지 않다. 이들 유형 사이에는 아무런 위계가 없다. 우리 사회는 특정 유형을 다른 유형과 비교해 평가하는 경향이 있는데, 이는 문화적인 측면에서일 뿐 사회적인 측면에서는 일시적이고 인위적인 구분에 지나지 않는다. 더 심오한 진실은 이렇다. 각각의 유형에는 빛과 그림자가 있다. 각각이 확연한 장점과 단점을 갖고 있으며 위험과 기회를 갖고 있다. 또한 나름대로 내적 구조를 갖고 있고 독특한 행동 방식과 태도, 변명, 동기부여 방식을 갖고 있다.

때로는 그 유형이 지니는 건전하지 않은 취향과 습성이 등장하기도 하고 때로는 삶을 건전하게 잘 지탱해주는 장점이 등장하기도 한다. 이런 특징이 어떻게 전개되느냐와 상관없이 살아가는 동안 어쩔 수 없이 자신의 특징이 부정적으로 표출되어 강박과 이상 변이가 나타날 때도 있다. 상처 받고 힘든 상황에서 가능성이 더 커질 때도 있다.

이렇게 돈과 관련해 자신의 특징을 살피다보면 재정적 자유와 신체적 건강, 영적 행복을 얻는 데 중요한 궁극적인 무언가를 배우게 된다. 강박을 선택으로, 불운을 번성으로, 어둠을 빛으로 바꿔주는 모든 것이 이미 내 안에 존재한다는 사실을 확인하게 된다.

돈에 관한 6가지 유형

1 | 절약가형

절약가는 자신의 재정에 대해 계획을 치밀하게 세우고, 예산을 꼼꼼하게 짜며, 지출은 조심스럽게 하고, 투자는 보수적으로 한다. 봉급을 계속해서 받는 일을 좋아하고 수입 한도에서 살아가며 규칙적으로 저축한다.

이 유형의 사람들은 다우존스지수에 별 관심이 없다. 이들은 돈, 특히 저축을 자신과 가족의 안전과 동일하게 본다. 이들에게 돈은 그 돈으로 살 수 있는 어떤 것보다 더 매력적인 대상이다. 절약가는 어려서부터 돈을 쓰기보다 돼지저금통에 한푼 두푼 모았다.

사람들은 절약가에게 구두쇠라고 하겠지만 이들은 신경 쓰지 않는다. 절약이 구두쇠 노릇을 하려는 것이 아니라 안전을 위해 미리 준비하는 것이라고 생각하기 때문이다. 이들은 '한 푼 아끼는 것이 한 푼 버는 것이다'라는 격언을 믿는다.

절약가는 사치나 호사라고 생각하는 것에 돈 쓰기를 극도로 싫어한다. 그들을 행복하게 만들어주는 것은 재정적 안정이다. 저축이 줄어들면, 설령 잔고가 충분해도 이들은 불안해하고 조바심을 낸다. 강력한 안전망이 제자리에 있다고 느끼고 싶어 한다.

절약가는 물건값을 깎거나 할인판매 등으로 물건을 싸게 살 때 기쁨을 느낀다. 언제나 가격을 정확히 인식하고 세일하는 곳을 찾아다니며 정가보다 싸게 사는 일에 특히 흥분한다.

이들은 자신이 물건을 어디에서 샀는지 기억하며 지출과 관련해 여러 가지 아이디어를 갖고 있다. 주유소의 기름값을 잘 알고 있어서 어디에서 기름을 넣어야 가장 싼지 훤히 꿰고 있다.

일반적으로 돈과 관련해 책임감이 강하므로 빚을 지는 일이 드물고 신용카드 한도에 문제가 생기느니 차라리 카드 없이 지내는 편을 선택한다. 재정 면에서 위험을 무릅썼다가 결과가 좋지 않거나 상당한 액수의 돈을 잃게 된다면 이들은 자신을 쉽게 용서하지 못하고 좌절감을 극복하지 못한다.

절약가는 자신들의 재무 상황을 면밀히 관찰하고 은퇴할 무렵 돈이 얼마나 필요할지 생각한다. 가전제품을 살 때에는 에너지 효율성을 따지고 자동차를 살 때에는 연비와 유지비를 가장 먼저 고려한다. 제대로 된 거래에 자부심을 느끼고 중요한 것을 사기 전에는 철저히 조사한다. 다른 사람의 낭비에 분노하기도 한다.

절약가는 자식에게 돈은 살아가는 데 꼭 필요한 존재라고 가르치고 먼저 저축부터 하라고 강조한다. 아이 생일에는 돼지저금통을 선물한다. 아이들이 자라면 은행에 데려가 통장을 만들어준다. 고등학교 졸업선물로 자동차나 아이팟을 사주는 일은 거의 하지 않는다. 잘 유지하겠다 싶으면 선물로 각종 보험을 들어준다.

절약가는 무엇이든 낭비하는 것을 싫어한다. 음식을 남기지 않으며 셔츠는 너덜너덜해질 때까지 입는다. 비닐봉투도 몇 번이나 재활용한다. 날이 추우면 난방기를 켜기보다는 스웨터를 껴입는다. 힘들어 죽겠다고 하면서도 생활을 책임져야 한다는 의무감으로 일에 매달리는 일중독자이기도 하다.

이들은 오늘날 세계가 경제적으로 얼마나 불확실한지 잘 알고 있다. 절약가에게 절약은 일상이 아니라 필수 덕목이다. 이들은 불안할 때에는 저축해놓은 돈을 생각하며 마음을 가라앉힌다. 자신과 가족의 생존이 저축에 달려 있다고 마음속 깊이 느낀다.

저축해놓은 돈이 사라지는 것을 좋아하는 사람은 없다. 하지만 철저한 절약가에게는 저축의 손실이야말로 치명적이다. 상당한 금액을 잃게 되면 너무나 큰 상처를 입어 현실을 제대로 보는 것조차 힘들어 한다.

내 경험으로 봐도 그렇다. 내 내면에도 절약가 유형이 상당 부분 있다. 매도프 사건으로 저축이 거의 사라지자 나는 한동안 존재의 근원부터 흔들리는 것을 느꼈다. 가족 전체의 경제적 안정이 걸린 문제였으므로 계속 이런 상태로 있을 수 없었다. 나는 이 트라우마를 떨어내고 맑은 정신으로 상황을 정리하려고 온갖 노력을 다했다.

심각한 경제적 위기를 겪게 된다면 진정한 부란 무엇인지 다시 한 번 생각해보자. 절약가는 신중하고 책임감이 있지만 인생에서 돈만이 중요하다고 생각한다면 돈을 잃었을 때 모든 것을 잃었다고 생각한다. 매도프의 금융 사기로 자살을 시도한 사람을 생각해보자.

절약가형의 그림자

경제 침체로 많은 사람이 힘든 요즘, 저축이 건전한 재정 계획의 가장 중요한 부분이라는 것을 잊지 말아야 한다. 하지만 다른 유형과 마찬가지로, 절약가에게도 그늘이 있다. 절약가는 기쁨을 자꾸만 미뤄둔다.

때로는 너무 완벽하게 미뤄두어 삶의 기쁨을 제대로 느끼지 못한다. 기적이 일어나 이런 메시지를 깨닫는다 해도 돈을 쓰는 대가가 어떨지 생각하느라 시간을 허비한다. 친한 친구가 경제적으로 어려움을 겪게 된다면 절약가는 친구를 돕지 않고 바라만 본다. 절약가는 돈 쓰는 것, 남을 돕는 것을 두려워한다. 도움이 필요한 사람들에게 너그럽게 베푸는 즐거움을 모른다.

좀 더 심하게 말하면, 절약가는 절약하는 일에 지나치게 사로잡혀 삶의 즐거움을 알아채지 못한다. 이들은 저축한 돈을 언젠가는 다 써버릴지 모른다는 두려움에 사로잡혀 돈을 모으고 그 돈을 세고 다시 세는 일에 열중하느라 삶이 빡빡해지고 두려움으로 가득 차는 것을 알아채지 못한다.

이런 경향이 심각해지면 늘 긴장하고 완고하게 사느라 괴로워진다. 돈을 얼마나 많이 저축하건, 돈을 얼마나 많이 갖고 있건 여전히 돈 때문에 고통스러워하고 외로움과 고립감을 느낀다. '구두쇠는 항상 무엇인가 부족하다고 느낀다'는 그리스 격언이 그대로 들어맞는다.

극단적인 경우, 물질에 집착하느라 다른 사람이나 자연과 순수한 관계를 맺을 여유를 잃게 된다.

절약가로 가장 악명 높은 사례로는 버몬트와 뉴욕에서 살았던 여성 사업가 헤티 그린Hetty Green이 있다. 1916년 세상을 떴을 때 그녀의 재산은 거의 2억 달러에 달했는데 이는 오늘날로 따지면 30억 달러에 해당하는 액수다. 세상에서 가장 부유한 이 여성은 난방도 하지 않았고 온수도 사용하지 않았다. 매일 똑같은 검은색 옷만 입었고 속옷은 완전히 해져야 갈아입었다. 매일 차가운 오트밀을 먹고 2센트짜리 우표를 찾으려고 밤을 새운 적도 있다. 아들 네드가 어려서 다리가 부러지자 병원 자선병동에 넣으려고 애를 쓰기도 했다. 병원에서 그녀가 누군지 알아차리고 아들의 입원을 거부하자 그녀는 분노에 차 자신이 아들을 직접 치료하겠다고 고함쳤다. 의료 처지가 늦어지는 바람에 결국 네드는 다리를 절단해야 했다.

영문학에서 가장 유명한 절약가는 찰스 디킨스의 소설 《크리스마스 캐럴》에 나오는 스크루지다. 냉정하고 빡빡하며 이기적인 스크루지는 크리스마스는 물론 행복하고 너그러운 모든 것을 경멸한다. 그런 그가 크리스마스의 세 유령을 만나면서 변해간다. 돈이 목적 자체가 되어서는 안 되며 돈을 위해 무조건 돈을 모으면 결국 공허함만 남는다는 사실을 깨닫는다. 돈은 그저 자원이자 도구일 뿐이고 어떻게 사용하느냐에 따라 그 가치가 달라진다는 사실을 스크루지도 이해하게 된다.

변화 중인 절약가형

저축해놓은 돈은 거의 없고 신용카드 빚은 극도로 많으며 수중에 현금도 없는데 일단 집을 사는 재정 전략이 10여 년 전부터 일반화되었다. 이런 상황에서 절약가는 파티의 흥을 깨는 사람으로 취급되었다. 하지만 이제는 건전하고 수준 높은 절약가를 우리 정신 안에 불러들여야 한다. 은퇴 이후 삶을 위해 어떻게 계획을 세워야 하는지, 수입 한도에서 어떻게 잘살아야 하는지, 빚은 어떻게 체계적으로 줄여가야 하는지, 힘들 때를 대비해 어떻게 저축해야 하는지 이들에게서 배워야 한다. 근검절약이 이 시대에 의미 있는 가치가 되었다. 절약가의 지혜는 우리에게 여러 가지로 도움을 준다.

절약가형은 다른 모든 유형과 마찬가지로 일종의 통로 또는 길과 같다. 한쪽 끝에는 지나친 욕심과 인색함이라는 부정적인 가치가 도사리고 있다. 가운데쯤에는 두려움에 휩쓸리지 않고 불안해하거나 동요할 위험이 비교적 적으며 돈을 쓰기보다는 저축하길 좋아하는 사람들이 자리하고 있다. 또 다른 한쪽에는 성숙한 절약가형이 자리하고 있다. 절제심과 사려 깊음, 자기 충족에서 오는 책임감 있는 지혜를 지닌 사람들은 다른 사람의 도움이 필요하지 않도록 요새를 세우거나 엄청난 은행 잔고에서만 자기 만족을 느끼지 않는다. 시인 월트 휘트먼Walt Whitman이 말했던 즐거운 자기 충족감을 느낀다.

"나는 대단한 자산을 원하지 않는다. 나 자신이 훌륭한 자산이기 때문이다."

절약가형을 살피다 보면 시간에 대한 감각도 변하게 된다. 수준 낮은 절약가는 미래를 두려워하며 필사적으로 재산을 축적한다. 중간 수준이라면 미래를 걱정하며 가능한 모든 방면에서 돈을 절약한다. 수준 높은 절약가형은 정신적인 가치를 이끌어내는 미래를 계획하는 데에서 기쁨을 느낀다. 그들은 미래를 존중하며 인디언 연맹인 이로쿼이연맹의 격언을 온몸으로 구현한다.

"중요한 일을 결정할 때에는 우리의 결정이 앞으로 일곱 세대에까지 영향을 미친다는 사실을 고려해야 한다."

변화한 절약가형

성숙한 절약가는 시간의 흐름에 경의를 표하고 과거와 현재, 미래가 밀접하게 연결되어 있음을 이해한다. 개인적으로는 물론이고 하나의 문화적 차원으로 수준 높은 절약가가 되려면 두려워하지 말고 미래를 가능한 한 아름답고 행복하게 만드는 일에서 기쁨을 찾아야 한다. 그렇게 되면 감사하게도 다음 세대에게 더 나은 미래를 물려줄 수 있다. 그리고 자원 사용과 자연 보호에 책임을 지는 데에서 기쁨과 만족을 느끼게 된다. 돈 자체를 위해 저축하지 않으며 환경오염에서 이 세계를 지키고 두려움이라는 독소에서 우리 정신을 지키며 다른 사람을 가난과 고독에서 지킨다. 이 세상을 떠나야 할 때가 되면 우리가 노력한 덕에 이 세상이 더 나은 곳이 될 거라는 사실에 기뻐하고 새로운 삶의 방식이 만족스러웠음을 확인한다.

지나간 모든 것에 무한히 감사하고, 현재의 모든 것에 한없이 봉사하며, 미래의 모든 것에 무한한 책임감을 느끼며 살게 된다.

2 | 순진무구한 유형

우리는 모두 처음엔 순진무구하게 삶을 시작한다. 어린아이는 혼자서는 살아갈 수 없고 돈의 법칙과 관련해 어떤 기술도 이해도 없다. 생존 욕구를 채우려면 부모나 다른 어른에게 전적으로 의존할 수밖에 없다.

나이가 들면서 자신에 대한 책임을 배우지만 그 과정에서 어린 시절의 자유와 장난기, 열린 마음을 잃어가니 이는 현대인의 비애라 할 수 있다. 많은 사람이 성인에게 요구되는 심각한 과제를 해내느라 분투하다가 삶의 신비를 전해주는 호기심을 잃고 완고해진다.

이는 우리가 생각하는 것보다 훨씬 더 심각한 문제를 불러온다. 현대 환경운동의 창시자로 자주 이야기되는 생물학자이자 작가 레이첼 카슨Rachel Carson은 날카로운 인지와 더불어 순수함을 잃지 않았기에 생태계의 상호연관성을 이해할 수 있었다고 말했다.

"아이들의 세례를 주관하는 요정 대모에게 내가 무언가 부탁할 수 있다면, 세상 모든 아이가 절대 파괴되지 않는 호기심을 지니고 그 호기심이 평생 지속될 수 있게 해달라고 요청할 것이다."

사전에는 순수를 '악행과 접하지 않아 죄의식이나 잘못에서 자유로운 상태'라고 설명해놓았다. 순진무구한 유형은 돈에 관해 알고자 하는 열망이 거의 없다. 이들은 돈을 벌고 저축하는 법과 재정 관리를 우선순위로 놓지 않는다.

순진무구한 유형은 어린 시절에도 가게놀이를 하는 법이 없고 레모네이드를 팔겠다며 집 앞에 판매대를 설치하지도 않는다. 무언가 사달라고 부모를 귀찮게 조르거나 용돈을 올려달라고 떼쓰는 법도 없다. 이들은 놀랍도록 풍부한 상상력을 가졌고, 선명하고 강력한 꿈을 지녔지만 결코 제2의 도널드 트럼프를 꿈꾸지는 않는다. 그보다 훨씬 더 신화적인 영역에서 살고 있다.

어른이라면, 순진무구한 유형은 대단한 재능과 능력을 지니고 있다. 관대한 본성을 지녀 따뜻하고 유쾌한 친구가 되어준다. 때로는 예술적이고 창의력이 넘치며 모험심이 강하다. 하지만 돈에 관해서는 그들 대다수가 젬병이어서 혼란스러워한다.

이 유형의 몇몇은 가계의 모든 것을 통제하고 돈을 어떻게 다루는지 투명하게 보여주지 않는 가부장적 가정에서 유복하게 자라났다. 또 다른 몇몇은 사는 내내 돈 때문에 고생했고 '우리 같은 사람들은 결코 부자가 될 수 없다'고 확신하는 부모 밑에서 자랐다. 그 배경이 어떻든 간에 순진무구한 유형은 돈이란 불가사의하고 자신의 통제를 벗어난 것이라고 마음속 깊이 느낀다. 돈과 관련해 이들이 느끼는 특징적인 감정은 '당혹감'이다. 그 결과 가장 일상적이라 할 수 있는 돈 관리하는 일에서조차 서툴다.

제때 고지서를 챙기는 일도 힘들어한다. 전화요금, 신용카드, 은행 계좌와 관련한 내용을 전혀 이해하지 못하는 이들도 많다. 재정과 관련한 이들의 기록은 뒤죽박죽이며 제대로 채워지지 않았다. 다른 어떤 유형보다도 은행수수료를 많이 내고, 은행 잔고가 얼마 남았는지 몰라 마이너스 통장을 만들며, 손해를 많이 보고, 얼마나 썼는지도 모르면서 신용카드 빚을 진다. 세금은 내야 하는 마지막 순간까지 미뤄둔다. 대차대조표가 균형을 유지한다면, 이 유형의 사람들에게는 기적 같은 일이다.

순진무구한 유형은 우리 사회에서 금전 형태로는 보상받지 못하는 재능을 지니고 있다. 이들은 남을 보살피고 도와주는 일을 하는데 대개 음악가이거나 화가이거나 시인이거나 교사이거나 간호사다.

이렇게 믿을 만하기에 여섯 가지 유형 중 친구나 가족, 다른 사람에게 가장 많이 이용당한다. 판매원의 마음을 상하게 할까 걱정스러워 물건을 산다.

순진무구한 유형은 충동적으로 복권을 사거나 도박을 하며 피라미드 조직에 빠지기 쉽다. 오직 행운이나 신의 은총만이 자신을 구할 수 있다고 생각하고 뜻밖의 횡재나 있어야 경제적으로 안정된다고 생각한다.

이 유형의 소비 습관은 한마디로 말해 '되는 대로'라고 할 수 있다. 리터당 120원 싼 주유소를 찾는다고 8킬로미터를 운전하면서 그 과정에서 소비되는 휘발유와 시간에 관해서는 아무 생각이 없다. 벼룩시장에서 5달러짜리 토스터를 살까 말까 30분 넘게 고민하다가 그다음 날에는 충동적으로 100달러짜리 가방을 산다. 돈이 어디서 들어와 어디로 가는지 몰라 가장 혼란스러워하는 유형이다.

순진무구한 유형의 그림자

이 유형 가운데 수준이 낮은 이들은 재정 관리에 무지해서 낙담한다. 가장 수준 낮은 순진무구한 유형은 기운 차리고 경기를 다시 시작하기 위해 아무런 조치도 취하지 않는다. 그 대신 '이렇게 했으면' '부잣집에 태어났더라면' '상사가 저런 멍청이만 아니었어도' '친척들이 배신하지만 않았다면' '은행이 실수로 내 계좌에 100만 달러를 넣어준다면……' 하는 온갖 '만약에'가 머릿속에 가득하다.

이 유형의 가장 우울한 특징은 자신을 희생자로 여겨 재정 문제를 모두 남 탓으로 돌린다는 것이다. 왜 인생이 성공적이지 못한지, 자신이 겪은 불공정한 일이 얼마나 많은지 길고 긴 리스트를 만들곤 한다. 이 중 몇 가지는 실제로 남 탓일 수도 있고 재정적·감정적 불운을 다른 사람보다 훨씬 더 많이 겪었을 수도 있다. 하지만 지나치게 자기 연민에 빠지고 남 탓만 하는 것은 큰 문제다. 자신이 불운한 것이 남들 때문이라 생각하고 모든 문제를 남이 해결해주길 바라며 재정적인 측면을 남에게 전적으로 의지하려 든다. 문제를 피하려고 습관적으로 자기 방어벽을 쌓아올리고 고통을 잊기 위해 알코올, 마약, 도박에 빠지기도 한다.

변화 중인 순진무구한 유형

순진무구한 유형이 모두 이렇게 극단으로 치닫는 것은 아니다. 다른 사람에게 해를 끼치지는 않지만 특별히 자기 삶에 행복해하지 않으며, 돈과 성공적으로 관계를 맺고 이를 유지할 수 있다는 사실은 부정하고 경제 상황이 나아지길 막연히 기다리며 아무 목적 없이 대충 사는 사람이 많다.

순진무구한 유형의 전형적인 예로 마지Margie라는 친구가 있다. 마지는 아들은 돈을 벌고 관리하도록 키우고 딸은 집안과 아이들을 돌보도록 키우는 부모 밑에서 네 자녀 가운데 유일하게 딸로 태어났다. 가장이 홀로 가족을 부양하던 1950년대에 성장했는데, 어렸을 때 아이 봐주는 시간제 일을 해서 돈을 벌면 그 돈을 모두 아버지에게 주었다. 아버지가 가정 경제를 책임지고 모든 결정을 내렸기 때문이다. 친구나 가족의 생일에 선물을 주는 것은 생각지도 못했다. 그 대신 그림을 그려 선물했다. 사교적이고 편견이 없었지만 돈을 관리하는 방법은 배우지 못했다.

마지가 나이가 들어감에 따라 세상도 변했지만 부모는 딸이 이런 상황에 대응하는 방법을 가르치지 않았다. 마지는 교육도 제대로 받지 못했다. 결혼도 하지 않고 여러 가지 일을 열심히 했지만 재정 면에서는 안정되지 못했다. 돈 관리를 어떻게 해야 할지 몰라 두려워하며 그저 막연히 피하려고 들었다.

"어떻게든 되겠지. 내가 어쩔 수 있는 일도 아니고."

다른 수많은 순진무구한 유형과 마찬가지로 마지는 이상한 방식으로 돈을 썼다. 1월에 마지의 집을 찾아갔을 때 실내온도가 10도밖에 되지 않는데 연료비를 줄여야 한다며 난방을 하지 않았다. 몇 주 뒤 다시 찾아갔을 때는 집 안이 훈훈했다. 벽에 걸린 온도계는 24도를 가리키고 있었다. 도대체 어떻게 된 거냐고 물었더니 마지는 "월급을 받았거든" 했다.

마지는 너그러운 친구였다. 수술을 받고 회복 중인 연인을 위해 병상에서 밤을 새우기도 했고 힘든 일을 겪는 친구를 위해 그의 아이를 돌봐주기도 했다. 돈과 관련된 일을 제외하곤 결코 책임을 회피한 적이 없다. 그런데 돈 문제라면 마치 전염병 대하듯 했다.

자신의 경제 상황을 제대로 정리하려 애썼지만 그렇게 하지 못했다. 긍정의 힘을 믿는 그녀는 "나는 부유하고 운이 좋으며 내가 원하는 돈을 다 갖게 될 거야"라는 주문을 외우곤 했다. 하지만 불행하게도 상황은 그녀가 바라는 대로 돌아가지 않았고 돈을 마구 쓰다 보니 신용카드 빚만 쌓이고 말았다.

결국 몇 년 전 일자리마저 잃고 빚이 늘어나자 그녀는 현실과 대면하지 않을 수 없었다. 그러지 않았다가는 경제 문제가 인생 전부를 망칠 테니 말이다.

마지는 친구의 도움을 받아 수입과 지출을 자세히 검토하고 쓴 돈과 번 돈을 기록한 뒤 실험적으로 다음 3개월분 예산을 짰다. 돈과 관련해서는 여전히 혼란스러워했지만 재정 관리가 필요하고 신용카드 빚을 갚아야 한다는 사실만은 확실히 인식했다. 쉽지 않았지만 생활비를 상당 부분 줄여 나갔다. 번쩍이는 갑옷을 입은 기사가 구하러 달려오거나 필요할 때 마법처럼 갑자기 돈이 생길 거라는 환상은 버렸다. 여전히 긍정의 힘을 믿는 마지는 이제 이렇게 외친다. "나는 돈을 책임 있게 쓸 것이다. 돈을 관리하는 데 좀 더 신중하고 현명하며 책임 있게 행동할 것이다." 마지는 한 걸음씩 돈의 흐름을 알게 되었다. 그러면서 삶도 더 안정되었고 자신에 관해서도 더욱 기분 좋게 생각하게 되었다.

마지는 열심히 일하고 자신의 여러 가지 약점에 관심을 기울였으며 그 과정에서 약점을 강점으로 바꾸려고 노력했다. 다른 사람들에게 자신의 시간과 에너지를 아낌없이 나눠주었다. 그녀는 지금 저소득층 소녀들의 예산 수립과 돈 관리를 조언해주는 멘토로 활약하고 있다. "재정 관리 능력이 무얼 의미하는지 누구보다 잘 아니까요. 다른 사람들을 돕는 일이 좋아요."

마지는 혼란스럽기만 했던 재정 문제를 해결하면서 인생을 제어하게 되었다고 했다. 마지 이야기는 순진무구한 유형의 사람들이 가능성을 깨닫고 미래를 향해 나아간 사례라 할 수 있다.

성숙한 순진무구한 유형은 다른 분야에 능력이 있고 기술을 갖고 있지만 재정 문제에서 능력을 발휘하기가 쉽지 않다. 그래도 재정 문제에 관해 확신과 자신감을 갖게 되면 다른 부분에도 긍정적인 영향을 미치게 된다. 예전에는 재정적인 혼란이 인생의 다른 문제를 방해했다면, 이제는 하고 싶은 다른 일을 할 수 있도록 돈이 도움을 준다. 건전하고 책임감 있는 삶의 토대 위에 타고난 너그러움과 호기심이 자리 잡게 된 것이다.

철저히 순진무구한 유형은 자신의 이상을 버리지 않는다. 그것이 자신의 능력을 보여주고 그 능력을 확신하는 방식이기 때문이다. 이 성향의 낮은 수준에서는 실수와 잘못을 무능의 증거로 여긴다. 좀 더 높은 수준에서는 실수와 잘못을 무언가 배울 기회로 삼는다.

순진무구한 유형은 재정을 주의 깊게 관리하기를 싫어하지만 이 과정에서 많은 것을 배운다. 진정한 재무 지식을 익히기 시작하면서 삶의 모든 분야가 영향을 받고 변한다. 숨겨야 했고 혼란스러웠던 것들이 이제는 남에게 드러내보이고 자랑할 만한 것이 되었다. 예전에는 부끄럽던 것이 이제는 점점 커지는 자기존중의 근원이 되었다. 예전에는 자신을 희생자로 만들었던 부분이 이제는 자기 능력을 보여주는 기회가 되었다.

변화 중인 순진무구한 유형의 아이를 둔 부모는 돈과 관련해 긍정적이고 건전한 메시지를 전해주려고 특히 신경 써야 한다. 부모는 말과 행동으로 이런 메시지를 전해야 한다.

"너는 네 인생에서 선택하는 모든 일에서 성공할 거야. 정말 하고 싶어 하는 일에서는 최고가 될 거야. 재능 있고 훌륭한 사람이니까 돈을 잘 벌 능력은 물론이고 그 돈을 책임 있고 의미 있게 관리할 능력도 있단다."

변화된 순진무구한 유형

자신의 특성을 인식한 순진무구한 유형은 다른 유형과 마찬가지로 힘든 치유 과정을 거치며 다른 사람에게 깨달음을 준다. 성숙한 순진무구한 유형은 오래된 믿음에 집착하고 자기 파괴적인 여정을 걸은 경험이 있다. 동시에 이들은 자기 연민이 얼마나 위험한지 잘 알기에 다른 사람을 지나치게 동정하지 않는다. 동정과 공감의 차이를 이해하는 것이다. 도움이 필요하거나 상처받은 사람들이 내면 깊은 곳에 갖고 있는 능력과 지성, 강점을 존중하고 도우려 한다. 자신의 진정한 힘을 알고 믿게 된 이들은 다른 사람들에게 회복력에 대한 확신을 주고, 장애를 이겨내는 능력을 전할 수 있으며, 자신을 볼모로 잡고 있는 중독이나 고통에서 자유로워지는 방법을 알려줄 수 있다.

순진무구한 유형은 현재를 살게 하는 다양한 지성이 얼마나 중요한지 알려준다. 분석과 논리뿐 아니라 직관과 공감, 음악과 감정적인 지혜를 존중해야 하는 이유를 알려준다. 순진무구한 어린 시절은 그저 지나가버리는 인생의 아름다운 순간 이상임을 알게 될 것이다. 어른이 되어서도 어린 시절 가졌던 삶에 대한 호기심과 경외감을 예술적이고 영적인 영역에서 풍요로운 원천 그대로 유지할 것이다.

아인슈타인은 전형적인 순진무구한 유형이었다. 인류 역사상 가장 똑똑한 사람으로 인정받았지만 젊은 시절 돈과 관련해서는 물론 학문과 관련해서도 힘든 시간을 보냈다. 말문이 늦게 트인 그는 고등학생 시절 낙제를 했고, 때로 몽상가로 보일 만큼 이것저것 캐묻기 좋아하는 천성을 지녔다. 하지만 자신의 영특함을 깨달으면서 어렸을 때의 호기심을 계속 유지하는 것이 얼마나 중요한지 절대 잊지 않았다.

"우리가 경험할 수 있는 가장 아름다운 것이 바로 신비감이다. 그것이 모든 진정한 예술과 과학의 원천이 된다."

3 | 배우형

우리는 모두 관심을 받고 싶어 한다. 관심이 없으면 어린아이는 생명을 이어나가기 힘들고, 고립되어 다른 사람들의 관심을 받지 못하는 죄수들은 심각한 정신 문제로 고생한다. 인간의 정신세계는 다른 사람들에게서 관심받기를 원한다.

배우는 다른 사람의 관심이 어떤 의미인지, 어떤 힘을 지니는지 다른 어떤 유형보다 잘 안다. 이들은 항상 남의 관심을 끌기 위해 신경 쓴다. 그들에게 가장 멋진 순간은 열성적인 추종자들로 가득 찬 공간에 서 있거나 열정적인 관중 앞에 서 있을 때다. 이들은 칭송받는 것을 좋아하며, 다른 사람들에게 기쁨을 선사하고 그들을 웃게 만드는 것을 좋아한다. 배우형에게 다른 사람의 관심만큼 중요한 것은 없다. 그들에게 관심은 사랑과 마찬가지이기 때문이다.

이 유형이 지배적인 사람에게 돈은 그 자체로 목적이 아니다. 자신이 원하는 관심을 받도록 해주는 수단이다. 대표적인 배우형인 마릴린 먼로는 이렇게 말했다.

"나는 돈을 벌고 싶은 게 아니에요. 그냥 멋진 사람이 되고 싶을 뿐이죠."

우리는 다른 이의 관심과 호감을 원하고 다른 사람의 눈에 멋지게 보이길 바란다. 돈과 관련해 배우형이 강한 사람은 인생에 중요한 사항을 결정하는 이미지의 힘을 잘 알고 있다. 이미지는 그들이 돈을 쓰는 대상과 사랑하는 대상에 영향을 미친다.

다른 유형과 비교할 때, 배우형은 대부분 자신의 외모와 몸매를 돋보이게 해주는 옷과 머리 모양, 보석, 뷰티 제품, 화장품에 돈을 많이 쓴다. 다른 이에게 깊은 인상을 줄 만한 옷을 입는다. 배우형이 '오늘 머리 모양이 마음에 안 든다'고 하면 그건 정말 심각한 문제라는 말이다.

배우형은 부와 아름다움을 외적으로 표현하는 데 집중한다. 이는 겉으로 보이는 것이 인정과 승인, 사랑을 얻는 가장 확실한 방법이라고 생각하기 때문이다. 최신 스마트폰을 사용하고, 개봉 첫날 영화를 보고, 성형수술을 하고, 휴가를 근사하게 보내는 것은 그들에게 필수적이다. 이로써 자신이 원하는 관심을 끌게 될 테니까 말이다. 이들은 다른 어떤 유형보다 고급 자동차와 다른 신분 표시 장치에 호감을 보인다.

과체중이어서 몸무게를 줄이려 할 때, 배우형의 경우 가장 중요한 동기는 건강이 아니라 다른 사람의 이목이다.

여성은 다른 여성을 만났을 때 그녀가 무얼 입고 있고 머리 모양은 어떤지, 어떤 핸드백을 들었는지 반드시 살핀다. 아무리 페미니스트라 해도 '여성 해방'이 곧 수수한 신발을 신는다는 의미는 아니다.

일반적으로 남자들은 옷 사는 것을 좋아하지 않지만 배우형 남자라면 이야기가 다르다. 이들은 자기 형편과 상관없이 멋지게 차려입는 것을 좋아한다.

이 유형에게는 장점이 상당히 많다. 자신이 다른 사람에게 어떻게 보일지 단번엔 눈치 채기 때문이다. 다양한 상황이나 업종에서 다른 사람이 어떻게 보는지, 어떤 인상을 갖고 있는지는 매우 중요한 요소가 된다. 배우형은 이미지를 제대로 보여주면 판매량이 올라가고, 보수가 더 좋은 직업을 얻을 수 있으며, 다른 형태의 재정적인 성공으로 연결된다는 사실을 알고 있다. 성취감을 발하는 사람들을 믿고 따르는 사회의 경향을 이들은 이미 알고 있다.

연구에 따르면 매력적으로 보이는 남자들은 그렇지 않은 이들보다 리더가 될 확률이 높고 돈도 더 많이 버는 것으로 나타났다. 여성도 마찬가지다. 아름답다고 인정받은 여성은 그렇지 않은 여성보다 눈에 더 많이 띄고 돈도 더 많이 버는 것으로 나타났다. 웨이트리스의 경우, 예쁘게 생겼으면 팁을 더 많이 받는다고 한다. 변호사라면 배심원들 앞에서 더 많은 동의를 이끌어내 승소할 확률이 높아진다. 기업에서는 승진 기회가 더 많은 것으로 나타났다. 결혼할 때도 더 부유한 상대를 만날 확률이 높다.

배우형의 경우, 삶에 좋은 영향을 줄 이미지를 만들고 이를 투사하기 위해 돈을 쓰는 경향이 다른 어떤 유형보다 강하다. 시트콤 〈섹스 앤 더 시티〉의 주인공 캐리 브래드쇼의 대사에서 이를 잘 확인할 수 있다. "나는 내가 바로 볼 수 있는 곳에 돈을 놓아두고 싶어. 내 옷장 속 같은 곳 말이야."

배우형의 그림자

다른 유형과 마찬가지로, 배우형에게도 어두운 그림자가 있다. 이들은 외형에 지나치게 신경 쓰느라 다른 사람의 감정이나 그들과의 관계를 무시하기 쉽다. 최고라는 이미지를 지키려면 꼭 필요하다고 강조하는 마케팅이나 광고의 유혹에 넘어가기 쉽다. 그러다 보니 지출이 수입을 넘어서는 경우가 많다.

이런 일이 극단으로 가면 다른 사람들에게서 칭찬을 듣거나 인정을 받기 위해 지불 능력이 없는 것들을 사들이곤 한다. 자기보다 더 부유해 보이는 사람은 분명 더 행복할 것이라고 잘못 생각해 "더욱 높은 마력, 더욱 큰 엔진이 더 많은 사람의 부러움을 산다"라는 메르세데스 벤츠 E350의 광고와 같은 일련의 메시지에 쉽게 현혹된다.

미성숙한 배우형의 잘못된 재정 관리 사례는 랩 가수이자 댄서인 MC 해머의 성공과 몰락에서 살펴볼 수 있다. 1990년대 초반 그는 엄청난 인기를 누리며 정상에 올랐다. 앨범은 5,000만 장 이상 팔렸고 4,000만 달러 이상의 수입을 올렸다. 그는 캘리포니아주 프레몬트에 녹음실, 33석 규모의 극장, 수영장 2개, 테니스장, 야구장, 볼링 레인, 전면에 유리를 붙인 욕실 등을 갖춘 대저택을 지었다. 이 저택에 들인

거울값만 10만 달러가 넘었다. 대저택의 정문은 금으로 만들고 자기 이름을 새겨 넣었다.

자기가 말한 대로 실천하는 삶을 산 인도의 위대한 현자 마하트마 간디는 "나의 삶이 곧 나의 주장이다"라고 강조했다. 화려한 옷과 번쩍이는 양복, 헐렁한 바지로 널리 알려진 해머는 자신의 삶은 패션 스타일 그대로라고 말한 바 있다. 불행히도 그는 멋지게 치장하기 위해 엄청난 돈을 써야 했다. 결국 1996년 해머는 파산선고를 받았고 법원에서는 그의 빚이 400만 달러가 넘는다고 발표했다.

오늘날 해머는 여전히 배우형으로 살지만 예전의 심각한 수준에서 벗어나 훨씬 더 실용적으로 산다. 텔레비전 프로그램을 진행하고 공연장과 여러 이벤트에서 노래와 춤을 보여주면서 자신의 수입에 맞춰 살려고 노력한다.

변화 중인 배우형

미성숙한 배우형은 자신을 과장해서 연출하고 다른 사람의 존경을 받는 일에 특히 신경 쓴다. 하지만 무언가 조금씩 깨달아가면서 다른 사람의 관심을 끄는 자신의 능력을 더 고귀한 일에 사용한다. 예민하고 세심한 특징을 덜 이기적인 곳에, 이 세상 모두와 다른 사람의 행복을 위해 활용한다.

배우형은 자신이 어떻게 보이는지, 다른 사람들이 자기를 어떻게 보는지가 정말 중요하다는 것을 잘 알고 있다. 외모를 이용하는 것이 이기적인 욕구 때문인지, 다른 사람을 위해 봉사하기 위해서인지 그 차이를 안다.

배우형은 자신에게 내재한 가능성을 따라 전진하므로 남에게 어떻게 보여야 할지를 다른 이들에게 가르쳐줄 수 있다. 존재감이 없다고 고민하는 사람들에게 날개를 달아주고, 단단한 껍질을 깨는 법과 자신을 표현해 남들의 인정과 사랑을 받는 법을 가르쳐주는 데에는 변화 중인 배우형이 적임자다. 자신이 다른 사람에게 어떻게 비춰질지 민감하게 알아차리는 이들은 창의적이고 확실하며 효과적인 패션 감각과 개성 표현법을 친구와 가족에게 알려준다.

이들은 항상 다른 사람의 관심을 받고 싶어 하고 스포트라이트 받기를 좋아하지만 더 큰 만족을 얻고 인정받기 위해 특별한 존재로 보이고 싶은 열망을 조절할 줄 안다. 이들은 다른 사람에게 특별하게 보이고 싶은 욕구가 줄어들면 내적 가치와 감정을 더욱 날카롭게 가다듬는 데 집중한다. 자기 가치와 자기 존중이 자연스럽게 생겨나면서 '성격이란 남이 보지 않을 때 어떤 모습인가로 결정된다'는 말의 의미를 이해하게 된다. 긍정적인 견지에서 볼 때, 배우형은 교사로는 정보와 교재를 잘 전달해 다른 사람을 자극하는 특별한 능력을 지녔다고 할 수 있다. 가장 영향력 있는 성직자는 승화된 배우형이라고 할 수 있다. 유머 감각, 웅변력, 카리스마라는 무기로 사람들을 고양하고, 최상의 소명으로 인도하며, 동기를 부여한다. 이와 비슷하게 녹음전문가와 음악가는 자신의 음악적 재능을 발휘해 청중에게 에너지와 흥분, 조화와 새로운 가능성을 전해주는 배우형이라 할 수 있다. 이 유형이 가장 높은 수준에 이르면 친구와 가족, 청중을 각성하고 치유하며 유쾌함, 희망, 선의를 듬뿍 선사한다.

변화한 배우형

1930년대에 세워진 이래 갤럽은 해마다 미국인을 대상으로 가장 존경하는 사람이 누구인지 조사한다. 1999년 12월 갤럽은 70여 년간 조사한 결과를 집대성해 20세기 가장 존경받는 사람 순위를 발표했다. 마더 테레사 수녀가 1위였고 마틴 루터 킹 목사가 2위, 존 F. 케네디 대통령이 3위를 차지했다.

단지 2년 반 동안 대통령으로 재임한 케네디를 두고 많은 정치평론가는 그의 정책이나 결정이 위대할 정도는 아니라고 이야기한다. 케네디가 보여준 이미지가 그를 이토록 존경받는 사람으로 만든 것이다.

자신이 사람들에게 어떻게 보이는지 계속 민감하게 살피지 않았다면 그는 아마 대통령이 될 수 없었을 것이다. 그런 점에서 케네디는 최고의 배우형 인물이라 할 수 있다. 1960년 9월과 10월, 케네디는 당시 부통령 닉슨과 미국 역사상 최초로 대통령 후보 토론을 벌였다. 라디오 청취자들은 닉슨이 토론에서 승리했다고 생각했지만 텔레비전 시청자들은 케네디가 완벽하게 승리했다고 생각했다. 11월 8일, 케네디는 아주 근소한 차로 닉슨을 누르고 대통령에 당선되었다. 전국 인구를 놓고 볼 때 케네디가 닉슨을 0.2퍼센트 포인트 차이로 이긴 것이다(49.7퍼센트 대 49.5퍼센트).

대통령 재임 기간에 케네디는 활력 있고 박력 넘치는 이미지를 투사했다. 2002년 케네디도서관에 역사학자들의 접근이 허락되면서 그동안 공개되지 않았던 의료 자료들이 세상에 드러났다. 활력이 넘치고 젊음과 건강의 화신이라고 생각했던 그의 상태는 놀랍게도 심각했다. 그는 데메롤, 메타돈, 코데인, 코르티손과 테스토스테론 경구약과 주사 등 12가지 약을 복용했다. 매일 6차례씩 백악관 주치의들이 노보카인과 브로카인을 비롯한 여러 가지 진통제를 그의 등에 주사했다. 남들 앞에 나서지 않을 때에는 등을 구부정하게 굽히고 걸어 다녔다. 하지만 배우형인 그는 근사하고 건강하고 활력 넘치는 이미지를 전 세계에 성공적으로 전달했다.

배우형 가운데도 고수들은 자신들이 바라는 바를 대중에게서 이끌어내는 데 탁월한 능력을 발휘한다. 마틴 루터 킹 목사와 가까웠던 사람들은 그가 항상 외모에 특별히 신경 썼다고 기억한다. 젊어서는 옷을 사고 외모를 가꾸기 위해 상당한 돈을 썼다. 그리고 세계의 지도자가 된 자신에게 쏟아지는 관심을 모든 이의 인권과 존엄을 수호하는 데 활용했다. 그와 같은 위치에 있는 사람을 배우형이라고 하기에는 너무 평범해 보이겠지만, 이 유형의 가장 정제되고 고양된 사람들임에는 틀림없다.

4 | 감각주의자형

감각을 추구하고 즐거움을 좇으며 사는 것은 인간의 본성이다. 인간은 즉각적인 만족을 즐긴다. 감각주의자는 어떤 유형보다도 쾌락과 즉각적인 만족을 중시하는데, 이는 그들의 재정에도 상당한 영향을 준다.

일단 기본 욕구가 충족된다면, 아니 때로는 기본 욕구가 충족되기도 전에, 감각주의자는 돈이란 기쁨을 주는 물건과 서비스를 구매하는 수단이라고 생각한다. 이들에게 '지금 이 순간에 충실하라'는 말은 미래를 걱정하지 말라는 뜻이기도 하다. 현재에 초점을 맞추는 이들은 충동적이고 거침없는 소비 행태를 보여준다. 돈으로 살 수 있는 쾌락을 거부하는 것은 이들에게 자기 배신이나 다름없다.

이런 유형은 계층을 넘나들며 모든 소득 수준에서 발견할 수 있다. 돈이 별로 없는 감각주의자는 중고품 가게나 폐점 정리 세일, 차고 세일 등에 마음이 쏠린다.

감각주의자는 감각적인 경험과 쾌락을 적극적으로 즐긴다. 자발적이고 재미를 추구하는 감각주의자는 남들에게 낭만적인 연인으로 여겨진다. 이들은 풍요를 누리고 삶을 즐길 줄 아는 것처럼 보인다. 이런저런 관계를 맺지만 결혼해서 정착하면 일이 생각대로 잘 풀리지 않는다는 것을 안다. 이들은 대개 산만하고 정신없으며 자신에게 어떤 제한이 가해지는 것을 싫어하고 의무와 약속을 지키는 데 어려움을 느낀다.

감각주의자는 다른 사람들도 즉각적인 만족에 기뻐한다고 생각하기에 다른 사람들에게 이런 즐거움을 선사하기를 좋아한다. 이들은 휴일과 생일을 즐겨 기다리고 때로는 다른 사람에게 줄 선물을 사는 데 깜짝 놀랄 정도로 많은 돈을 쓰는 경향도 있다.

다른 유형과 달리, 감각주의자는 꼭 필요한 것과 사치품을 별로 구분하지 않는다. 이들은 비싼 식당, 좋은 와인, 유기농 페이스 크림, 주말마다 하는 스파 등을 즐긴다. 이불보를 살 때도 가장 고급스럽고 사치스러운 제품을 선택한다. 자동차를 살 때에는 단순한 차보다는 비싸도 훨씬 큰 즐거움을 느낄 수 있는 차를 고른다. 이들의 집에는 온갖 장난감이 가득하다.

감각주의자는 '외상 구매 가능' '지금 사고 돈은 나중에'라는 문구에 솔깃해한다. 현재에 대한 인식이 너무 강한 반면 미래에 대한 생각은 너무 흐릿해서 이런 말을 무료 구매로 이해한다.

감각주의자가 우울해하거나 지루해하거나 외로워할 때 가장 좋은 치유책은 바로 쇼핑몰로 달려가는 것이다. 신용카드는 이들에게 자기 처방전이다. 매달 말일이면 도대체 돈이 다 어디로 가버렸는지 이해할 수 없다고 말한다. 이들에게 '예산'이라는 단어는 폐쇄공포증을 불러올 만큼 답답하게 느껴진다. 이들의 삶의 모토는 '준비, 조준, 소비'가 아닐까 하는 생각이 들 정도다.

감각주의 성향이 강한 사람들은 돈을 쓰는 데에서 큰 즐거움을 느끼며 자녀들이 박탈감을 느끼는 것을 원치 않으므로 부모로서 줄 수 있는 용돈 또는 그 이상을 준다. 혹시 자녀에게 나쁜 버릇이 들지는 않을까 걱정하지 않는다. 그저 돈으로 살 수 있는 최선의 것을 자녀에게 주고 싶어 한다. 어린 자녀를 장난감 가게에 데려가 신나게 말한다. "자, 여기서 뭐가 갖고 싶니?" 나중에 아이들이 고등학교를 졸업하면 감각주의자는 최고급 레스토랑에 데려가 저녁식사를 한다. 그럴 형편이 되건 안 되건 상관없이 자녀에게 호사스러운 휴가를 선물하기도 한다.

감각주의자는 자기 자신이 기쁘거나 다른 사람이 기쁘라고 돈 쓰는 일을 즐긴다. 복권에라도 당첨된다면 새 차와 새 집을 사고 성대한 파티를 열 것이다. 그리고 몇 년 안에 당첨금을 다 써버릴 확률이 높다.

감각주의자형의 그림자

다른 유형과 마찬가지로, 감각주의자에게도 감춰진 면이 있다. 수중에 돈이 없을 때 예산을 조정하기 가장 힘들어 하는 유형이자 익숙해진 생활방식을 유지하려고 빚을 지기 쉬운 유형이기도 하다.

몇몇 감각주의자는 지출을 조절하지 못한 자기 자신을 심하게 책망한다. 하지만 이 유형의 감춰진 면과 그에 따른 악순환을 고려할 때 방향을 바꾸기 쉽지 않다. 그 대신 감각주의자는 순간적인 즐거움을 느끼면서 죄의식에서 벗어나려고 한다. 돈을 더 많이 쓰면서 점점 커가는 내적 공백을 위로하려 들지만 물건을 사들이며 느끼는 즐거움과 인생에서 느끼는 즐거움은 자꾸만 줄어든다. 극단적인 상황에 몰린 감각주의자는 어두운 성격 탓에 더 심각한 빚더미에 눌리고 더 깊은 절망으로 빠져든다.

성숙하지 못한 감각주의자는 충동적으로 소비한다. 소비가 인생을 좋은 방향으로 이끌어주는지 판단할 능력을 잃고 자신과 자신이 사랑하는 사람들을 점점 더 큰 위험으로 몰아간다. 빚이 늘어나고 절망이 점점 더 깊어지면 지출이 가져다준 해악에서 주의를 돌리기 위해 가장 익숙한 치료법인 돈 쓰기에 더욱 의존하게 된다. 순간적인 즐거움에 대한 탐닉이 상식을 뛰어넘게 된다.

때로는 연예인이나 유명한 운동선수들이 우리 내면과 삶을 대신해 보여주기도 한다. 메이저리그에서 유명한 야구선수였던 잭 클락Jack Clark의 경우, 감각주의형에게 어떤 일이 일어날 수 있는지 보여준 마음 아픈 사례다.

1992년 이 대형 타자는 보스턴 레드삭스와 3년 계약을 맺으며 거의 900만 달러를 벌었다. 그해 클락은 파산선고를 받았는데, 당시 빚이 자산보다 700만 달러나 많았다. 도대체 무엇이 문제가 되었을까? 클락의 변호사는 AP통신에 이렇게 말했다. "클락은 값비싼 취미활동을 즐겼습니다. 결국 일이 이렇게 된 거죠." 한번은 야구장으로 가는 길에 자동차 판매장을 지나는데 마음에 드는 호사스러운 차가 눈에 들어왔다. 그는 바로 매장으로 들어가 9만 달러나 하는 차를 두 대나 사버렸다. 조사 결과 그는 자동차를 18대나 가지고 있었다. 페라리가 몇 대나 되었는데 그중 한 대는 1990년식으로 71만 7,000달러나 했다. 파산할 때 클락은 자동차 18대 가운데 17대의 값을 치르지 못한 상태였다.

변화하는 감각주의자형

잭 클락은 놀랄 정도로 무책임했으므로 그런 소비 행태를 비난하기는 어렵지 않다. 하지만 본성에 감각주의 성향이 깊게 자리 잡고 있다면 돈과 관련해 균형감과 현명함을 유지하기란 쉬운 일이 아니다.

마음 약한 감각주의자는 광고 산업에 끊임없이 이용당한다. 광고 업계는 창의력이 뛰어난 인재를 고용해 몇 천 억 달러를 투자해서 필요하건 필요하지 않건, 그것을 살 형편이 되건 되지 않건 상관없이 무언가를 사게 만든다. 감각주의자는 즉각적인 즐거움에 강하게 끌리기 때문에 광고의 유혹에 쉽게 넘어간다.

스스로 해결할 수 없는 빚을 질 정도로 돈을 많이 쓰고 미래에 관심이 별로 없다며 감각주의자를 비난할지 모른다. 하지만 적어도 지난 50여 년 동안 우리 경제는 마치 내일이란 존재하지 않는다는 듯 무조건 돈을 쓰게 하는 데에 초점을 맞추었다.

우리의 구매로 수익을 올리는 기업들은 우리가 소비를 절제하기를 원치 않는다. 자기들이 만든 제품과 서비스를 더 많이 사려고 매장 앞에 줄을 서서 기다리거나 클릭 한 번으로 인터넷 쇼핑을 하며 소비에 집착하고 탐닉하기를 바란다.

문명화된 나라의 구성원은 '시민'이라고 불리지만 이제 우리는 소비자(소비의 사전 정의에 따르면 소비자는 '소모하고 낭비하며 파괴하고 써 없애는 사람'을 의미한다)라고 규명된다.

왜 이런 일이 일어날까? 소비주의는 사람들이 물건을 더 많이 살수록 경제가 활성화된다고 믿었던 20세기에 나타났다. 1955년, 영향력 있는 미국의 유통 분석가 빅터 르보Victor Lebow는 새로운 사고방식을 이렇게 설명했다.

"극도로 생산성을 강조하는 경제는 …… 우리 생활방식을 소비하도록, 물건을 사들이고 사용하는 것을 일상의 의식으로 여기도록, 소비를 통해 영적인 만족과 자아의 만족을 구하도록 몰고 간다. …… 우리는 점점 더 빠른 속도로 물건을 소비하고 태워 없애고 닳게 해서 없애고 버려야 한다."

언어나 용어도 구매와 소비에 관한 이런 집착을 반영하는 방식으로 변해왔다. 소득 중 기본 욕구를 해결하고 남는 부분을 '가처분 소득'이라고 하는데, 이 말에는 남은 소득을 꼭 사용해야 한다는 느낌이 깔려 있다. 이 용어 대신 '보존가능 소득'이라는 용어를 쓰면 어떨까?

팔기 위해 만든 물건을 뭔가 심오한 의미가 들어 있는 양 '소비재'라고 한다. 이런 물건은 '소비상품'이라 하는 게 훨씬 더 정확하지 않을까?

이런 방향으로 계속 가려 든다면, 시대를 반영하기 위해 절대 양도할 수 없는 권리에 관한 독립선언서 구절을 이렇게 바꿔야 한다. '생명, 자유 그리고 물질적 소유의 추구.'

불행하게도 감각주의자들의 재정 문제를 살피다 보면 이 유형의 결점뿐 아니라 구매를 통해 만족과 기쁨, 나아가 정체성까지도 발견하라고 강요하는 거대하고 압도적인 힘을 확인하게 된다. 말 그대로 '물건을 사랑하고 사람을 이용하도록' 부추김을 받는 것이다. 사실 그 반대가 되어야 하는데 말이다. 다른 유형과 마찬가지로, 감각주의자형도 하나의 방식을 보여준다. 바람직하지 않은 한쪽 끝에는 충동구매와 소비 중독에 이끌려 인생과 가정을 망쳐버리는 즉각적인 쾌락에 빠진 사람이 자리한다. 그 중간쯤에는 자신이 산 물건을 즐기고 매달 카드값을 최소한만 지불하지만 돈이라는 러닝머신에 묶여 있는 듯한 표정으로 괴로워하는 사람이 자리한다. 또 다른 한쪽 끝에는 성숙한 감각주의자가 자리한다. 이들은 자신과 다른 사람들을 위하는 건전한 즐거움을 보여준다. 삶에 큰 기쁨을 느끼고 자신의 소비를 깊이 있게 인식하며 자기나 다른 이들의 현재나 미래에 해악을 주는 일에서는 즐거움을 느끼지 않는 분별력 있는 사람들이다.

변화 중인 감각주의자형

성숙한 감각주의자는 의미나 가격을 충분히 인식하며 품질이 좋은 물건을 고를 줄 안다. 향과 맛을 중요하게 여기지만 공정무역 커피를 앞장서서 즐기며, 맛있는 초콜릿을 좋아하지만 초콜릿 제조 과정에서 벌어지는 노동 착취를 근절하기 위해 애쓴다. 성숙한 감각주의자는 보석의 가치를 인정하지만 분쟁지역 다이아몬드(블러드 다이아몬드, 독재에 다 원주민 노동 착취로 채굴된 다이아몬드)의 문제점을 안다. 이들은 휴대전화와 디지털 카메라를 좋아하지만 전자제품에 사용하는 광물을 두고 아프리카 등 다른 지역에서 전쟁이 벌어지는 것은 바라지 않는다.

성숙한 감각주의자는 즉각적인 즐거움을 좋아하지만 동시에 비물질적인 것이 주는 즐거움, 기쁨, 풍요로움을 누리는 법도 안다. 지갑을 가볍게 하지 않아도 마음을 가볍게 만들어주는 달빛 속 산책, 아름다운 석양, 자연에서 보내는 시간, 아이들과 놀기, 좋은 동료와 기타 여러 가지 것을 소중히 여긴다.

소비에서는 감각주의 취향을 보이는 친구가 있다. 오랫동안 상당히 부유하게 지낸 이 남자는 자녀와 다른 친척들에게 값비싼 선물을 안겨줄 수 있기에 크리스마스를 고대했다. 하지만 재정 상태가 나빠지면서 생활방식에 상당한 변화를 겪게 되었다.

몇 년 전 크리스마스가 다가오자 그는 자신의 처지를 한탄하며 예전처럼 아이들에게 선물을 사줄 돈이 없다고 했다. 아이들을 키우는 데 돈이 얼마나 많이 들어가는지도 불평했다. 하지만 바로 정신을 차리고 이렇게 말했다. "비싸다니, 말실수를 했네! 소중하다고 해야 하는데 말이야."

우리는 함께 웃었다. 그 순간 마법의 지팡이로 마음속을 휘저은 듯 변화가 일어났다. 그는 멋진 아내의 도움을 받아 근사한 변화를 만들어냈다. 그해, 아니 그 뒤 이 가족은 아무것도 사지 않으면서도 크리스마스를 즐겼다. 선물을 사주는 대신 서로 마음을 표현하는 다른 방법을 찾아낸 것이다. 그림, 도자기를 선물하거나 조각한 지팡이를 선물하기도 하고 어떤 때에는 편지나 시를 건네기도 했다. 새해가 되면 각자 소망을 잡지에서 오린 사진으로 콜라주를 만들어 표현하기도 했다. 크리스마스 아침에는 직접 만든 선물을 교환한 뒤 돌아가며 의미 있다고 생각하는 가치와 새해에 바라는 것들을 이야기했다. 아이들은 학교에 가서 자기 가족의 크리스마스 즐기기를 소개했고 이 이야기가 퍼져나가면서 더 많은 가족이 이 방식을 따르게 되었다.

친구 가족은 자기들만의 방식으로 장삿속에 휩쓸리지 않으면서 크리스마스를 더욱 다정하게 보냈다. 하지만 결과는 그 이상이었다. 그들과 우리는 어떤 의미에서는 새롭고 멋진 인생을 향해 한 발 내디딘 것이니 말이다.

만일 한 사람, 한 사람이 이 사회와 문화에서 가장 수준 높은 감각주의자가 될 수 있다면, 맑고 순진한 아이들처럼 인간관계에서 즐거움을 찾아낼 수 있다. 감수성이 가장 예민한 사회 구성원, 즉 아이들을 상업주의의 유혹에서 지켜낼 것이다. 평균적인 미국 어린이는 두 살에서 열한 살 사이에 25만 개나 되는 광고를 본다. 이런 해악을 알아차린다면, 청소년을 상업적으로 이용하려는 온갖 시도를 가차 없이 중단시키려고 노력해야 한다. 그럼으로써 아이들이 옳은 일을 하는 데에서 즐거움을 발견하도록 가르치는 것이 교육이라던 플라톤의 정의를 만족시킬 수 있다.

소비와 빚을 멋진 인생으로 오해하는 문화에 젖은 감각주의자가 이런 변화에 잘 대응하기는 쉽지 않다. 모든 유형 가운데 특히 감각주의자는 끝없는 소비를 강조하는 '아메리칸 드림'에 가장 취약하며 따라서 피해도 가장 많이 입는다.

이들은 이제 멋진 삶이라는 새로운 비전으로 우리를 이끈다. 더 적게 소유하는 즐거움을 느끼는 삶, 현재와 미래를 위해 아름다움, 사랑, 친절을 만들어나가는 데에서 큰 즐거움을 찾아내는 삶 말이다.

5 | 경계자형

모든 유형 가운데 경계자형은 자신의 책임과 의미를 다하는 데 가장 확실한 유형이다. 실질적이고 현실적인 이들은 이 사회의 지지대라 할 수 있다. 해야 할 일이 있으면 완벽하게 책임을 다하는 이들에게 맡기는 것이 좋다.

믿을 만하고, 기꺼이 도움을 주고, 근면한 경계자들은 모든 일을 규칙에 따라 진행한다. 오랜 시간 일하기를 꺼려하지 않고 다른 사람이 싫어하는 일을 도맡아 한다. 기쁨을 주고 자신을 더욱 매력적으로 만들어주는 물건을 사기 위해 기꺼이 돈을 쓰지만 극단으로 치닫지는 않는다. 돈의 가치를 알기에 돈을 잘못 쓰는 것을 좋아하지 않는다.

쇼핑할 때 경계자형은 겉만 번듯한 물건에 분노를 느낀다. "5년 이

내에 바꿔야 할 물건이라면, 그건 처음부터 제대로 산 게 아니다." 돈을 더 많이 지불하는 일도 꺼리지 않는다. 그렇게 하는 것이 결국 물건을 더 싸게 사는 것이라는 확신이 있다면 말이다. 쇼핑할 때는 충동적이거나 급작스럽지 않다. 이들의 쇼핑 습관을 한마디로 설명하면 '합리적'이라고 할 수 있다. 절약가처럼 저축에 집중하지는 않지만, 경계자형은 위급할 때 필요한 돈을 갖고 있어야 한다고 믿는다. 아직 알 수 없는 필요에 대비하기 위해 돈을 따로 챙겨두어야 한다고 생각하는 것이다. 돈 관리에 관해 자녀에게는 항상 조심하라고 경고하고 충고한다.

경계자는 전통과 습관에서 안정감을 얻는다. 오랫동안 존재하던 대기업이 영업을 그만두고 폐업하면 불편함을 느낀다. 규칙이 늘 바뀌는 상황이나 오랫동안 지속되어온 일의 방식이 존중받지 못하는 상황을 반기지 않는다. 이들은 결국 규율과 팀워크의 중요성이 인정받을 거라고 믿는다. 이들은 믿을 만한 사람을 좋아한다.

경계자는 집에서나 더 넓은 세상에서나 전통을 상당히 중시한다. 여유가 있다면 이들은 골동품을 모은다. 휴가를 간다면 예전에 가본 곳이나 역사적인 의미가 있는 장소를 찾는다.

경계자형 여성은 옷을 사기 전에 자신이 무슨 옷을 갖고 있는지, 새 옷을 사면 어떻게 조합해 입을지 미리 생각한다. 새 옷을 사면 어떻게 활용할지 생각하고 한두 번 입을 옷이라면 아예 사지 않는다. 최신 트렌드를 알지만 앞으로 오랫동안 입을 옷을 선호한다.

학교에서는 열심히 공부하고 부지런하며 교사들을 존경한다. 규칙을 열심히 따르고 숙제를 빠짐없이 하며 시간도 잘 지킨다. 어른이 되면 재정적인 사항을 잘 관리해 세금도 제때 챙기고 회계 서류 정리도 확실히 한다. 만일 이들이 마감 기한을 늦춰 달라고 요청한다면, 일을 제대로 끝내기 위해 필요한 자료나 서류를 다른 사람들이 제대로 전해주지 않았기 때문이다.

자동차나 가전제품 같은 중요한 무언가를 살 때 경계자는 예전에 써보아서 인상이 좋은 회사나 브랜드를 고집한다. 이들은 오랫동안 좋아해온 자동차를 고집한다. 주행기록이 상당하다고 해도 별 문제가 되지 않는다. 오히려 이런 점이 이들에게 안정감을 준다. 이들은 오래된 것을 좋아하는 경향이 있다.

배우자로서 경계자는 성실함을 잃지 않는다. 경계자형 부모는 책임을 다한다. 조직 역학에서 이들은 안정화를 담당한다. 모든 일이 무리 없이 제대로 흘러가는 것을 좋아하기 때문이다.

경계자형의 그림자

경계자형은 재정 면에서 책임을 중시하고 대부분 신뢰할 만한 부양자이자 감독자이자 보호자 역할을 한다. 하지만 다른 유형과 마찬가지로 어두운 면이 있다.

문제가 있는 경계자형은 재무 정보를 분석하느라 시간을 지나치게 쓰는 경향이 있다. 가족의 재정 상태가 꽤 괜찮은데도 아내나 아이들에게 돈을 많이 쓴다고 지나치게 잔소리한다. 상실의 두려움에 사로잡혀 즐거움을 놓치고 감정적으로도 냉담해진다.

이 유형 가운데 성숙하지 못하고 건전하지 못한 사람은 변화를 대면할 때 무척 놀라고 두려움으로 얼어붙어 버린다. 새로운 상황에 놀라 자신이 부적절한 인물이라고 느끼고 남에게 이용당하는 것은 아닌지 두려워한다. 미래는 불확실함과 위험으로 가득하다고 지레짐작한다. 유일하게 확신하는 것은 상황이 점점 더 나빠져 고통이 커질 것이라는 사실이다. 이런 유형은 문제를 일으킨 사람들에게 분노를 느껴 폭력성을 나타낼 수도 있고 다시 상황을 올바르게 만들겠다고 약속하는 선동가들을 기꺼이 따른다. 분노를 느낀 이들은 자기 손으로 법을 지키려고 한다. 그래서 이들을 '자경단vigilantes' 유형이라고도 한다.

이 유형에서 가장 큰 문제는 잠재적인 위협과 위험, 난관에 고착하게 된다는 것이다. 과거의 재정적 판단을 지나치게 생각하고 자신이 놓친 기회나 저지른 실수를 곰곰이 생각한다. 이 유형은 극단적인 경우, 항상 경계를 서야 할 것 같은 불안감을 느낀다. 늘 무엇이 잘못되었는지 신경 쓴다. 미래에 대해서는 혹시나 일어날지도 모르는 재앙만 떠올린다.

발전 중인 경계자형

경계자형이 모두 심각하게 어두운 상황에 놓여 있는 것은 아니다. 힘든 순간도 있겠지만 이들은 대개 믿을 만하고 근면하며, 자신들이 보살펴야 하는 대상의 안전과 안위를 수호하는 데 헌신한다.

남의 눈길을 끄는 유형이 아니기에 세상은 이들의 노력을 당연하다고 여긴다. 따라서 이들은 마땅히 받아야 할 감사 인사를 받지 못한다. 경계자형의 헌신이 없었다면 세상은 훨씬 불안한 곳이 되었을지도 모른다. 조금 더 수준 높은 경계자형은 한결같고 세심하며 타인을 위해 끊임없는 봉사를 아끼지 않는다.

경계자형의 긍정적인 측면을 살펴보면 이들은 훌륭한 친구가 된다. 힘든 일이 있거나 스트레스를 받을 때 이들은 성실하고 안정적이며 고요하고 따뜻한 존재가 된다. 이들은 도움이 필요한 곳에 도움을 주는 가장 좋은 이웃이다. 교사라면 인내심이 많고 학생을 존중해준다. 학생들이 스스로 적응하고 최선을 다하길 기대하며, 자신의 이런 믿음을 학생들의 성취감으로 전이한다.

경계자형은 뛰어난 부모로서 할 일을 다 하는데, 아이들에게 세상에 대한 확신을 심어주고 안정감을 준다. 본성이 건실해 아이들에게 사는 동안 내내 유지될 내적 자신감을 키워준다. 모든 문제에는 해결책이 있고 시간과 노력을 들인다면 문제를 해결할 수 있다는 신념을 전해준다.

여기서 좀 더 나아간다면 경계자형은 공정하며, 지나치게 가식적이거나 과장하는 일 없이 훌륭한 지도자가 될 수 있다. 이들의 공정함과 정의감은 우리 문화에서 도덕적 컴퍼스 역할을 한다. 성숙한 경계자형은 소수의 탐욕과 부패에서 다수를 보호하려는 타고난 본능 덕에 훌륭한 공무원이 될 수 있다.

발전된 경계자형

미국 건국의 아버지 가운데 한 명인 토머스 제퍼슨은 탁월한 경계자형이다. 미국 3대 대통령이자 독립선언서의 초안자인 그는 오늘날 가장 위대한 대통령이자 미국 역사상 똑똑한 천재로 알려져 있다. 1962년 노벨상 수상자 49명을 백악관으로 초청한 존 F. 케네디 대통령은 이렇게 말했다.

"뛰어난 재능과 지식을 지닌 사람들이 백악관에서 한자리에 모인 것은 처음 있는 일인 듯합니다. 백악관에서 토머스 제퍼슨이 홀로 저녁식사를 할 때를 제외한다면 말이지요."

토머스 제퍼슨의 통찰력과 소명 의식은 민주주의에 최초의 대규모

실험을 가능하게 했다. '영원한 경계는 자유를 위해 치러야 하는 대가다'라고 선언한 것도 토머스 제퍼슨이다.

현명한 경계자형인 토머스 제퍼슨은 깊은 도덕심을 바탕으로 경제 제도를 존중했으며, 돈과 권력이 소수에게 집중되어서는 안 된다고 우려했다. 그는 비록 200년 전에 살았지만 경계자형의 지혜가 오늘날 어떤 영향력을 발휘하는지 보여주고 있다.

개인은 물론 국가의 부채에 대해 토머스 제퍼슨은 강력히 경고했다. "돈이 수중에 들어오기 전에는 절대로 쓰지 마라." 이런 말도 했다. "모든 세대에게는 자신의 빚을 갚아야 할 의무가 있다. 그렇게만 한다면 이 세상에서 벌어지는 전쟁의 절반 이상이 사라질 것이다." 그는 부유한 사람과 가난한 사람 사이의 심각한 격차에 대해서도 경고했다. "인간은 같은 종을 먹어치우는 유일한 동물이기에 부자들의 일반적인 먹잇감이 가난한 사람이라는 말을 좀 더 부드럽게 표현할 길이 없다."

행복하고 멋진 인생으로 가는 길에 관해서도 그는 말했다. "우리에게 행복을 가져다주는 것은 부나 화려함이 아니라 마음의 평정과 직업이다."

오늘날 많은 이들은 과거의 지혜는 우리 세대에게 적합하지 않다며 의문의 눈길을 보낸다. 무언가 새로운 것이 등장하면 그것이 더 낫다고 생각한다. 옛날 것이면 시대에 뒤떨어졌다거나 한물갔다고 치부한다. 다행히 경계자형이 세대의 연결과 역사에 관심이 크고 나이 든 사람을 존중하는 것이 얼마나 중요한지 알려준다. 또 우리 자신과 시대를 더 잘 이해하는 데 이전 세대의 지혜를 사용하도록 이끌어준다.

급박하게 변하는 요즘, 깨달음을 얻은 경계자형은 우리를 본원적인 근간과 연결해준다. 수많은 사람이 즉각적인 즐거움을 찾는 요즘, 이들은 정말 무엇이 중요한지 기억할 수 있도록 우리를 도와준다. 부정과 탐욕이 점점 더 팽창하는 시대에 경계자형은 고상함, 균형, 정의를 다시 한 번 생각해보게 해준다.

6 | 기증자형

기증자에게 돈은 다른 사람을 돕고, 후원하고, 사랑으로 변화를 만들어가는 수단이다. 기증자형은 부양자이자 보살피는 사람, 관리인이다. 이들은 다른 사람을 위해 음식을 만들면서 기뻐한다. 가족이나 친구를 위해 맛있는 음식을 준비하느라 부엌에서 몇 시간이고 보내면서 정작 혼자일 때는 무엇이든 전자레인지에 대충 데워 먹는다.

이들은 노후를 준비하기 위해 저축하는 대신 경제적으로 어려운 친구들에게 도움을 주려고 노력한다. 수혜자가 빚진 기분을 느끼지 않도록, 가능하다면 익명으로 도울 방법을 찾는다. 자선활동에 기부할 때에는 공식적 후원자 명단에 자기 이름이 올라가기를 바라지 않는다. 그것은 본래의 의미가 아닌데다가 당황스러운 일이기 때문이다.

기증자형은 돈이란 다른 사람을 돕는 데 쓰여야 한다는 사실을 자식에게 전하고 싶어 한다. 아이들의 생일이 다가오면 기증자형은 도움이 필요한 사람에 관해 아이들에게 가르치는 계기로 삼는다. 선물을 사는 대신 돈을 주며 그 돈을 자선단체나 자선활동에 기부하라고 이야기한다.

기증자형의 특징은 부모가 되면 자식에게 주의를 기울이고 자식을 보호하며 그들에게 필요한 것을 주려고 돈과 시간을 투자하면서 자연스럽게 우러나온다. 하지만 인생의 여러 관계에서 기증자형의 특징이 활성화되는 사람이 있다.

기증자형은 자기보다 남을 먼저 배려하려는 경향이 있다. 이들은 사용할 수 있는 자원이 수중에 있다면 사업을 시작하거나 집을 사거나 집세를 내야 하는 가족이나 친구에게 빌려준다. 그 돈을 다시 받을 수 없을 줄 알면서도 말이다. 이들은 다른 사람에게 자신의 시간과 관심과 기술을 나눠주길 좋아한다. 그렇게 하면 진정한 변화가 일어날 거라고 확신한다. 가족이나 친구가 도움을 요청하면 그들을 돕기 위해 복권에 당첨되는 꿈을 꾸기도 한다.

기증자형은 형편이 충분해도 값싼 자동차를 타고 소박하게 살아간다. 다른 사람을 위해 사용할 능력을 허비하지 않도록 자신에게는 돈을 쓰지 않는다. 다른 사람들은 이를 희생이라 생각하겠지만 이 유형은 그렇지 않다. 자신을 위해 무언가를 사는 대신 남을 돕는 데에서 더 큰 즐거움을 얻는다. 이들의 삶에 즐거움과 의미, 풍요를 가져다주는 것은 다른 사람을 돌보는 일이다.

이 유형의 여성이 옷을 살 때에는 자신의 파트너나 친구 혹은 아이들이 자신의 어떤 모습을 보고 싶어 할지 먼저 생각한다. 자신을 위해 무언가를 살 때에는 자신에게 중요한 사람들을 위해서도 꼭 무언가를 산다. 여행할 때면 자기 선물보다는 가족과 친구의 선물을 산다.

기증자형은 기꺼이 전업주부가 되기도 한다. 전업주부 역할이 사회에서 평가절하되는데도 말이다. 아이들을 위해, 결혼생활을 유지하기 위해 도움이 된다는 것을 알기에 경제적 측면과 자신의 경력을 희생하고라도 전업주부 노릇을 충실히 한다. 가족 관계를 강력하고 더 친밀하게 유지하기 위해서라면 이런 희생은 감내할 가치가 있다고 여긴다.

기증자형은 가족을 위한 재정 수호자 노릇을 한다. 외부인에게는 이들이 너무 많은 것을 나눠주는 것처럼 보인다. 가족을 부양하는 일에 자부심을 느끼는 기증자형은 가족을 제대로 부양하지 못한다는 생각이 들면 매우 고통스러워하고 후회스러워한다.

기증자형 기질이 강한 사람은 매도프 사건으로 가족을 위해 저축한 돈을 날린 나와 비슷한 부분이 많다. 사랑하는 사람들을 궁지로 몰아넣었다는 느낌을 도저히 지울 수 없었다. 내 실수로 나에게 의지하던 사람들이 고통을 참아야 한다는 사실에 수치심과 두려움을 느꼈다. 훌륭한 친구들의 도움과 많은 희생, 성실한 노력을 바탕으로 재정적 기반을 다시 다지기 시작했지만 여러 가지 의미 있는 일을 하지 못하고 돕고 싶었던 사람들을 도울 수 없다는 사실에 깊은 상실감을 느꼈다.

기증자형의 그림자

다른 유형과 마찬가지로, 기증자형에게도 어두운 그림자가 있다. 나에게 기증자의 특징이 많은 까닭에 살면서 내내 그 그림자를 직접 경험할 수 있었다.

기증자형은 다른 어떤 유형보다도 다른 사람들을 위해 자기 꿈을 기꺼이 희생할 확률이 높다. 자신을 위해서는 거의 돈을 쓰지 않으며, 쓰더라도 이 돈이 더 필요한 사람이 있을 거라는 생각에 죄의식을 느낀다. 만일 부유한 기증자형이라면 다른 사람을 너그럽게 대할 것이다. 그 너그러움은 다른 사람에 대한 동정이나 관계성보다는 자신이 상대적으로 부유하다는 죄의식에서 온다. 그래서 베풀면서도 정작 자신은 별다른 기쁨을 느끼지 못한다.

성숙하지 못한 기증자형은 자신이 가진 것을 나눠주지 않으면 다른 사람들에게서 사랑받거나 인정받지 못한다고 생각한다. 그 결과 자신이 정말 원하는 것을 이해하고 표현하는 데 익숙지 않고 다른 사람들의 요구에 지나치게 신경 쓰는 경향이 있다. '기증자'가 되는 일에 지나치게 신경 쓰다보니 그들의 기부나 기여는 무언가를 '나눠주는' 대상인 수혜자들의 진정한 요구와 현실을 반영하지 못하고 그저 이미지 관리를 위한 투사에 머물고 만다.

미성숙한 기증자형은 항상 무언가를 주는 데 기반을 두고 가치 판단을 하며 거기에서 자신의 존재 의미를 찾는다. 자기 기분이 좋아지려고 기증하다 보니 '너그러움'을 지속하기 위해 감정적으로 또는 재정적으로 빚을 지게 된다. 술이나 마약, 도박 등에 중독된 사람들이 12단계 치유법에서 말하는 '도움 제공', 즉 무언가 혜택을 얻으려는 숨겨진 기대에서 다른 누군가를 위해 자신이 할 수 있거나 해야 하는 일을 하는 것과 비슷하다. 누군가 돕는 일이 반드시 필요하다고 느끼지만, 사실 이런 중독이 계속되도록 허락하고 자기가 행동한 결과를 대면하지 못하게 방해하는 것에 지나지 않는다.

미성숙한 기증자형은 자신을 타인에게 투사함으로써 욕구를 충족하려 든다. 이런 동기에서 무언가를 준다면, 받는 사람은 자신이 대상화되고, 품위가 떨어지고, 무기력해지고, 남의 생색내기에 동원되었다는 느낌을 받는다. 그러다 보니 주는 사람은 자신이 이용당했다고 느끼게 되고 왜 상대방이 고마워하지 않는지 이해하지 못하게 된다. 감사할 줄 모르는 사람들에게 점점 더 반감을 느끼고, 다른 사람들에게 무언가 해주려고 두 배는 더 노력하지만 상대방은 여전히 도움을 받는다고 생각하지도 않고 고마워하지도 않는다. 오히려 숨 막힌다고 생각한다.

이렇게 혼란스러워하는 기증자형은 자신이 할 수 있는 것 이상을 남에게 주어야 할 것만 같은 부담감을 느낀다. 자녀와 배우자, 친구와 부모를 구해야 한다는 의무감을 느낀다. 이런 과정을 되풀이하면 자신이 필요한 존재라고 느끼겠지만, 동시에 지치고 소진되는 느낌을 받게 된다.

이런 유형의 가장 낮은 수준이라면, 다른 사람의 요구에 맞추다가 자기 자신을 잃게 되고, 그들의 요구에 일일이 반응해야 할 의무감에 빠지게 된다. 도움을 요청받건 아니건 자신의 도움이 유용하건 아니건 상관없이 말이다.

변화 중인 기증자형

고맙게도 이런 기질이 강한 사람들은 대부분 강박 상태까지 가지는 않는다. '받는 것보다 주는 것이 낫다'고 생각하다 보니 다른 사람들에게서 도움받기를 힘들어한다. 하지만 다른 사람을 도우려는 진정한 욕구가 있고, 경험하는 과정에서 배우며, 누구에게도 도움이 되지 않는 부정적인 패턴에 집착하는 데서 자신을 해방시킬 수 있다.

건전한 기증자형의 부모는 조건 없는 사랑의 의미를 이해하지만 동시에 적절히 제한하는 것이 사랑의 일부분이라고 인정한다. 필요하다면 이들은 '아니요'라는 말을 할 수 있고 하기도 한다. "하루 종일 비디오 게임만 하면 안 돼. 아침밥 대신 과자만 먹으면 안 돼. 여동생을 때리면 안 돼. 장난감을 사는 데 몇 백 달러를 쓸 수는 없어."

깨달음에 다가간 기증자형은 "생선 한 마리를 주면 하루를 먹고, 고기 잡는 법을 알려주면 평생 먹는다"라는 옛 속담을 증명해준다. 이해도가 더 높은 이 유형은 무언가를 줄 때는 상대의 의타심을 키워서는 안 되며 상대가 더 강하고 능력 있게 성장하도록 도와야 한다는 사실을 알고 있다. 부모, 테라피스트, 교사, 간호사, 멘토 역할을 하는 기증자들은 처음엔 배우면서 치유하는 책임을 지지만 결국 자녀와 고객, 학생과 부모, 부하들이 스스로 잘 해나가도록 돕는 역할을 한다. 어떤 도움이건 상관없이 기증자형은 재산뿐 아니라 시간과 능력도 나누려고 한다. 다른 사람에게 기회를 준다는 사실에 기뻐하며 남을 행복하게 해주는 데 중요한 역할을 했다는 데에서 커다란 즐거움을 느낀다. 이들의 아낌없는 기여는 자기 자신은 물론이고 자신이 보살핌과 응원을 제공하는 다른 사람들에 대한 존경을 담고 있다.

오늘날 같은 '나만 제일인' 사회에서는 기증자형에 대한 냉소주의가 있다. 많은 사람은 기증자형이 무언가 자꾸 베풀고 나누려 든다고 생각한다. 이렇게 열심히 베푸는 것은 무언가 바라기 때문이라고 의심한다. 하지만 사람에게는 남을 보살피려는 본능과 의미 있는 방식으로 다른 사람에게 관심과 사랑을 표현하려는 욕구가 자리한다. 기증자형 기질이 강한 사람은 그런 표현 욕구가 너무 강력한 나머지, 제대로 표현하지 못하면 그저 실망하거나 당황하는 정도가 아니라 병이 날 지경이 된다. 제대로 표현한다면, 기분 좋은 정도를 넘어서 이 세상을 바꿔놓을 여지도 있다.

변화한 기증자형

1950년대 초반, 공중 보건에서 가장 두려운 문제는 소아마비였다. 해마다 전염 정도가 심각해졌고 희생자는 대부분 어린아이들이었다. 1952년에는 소아마비가 30만 건 발생해 6만 명이 목숨을 잃었다. 많은 사람이 이 무서운 병으로 신체 일부의 마비를 겪었다. 해마다 문제는 더욱 심각해졌고 사람들은 겁에 질렸다.

그러는 동안 과학자 조나스 살크Jonas Salk는 하루도 빼놓지 않고 매일 16시간씩 이 질병을 예방하는 백신을 개발하려고 애썼다. 마침내 1955년 4월 12일, 전 세계에서 가장 유명한 소아마비 희생자라 할 미국 대통령 프랭클린 D. 루스벨트가 사망하고 정확히 10년이 지난 뒤 살크가 만든 백신의 안전성과 효용성이 인정되었다. 이 사실을 발표하고 몇 분 뒤 온 나라의 교회종이 울리고 모든 공장이 조용해졌다. 유대인 회당과 교회에서는 감사기도회를 열었고 부모와 교사들은 감격에 겨워 눈물을 흘렸다.

그리고 몇 시간이 흐른 뒤 정치가들은 살크 박사를 축하해줄 방법을 찾느라 고민했다. 아이젠하워 대통령은 살크 박사에게 '인류의 은인'임을 선포하는 메달 수여식을 계획했다. 하룻밤 사이에 살크는 세상에서 가장 유명하고 축하받는 사람이 되었다. 그는 대통령 표창을 받았고 미국에서 처음으로 의회의 시민 메달을 받았으며 수많은 명예 학위도 받았다.

다시 10년 뒤인 1965년 4월 12일, 미국 상하원은 살크 박사를 초청해 온 국민의 감사 인사를 전하는 자리를 만들었고, 린든 존슨 대통령은 박사를 백악관으로 초청해 개인적으로 다시 치하했다. 이전 해에 소아마비로 등록된 사람은 100여 명에 지나지 않았다. "이는 역사상 찾아볼 수 없었던 예방의학의 놀라운 승리를 보여주는 일입니다." 살크 박사는 답했다.

살크가 자신의 발견을 활용하고 명성을 추구했다면 재산을 얼마나 많이 모았을지 상상하기 어렵지 않다. 하지만 살크는 가장 위대한 기증자형이었다. 미국의 저널리스트인 에드워드 R. 머로우는 살크에게 "소아마비 백신 특허권은 누가 갖고 있습니까?"라고 물었다. 살크는 이 질문에 유명한 대답을 남겼다. "굳이 말하자면 세상 사람들 모두가 아닐까요? 이 백신에 특허권 같은 것은 없습니다. 햇빛에 특허권이 없듯이 말입니다." 그리고 그는 이렇게 덧붙였다. "어떤 일에 대한 가장 큰 보상은 더 많은 일을 할 기회를 얻는 것이랍니다."

백신의 특허 등록을 포기한 결과 그는 놀랄 만큼 엄청난 규모로, 특히 세상에서 가장 가난한 나라를 위해서도 공헌할 수 있게 되었다.

탁월한 두뇌에 헌신하는 마음을 갖추고 자신의 삶과 일에서 노력해 얻은 결과물을 다 같이 나눈 살크는 가장 위대한 기증자형이라 할 수 있다. 진정한 세계 영웅이라 칭송받기에 마땅한 사람이 있다면, 바로 살크 같은 사람이다.

기증자형이라고 해서 누구나 살크가 누린 명예와 인정을 받을 수 있는 것은 아니다. 다른 사람을 위해 노력했지만 불행히도 인정이나 보상을 받지 못할지 모른다. 좀 더 나은 삶을 살기 위해, 가능하다면 좀 더 아름다운 세상을 만들기 위해 밤낮으로 애쓰는 간호사, 교사, 버스운전사, 배관공, 예술가, 농부, 과학자, 사업가, 또 다른 사람이 많이 있다. 자녀들이 더 나은 삶을 누릴 수 있도록 희생하는 어머니와 아버지가 있다. 나이 든 사람, 아픈 사람, 가난한 사람과 장애인을 돌보는 사람도 있다.

이 사회에는 남을 보살피는 사람들에게 지위나 물질로 보상하는 법이 없다. 하지만 우리는 이 시대에 만연한 탐욕에 대항할 무기가 될 기증자형의 너그러움과 배려에 헤아릴 수 없을 만큼 많은 빚을 지고 있다. 우리 문화에서 기증자형의 특징이 긍정적으로 발현되면 모두 훨씬 너그러워지고 삶은 더 풍요로워지며 믿음이 쌓이고 불안은 줄어든다. 안네 프랑크의 말대로 '다른 사람에게 무언가를 나눠주어서 가난해지는 사람은 아무도 없다'는 사실을 이해할 것이다.

가진 자와 가지지 못한 자의 차이가 커져 전지구적 문제가 된 지금 이 순간, 어느 때보다 더 성숙한 기증자들이 필요하다. 현명한 기증자들의 지혜가 현실에서 더 충만하게 발현된다면 동정과 배려가 더 많이 흘러넘칠 것이다.

살크가 발명한 백신 덕에 소아마비를 안전하고 효과적으로 예방하게 됨으로써 온 세계가 기뻐하는 모습을 스페인의 시인 페데리코 로르카Federico García Lorca는 보지 못했다. 인류의 오래된 징벌을 지구상에서 영원히 추방하는 날이 올 것임을 그는 몰랐다.

하지만 그는 더 큰 기쁨의 날을 예견했다. 우리 사회가 기증자형의 지혜를 목격할 수 있는 날 말이다. "배고픔이 지상에서 사라지는 날, 우리가 알아온 이 세계의 영적 폭발이 일어나는 날, 인류는 엄청난 혁명의 날에 온 세상이 보낼 환호를 결코 상상하지 못할 것이다."

각 유형의 특징을 이해하려면

앞에서 말한 유형 가운데 어떤 것에 해당되는가? 다른 것보다 더 익숙한 유형이 있나? 이 유형 가운데 어떤 것은 익숙한 경험과 이미지로 느껴질 것이고 어떤 것은 좀 멀고 낯설게 느껴질 것이다. 각각의 유형은 마음 깊은 곳에 어느 정도 자리 잡고 있는 특정 에너지를 대변한다.

유형들의 어떤 조합이 경험을 반영하건 간에 자신에게 내재한 각각의 유형을 친절과 공감으로 대면한다면 나와 다른 특징을 지닌 사람들을 더 잘 이해할 수 있다.

  돈과 관련해 지배적인 유형의 내재된 특징과 신념을 잘 알수록 그 유형의 긍정적인 면을 더 자유롭게 이해하고 표현할 수 있다. 자기 경향을 잘 알수록 행복하고 밝은 본성 속에서 살게 된다. 돈과 관련한 문제에서 위험과 기회를 더 잘 알게 된다면 두려워하고 저항하고 소극적이 되고 감정적으로 불안하게 될 위험을 줄일 수 있다. 동시에 능력 있고 자유롭고 명확하고 감정적으로 여유 있게 살 것이다.

  이것이 부부나 연인에게도 도움이 될까? 물론이다. 돈과 관련해 자신과 상대방의 각기 다른 특징을 이해하는 것은 관계를 번성하게 하거나 스러지게 하는 중요한 변수가 되니 말이다.

  이혼 원인 가운데 비중이 가장 큰 것이 바로 돈이다. 경제적으로 또 감정적으로 이혼의 대가는 엄청나다. 돈에 관한 생각의 차이를 이해하면 누가 옳은가 논쟁을 벌이는 대신 서로 존중하게 된다. 돈과 관련해 약점이나 맹점이 무엇인지 알게 되고 각자 장점을 존중해 경제적 파트너십을 견고하게 만들어준다. 비난하는 대신 이해하는 과정을 거쳐 공감하게 되고 각자 진정한 책임을 깨달아 관계를 더욱 성공적으로 만들어갈 수 있다.

  유형이 각각인 것은 돈에 대한 관점뿐 아니라 행복을 추구하고 생존을 확보하는 각기 다른 방식이 있음을 의미한다. 돈과 관련해 나와 상대방의 생각이 어떻게 다른지 알게 되면서 돈 문제가 그저 돈과만 관련된 것이 아니라 사랑과 권력, 안전과 자존심과 관련이 있는 좀 더 심오한 문제라는 점을 깨닫게 된다. 돈 문제가 일어나면 사람들은 대개 각 유형 중 가장 수준 낮은 차원에서 반응하는데, 이는 파충류의 뇌에 지배받는 비효율적 접근 방식이 되고 만다. 이때에는 두 살짜리 아기 수준에서 무의식이 발현된다. 먼저 무슨 일이 일어났는지 존중하는 방식으로 토론하고 자신의 감정을 받아들이면서 서로 응원하며 각 유형의 가장 수준 높은 차원으로 옮겨가야 한다. 그렇게 하면 재정적·감정적 관계를 고양하는 각자의 장점에 감사하게 된다.

커플이건 아니건, 돈과 관련해 자기 유형을 아는 것은 자기 발견과 쇄신의 수단이자 강력한 힘의 원천을 발견하는 계기가 된다. 자신을 지배하는 유형이 무엇인지 규명하면 자신의 장점과 단점도 인식하게 된다. 물질적인 측면과 영적인 측면이 균형을 이루게 하고 양쪽에서 모두 성공을 거둘 수 있게 하는 특별한 한 걸음이 된다.

어떤 유형이 지배적이건 가장 수준 높은 차원을 발현하려고 노력해야 한다. 다른 유형의 사람을 부러워하거나 그들의 장점을 모방해서는 아무것도 얻을 수 없다. 우리 소명은 본모습에 충실하게 사는 것이다. 우리 의무는 본성에 내재한 아름다움을 완벽하게 구현하며 사는 것이다. 우리 과제는 자기 삶에서 가장 중요한 보물을 찾아내는 것이다.

어떤 유형이건 인간으로서 흥망성쇠를 경험하게 된다. 좋은 날도 있고 그렇지 않은 날도 있다. 은혜를 입는 날도 있고 고통을 받는 날도 있다. 자신이 감당할 수 있는 것보다 더 어둡고 고통스러운 시간을 겪는다면, 삶의 최고 상태보다 최하 상태에서 자기 자신을 더 잘 찾을 수 있다는 사실을 기억하자. 작자 미상의 시 한 편이 도움이 많이 될 것이다.

무언가 이룰 수 있도록 힘을 얻기를 바랐지만
겸허히 복종하는 법을 배우도록 나에게 내려진 것은 허약함이었다.

위대한 일을 할 수 있도록 건강하기를 바랐지만
더 대단한 일을 할 수 있도록 나에게 내려진 것은 유한함이었다.

행복해질 수 있도록 재물이 더 많기를 바랐지만
더 현명해지도록 나에게 내려진 것은 가난이었다.

다른 이의 칭송을 받을 수 있도록 권세를 가지길 바랐지만
다른 이를 배려하도록 나에게 내려진 것은 연약함이었다.

삶을 즐길 수 있도록 모든 것을 소유하길 요구했으나
모든 것을 즐길 수 있도록 나에게 내려진 것은 생명이었다.

내가 바랐던 것은 얻지 못했지만 내가 희망한 모든 것을 얻었다.
그런데도 말하지 않은 기도가 응답을 받은 것이다.

나는 모든 사람 가운데 가장 은혜를 받은 사람이다.

　돈을 더 많이 갖는 것이 신이 축복을 내린 증거라고 생각하는 사람들이 많지만 나는 조금 다르게 보려고 한다. 돈은 자원이다. 신념, 웃음, 우정, 건강, 창의력 그리고 기쁨을 위한 자원이다. 결국 재정적인 자유는 돈을 얼마나 많이 갖고 있느냐가 아니라 삶의 진정한 목적을 얼마나 기억하고 이를 실천하느냐에 달려 있다.
　예전의 멋진 인생은 이제 사회경제학적인 사다리에서 내려오게 되었다. 더 많이 얻고 더 많이 소유하는 예전 방식과 달리 새로운 방식

의 멋진 인생은 자신의 기본 유형에 내재한 가능성을 발견해 가장 고귀한 부름을 완수하는 영적인 것이다. 어떤 유형이건 상관없이, 자신의 가장 뛰어난 장점과 가장 심오한 평화를 깨닫기 위해 계속해서 노력해야 한다.

Part 3

돈으로부터
자유로워지는
4단계

인간은 어떻게 변해갈까? 돈과 관련한 지배적인 유형에 상관없이 어떻게 하면 좀 더 많은 시간을 더 의미 있는 주장에 할애하고 필요 없는 데에는 시간을 덜 쓸 수 있을까?

이 장에서는 자신의 지배적인 유형에서 한층 더 고양된 차원으로 진입하게 도와줄 네 가지 단계를 소개한다. 이런 연습을 하면 재정적인 측면에 어떤 일이 일어나는지 더 잘 이해할 수 있다. 조 도밍후에즈와 비키 로빈이 쓴 고전적 베스트셀러 《돈 사용설명서》에 나온 재정적 자유를 위한 9단계 프로그램을 참고해 간단하지만 인생을 변화시키는 4단계를 만들어보았다.

그저 생각으로 끝내지 말고 4단계를 실천해보자. 일이 다 잘 풀릴 거라고 막연히 기대하지만 말고 자신의 의도를 최고로 표현하도록 말이다. 그러면 어둠 속에서 헤매지 않고 현실에 단단히 발을 붙이게 될 것이다.

재정 문제를 좀 더 정확히 인식하고 성공적으로 대응하려면, 실질적인 정보를 몇 가지 알아두어야 한다. 이때 4단계를 활용해 필요한 정보를 얻을 수 있다. 돈에 대해 정확히 인식하면 현실의 삶이 깊어지는데, 이는 돈과 관련한 모든 영역을 효율적으로 만들어주는 견인차 역할을 한다.

이런 장점을 배우려고 연습할 필요는 없다. 필요한 내용을 읽는 것만으로 그 가치를 충분히 배울 수 있다. 물론 직접 실천한다면 훨씬 더 좋은 결과를 얻을 수 있다.

멋진 인생은 사랑을 영감의 원천으로 여기고 지식을 길잡이로 삼는다. 돈에 무지한 삶은 그저 어리석은 삶일 뿐 절대 축복이 아니다.

Step 1 | 자신의 재정 상태를 확실히 알자

재정 상태를 살피기 위한 첫 번째 단계는 자신의 재정 상태를 파악하는 것이다. 여기서는 '자기 가치'를 말하는 것이 아니다. 내가 갖고 있는 대단한 능력이나 재능을 이야기하는 것이 아니다. 남에게 나눠줄 수 있는 놀라운 재능이나 다른 사람의 삶에 아름다움과 사랑을 주는 능력을 말하는 것도 아니다. 교육을 얼마나 받았는지, 지식이 얼마나 풍부한지, 유머 감각이 얼마나 뛰어난지 말하는 것도 아니다. 물론 이런 것들도 중요하지만 먼저 극히 실질적인 것을 이야기하려 한다. 돈, 더 정확히 말하면 당신이 갖고 있는 돈에 관해 이야기하려 한다.

있는 그대로, 아주 간단히 돈에 관해 말해보자. 은행 직원과 국세청 직원과 회계사들이 쓰는 언어로 말이다. 삶의 방향을 잡고 재정 문제를 명확히 파악하려면, 스스로 삶의 주도권을 쥐려면, 꼭 필요한 것이 바로 제대로 된 정보다.

돈 문제는 복잡한 감정을 불러일으키는데, 이 4단계는 자존심이나 자아에 관한 문제가 아님을 기억하자. 이랬으면 상황이 달라졌을 거라거나 누군가 무엇을 도와주었다면 결과도 달라졌을 거라고 이야기하는 것이 아니다. 후회나 죄의식에 관해 이야기하는 것이 아니라는 말이다.

분명하고 현실적이며 용기 있게 자기 재정 상태와 대면하는지, 돈을 얼마나 갖고 있고 얼마나 빚지고 있는지 확인해보는 것이다. 재정적 진실을 제대로 파악하는지 살펴보는 것이다. 이는 물론 쉬운 일은 아니다. 최근 이런 이야기를 친구와 했는데 그도 동의했다.

"현실을 똑바로 바라보고는 바로 그 현실을 부정해버렸지."

많은 사람은 자기 재정 상태를 확인하는 일에 거부감을 갖고 있다. 다른 사람과 자신의 재정 상태를 공유하지 않으면 그 누구도 당신의 상황을 알 수 없다. 어떤 사람들은 자기 이미지에 문제가 생길까 두려워 자산 규모를 정확히 파악하기를 꺼린다. 하지만 재정 측면은 세상에 내가 어떻게 보이는가와 아무런 상관이 없다. 알려 들지 않으면 모를 수밖에 없는 재정 문제를 있는 그대로 파악해야 한다.

이것은 모두 상당히 힘든 일일 수 있다. 무슨 일이 일어나는지 다 무시하고 모래 속에 머리를 처박고 싶어질 때가 있다. 받아들이기 힘든 문제를 만나면 당황하고 놀라는 사람은 당신만이 아니다. 나도 때로는 그런 느낌이 든다. 하지만 이것은 자랑스러워할 일도, 부끄러워할 일도 아니다. 그저 충분한 지식과 주도권을 갖고 있느냐가 중요하다. 어둠 속에서 혼자 길을 잃고 헤매기보다 상황을 제대로 파악하는 게 낫지 않을까.

이제 직접 해보자. 가장 먼저 자신의 유동자산을 모두 적어보자. 여기에는 다음과 같은 것들이 포함된다.

현금

저축과 수표 계좌

증권 계좌

은행 CD

주식

뮤추얼펀드

MMF

생명보험(현 시가)

개인퇴직연금, 기업연금 등

다른 사람에게 빌려준 돈

그리고 각각의 유동자산을 현재 시가로 환산해보자. 이 금액을 모두 합하면 유동자산의 현재 가치를 알게 된다.
다음으로 고정자산의 리스트를 만든다. 여기에는 다음과 같은 것들이 포함된다.

집

자동차

가구

예술품

옷과 신발

전자제품(텔레비전, 오디오, 컴퓨터, 프린터, 카메라, 휴대전화 등)

보석류

운동기구

자전거와 모터사이클

각종 가재도구

발전용구

팔 수 있거나 금전적 가치가 있는 여러 가지

그리고 고정자산의 액수를 모두 더한다.

가지고 있는 것이 많다면 리스트를 만드는 데 시간이 상당히 걸린다. 하지만 이 리스트를 정확하게 만들어 모든 소유물의 금전적 가치를 확인한다면, 많은 것을 알게 된다.

이때 각 항목에 정확하고 현실적인 가치를 부여하는 것이 가장 중요하다. 여기서 말하는 '가치'는 당신이 각각의 항목을 사는 데 지불한 금액을 의미하지 않는다. 바로 오늘, 이것들을 팔았을 때 받게 되는 금액을 생각하자. 집을 갖고 있다면 최근 가격을 확인하기 위해 부동산 중개인에게 물어봐야 한다. 자동차라면 일반 중고대행 가격과 개인끼리 거래할 때의 가격 중간쯤으로 일단 계산해본다. 사소한 것들은 온라인 경매로 팔 때 또는 창고 판매를 할 때 얼마나 받을지 생각해보자. 물건들이 지닌 감정적인 가치를 확인하는 것이 목적이 아니다. 어린 시절 사진첩은 자기 자신에게는 대단한 의미가 있을지 모르지만, 창고 세일에 내놓았을 때 얼마나 받을지 생각해보는 것이 훈련의 목적이다. 그런 견지에서 볼 때 사진첩은 아무런 가치가 없다고 할 수 있다.

환산할 수 있는 돈의 형태로 자산과 부채의 대차대조표를 만들어보

자. 바로 이 순간 자신의 경제적 상황을 정확히 분석해보자.

몇 년 전 1,200달러나 주고 산 의자를 절대 같은 가격에 되팔 수 없다는 사실을 확인하면 마음 아프다. 온라인 벼룩시장인 크레이그리스트에 판다면 아무리 상태가 좋다고 해도(물론 그렇지는 않겠지만) 잘해야 200달러밖에 받지 못한다. 이는 옷이나 예술작품 또는 다른 소유물에도 해당되는 이야기다. 대부분 예전에 살 때 지불했던 값에 훨씬 미치지 못하는 돈을 받는다. 크레이그리스트나 이베이 등에서 비슷한 중고품의 가격을 확인하거나 중고품 전문점, 창고 세일, 벼룩시장 등에서 물건 가격을 확인하면 현실을 가장 빨리 알 수 있다.

물건 각각의 적합한 가치를 확인해 그 금액을 더하면 고정자산의 가치를 알 수 있다. 유동자산과 고정자산의 가치를 현금으로 환산하면 총자산을 알게 된다.

이제 부채 목록을 만들어보자. 여기에는 다음과 같은 것들이 포함된다.

신용카드 부채
주택 저당금
자동차 할부금
은행 대출
학자금 대출
친구에게 빌린 대출금
지불하지 못한 의료비
지불하지 못한 다른 비용(전화요금, 가스요금, 수도요금, 전기요금 등)
소득에 대한 세금
각종 부채, 자녀 양육비

채무를 현금 가치로 계산해 그 금액을 모두 더하면 총부채액을 알 수 있다.

총자산금액에서 총부채액을 빼면 순자산이 얼마나 되는지 알 수 있다.

축하한다! 실제로 시도한 사람이 그리 많지 않은 자신의 재정 분석에 드디어 한 발을 내디뎠다.

이제 자기 상황을 알게 되었다. 결과에 상당히 놀라지 않았을까. 자신이 생각했던 것보다 순자산이 훨씬 많을 수도 있고 훨씬 적을 수도 있다. 어느 쪽이건 이제는 현실을 인식하게 되었는데, 이는 재정적인 자유에 한 발 더 가까이 다가가는 데 꼭 필요한 과정이다.

이 연습을 한 사람 중 몇몇은 부채가 자산보다 많음을 알았을 것이다. 인정하자니 고통스럽고 자신을 비난하거나 벌주고 싶은 마음도 있겠지만 상황과 직면하고, 가장 힘든 일을 해내기 위해 자기 자신을 있는 그대로 받아들여야 한다. 그런 용기가 있다면 이 싸움에서 이미 절반은 이긴 셈이다.

재정적인 곤경을 확인하고 부끄러워진다면, 혼자만 그런 것이 아님을 기억하자. 많은 사람이 그렇게 느끼니 말이다. 나도 마찬가지다. 때때로 나는 재정과 관련해 여러 가지 면에서 부끄럽게 생각한다. 때로는 더 많은 것을 원하기에, 때로는 이미 많은 것을 갖고 있다는 사실에 죄의식을 느끼기도 한다. 가난에 수치심을 느끼고 부유함에 죄의식을 느끼기도 한다. 재정 현실을 확인하고는 쉽게 우울해지기도 한다. 그렇기에 사람들은 재정 상태와 직면하기를 꺼리게 된다.

기억하자. 이 연습은 자신에게 불편함을 느끼려고 하는 것이 결코 아니다. 진실을 알기 위해서, 희망과 신념, 확신을 회복하기 위해서 한다.

일단 이 단계를 거치면 자신이 갖고 있는 자산과 부채를 알게 된다. 이제 두 번째 단계로 넘어가 진짜 무엇을 해낼 수 있을지 알아보자.

Step 2 | 시간당 임금이 얼마나 되는지 살펴보자

이 세상 모든 사람에게는 시간과 날짜가 제한적이다. 매 순간이 특별하고 결코 다시 돌아올 수 없다. 그렇지만 연봉이나 임금, 다른 소득과 바꾸는 시간과 에너지가 얼마나 소중한지 사람들은 대부분 잘 모른다. 물론 자신은 잘 알고 있다고 생각하겠지만 말이다. 어떤 사람은 이렇게 말한다. "나는 매주 800달러를 벌고 40시간 일하니 내 삶의 에너지를 한 시간에 20달러와 바꾸는 셈이지." 문제는 긴 안목으로 볼 때 이렇게 간단하게 계산되지 않는다는 것이다. 이 단계에서는 그런 사실을 확인한다.

비키 로빈이 말했다시피 '당신의 일자리를 유지하기 위해 필요한 시간과 돈을 실제로 환산'해보아야 한다. 그렇게 하면 진정한 시간당 임금을 알게 된다.

비키와 이제는 고인이 된 그녀의 파트너 조 도밍후에즈는 이 아이디어와 관련해 놀라운 일을 해냈다. 조금 더 구체적으로 알고 싶으면 두 사람이 쓴 책을 읽으면 된다. 책에는 이렇게 쓰여 있다.

"돈을 벌기 위해 삶의 에너지를 사용하는 모든 방식을 생각해보자. 일과 직접적으로 관련된 금전적 비용을 생각해보자. 다른 말로, 돈 버는 일을 하지 않는다면 시간과 돈을 사용하지 않아도 될 삶의 영역은 무엇일까?"

사람들은 대부분 자신도 모르는 사이에 상당한 시간과 돈을 일과 관련해 소비한다. 일을 좋아하는 사람도 있겠지만 대부분 사람들은 일과 관련한 환경이 만족스럽지 않을 것이다. 돈 때문에 해왔던 일에서 해방되고 나면 그동안 기분을 전환하려고 돈을 상당히 써왔음을 깨닫게 된다.

어떤 사람들은 일이 너무 많아 요리할 시간이 없어서 외식하거나, 아이 돌볼 시간이 없어서 보육비를 쓰거나, 청소할 시간이나 에너지가 없어서 다른 사람을 불러 일을 시킨다.

미국인은 평균적인 유럽인보다 해마다 9주를 더 일하는 것으로 나타났고, 독일인보다는 11.5주 더 일하는 것으로 나타났다. 근무 시간이 길다보니 휴가는 사라져버렸다. 일하는 시간은 더 길어져 미국 노동자의 4분의 1은 지난해 휴가를 가지 못했다. 중세시대 농노들도 우리보다는 일을 덜했을 것이다.

시간과 에너지를 빼앗는 일이 너무 많아 정작 가족과 함께할 시간은 남아 있지 않다. 이는 그야말로 헤아리기 힘든 대가를 요구한다. 약물에 빠진 자녀와 감정적으로 견디기 힘든 이혼이 초래하는 비용을 계산할 수 있을까?

많은 사람이 보수가 많은 일자리를 감사하게 생각할 텐데, 그렇다면 우리가 매 시간 만들어내는 결과물이 무엇인지 알아야 한다. 다음에는 일과 시간 또는 에너지를 교환할 때 어떻게 결정해야 할지 살펴보는 연습을 하겠다. 돈을 벌기 위한 일에 숨겨진 비용을 발견하고 그 원인을 잘 생각한다면 내가 실제로 얼마를 벌어들이는지 이해할 수 있다. 매주 40시간 일하는 노동자건 사업체를 운영하는 사람이건, 어떤 업종에 종사하건 상관없이 꼭 고려해야 할 일이다.

통근

사람들은 대부분 자동차를 타거나 걷거나 자전거를 타거나 택시, 버스, 지하철을 타고 출퇴근한다. 걸어서 출퇴근하지 않는다면 돈이 든다. 가설을 세워보면, 매주 5일은 출퇴근해야 한다. 직장이 48킬로미터 떨어져 있다면 가고 올 때마다 각각 45분이 걸린다. 이런 수치를 사용하면 매주 통근시간은 7시간 30분, 통근 거리는 480킬로미터에 달한다.

미국 자동차협회인 AAA에서는 킬로미터당 운전비용을 계산했다. 이 비용은 운전하는 차의 종류, 해마다 운행하는 거리, 기름값에 따라 달라지겠지만 AAA는 미국에서 차를 1.6킬로미터 몰 때 평균 60센트가 든다고 했다(여기에는 유류대, 감가상각, 수리, 보험, 자동차 등록세 등이 포함되어 있다).

이 가상 수치가 자신의 통근 방식과 비슷하다면 AAA의 자료에 따라 킬로미터당 60센트로 계산해보자. 매주 7시간 30분, 180달러를 출퇴근에 지출하게 되고 여기에 주차료, 톨게이트 비용 등을 더해야 한다.

걷거나 자전거를 타거나 대중교통수단을 이용한다면 비용은 줄어들겠지만 시간은 훨씬 더 많이 걸린다. 집에서 일한다면 교통비는 사소한 심부름이나 출장 등에만 들어 훨씬 줄어든다.

잠시 틈을 내어 통근에 필요한 주당 시간과 비용을 계산해보자. 구체적인 수치로 인식하는 것이 중요하다. 나중에 다시 이 비용을 살펴보아야 하니 금액을 적어놓고 다음으로 넘어가자.

옷

모두 당연하게 여기겠지만 일하기 위해 옷을 차려입는 데는 시간과 돈이 필요하다. 사람들은 대부분 일할 때는 퇴근한 뒤와 다른 옷을 입는다. 간호사처럼 유니폼을 입는 사람들, 건설 노동자처럼 안전모를 쓰고 안전화를 신는 사람들은 당연히 그렇다. 하지만 다른 일에서도 마찬가지다. 예를 들어 사무직의 경우, 일반적으로 정장 차림에 하이힐, 스타킹이나 넥타이를 착용하는 것을 당연하게 여긴다.

옷, 면도용품, 화장품을 사고, 때로 미용실에 들르며, 면도하고 아침에 옷을 입고 저녁에 옷을 벗고, 드라이클리닝과 세탁을 하고 화장을 하는 등 개인적인 치장에 시간을 얼마나 많이 들이는가? 매주 2시간 반 정도 들인다면 비용은 얼마나 될까? 해마다 옷과 화장품에 쓰는 돈은 얼마나 될까? 일 년에 1,200달러라고 하면 주당 23달러가 된다.

매주 옷을 입고 치장을 하고 화장품을 사는 데 필요한 비용을 생각해보자. 금액과 시간이라는 구체적인 수치로 파악해보자. 이 또한 나중에 필요하니 금액을 적어놓고 다음으로 넘어가자.

식사

점심을 먹기 위해 집에서 도시락을 준비해가면 비용을 상당히 절약할 수 있고 영양적으로도 훨씬 좋다. 하지만 시간에 쫓기며 살다 보니 그렇게 하지 못한다. 집에서 저녁식사를 준비하기에는 너무 지쳤으므로 값비싼 가공조리 식품을 사들고 온다. 어떤 사람은 조리된 음식을 사려고 델리 앞에서 줄을 서고, 어떤 사람은 직원식당에서 줄을 서서 시간을 보낸다. 어떤 사람은 운동하지 않고 몸에 좋지 않은 음식을 먹어 생긴 살을 빼겠다며 체중 감량 프로그램에 시간과 돈을 쓴다. 여기에 아침식사로 먹는 도넛과 커피를 잊어서는 안 된다. 가까운 델리에서 점심을 사 먹는 사람들은 집에서 도시락을 싸온 사람들보다 매주

30달러 이상 더 지출한다. 사람들은 힘든 업무를 잘 마친 보상 개념으로 특별한 음식을 먹는데, 이 음식들은 결코 건강에 좋지 않고 가격도 만만치 않다.

모든 것을 고려할 때 일하지 않아도 되어 그 시간과 비용이 필요하지 않은 사람보다 매주 평균 50달러, 3시간을 더 소비한다고 가정할 수 있다. 물론 상황에 따라 그 비용은 더하거나 덜할 수 있다.

일하면서 음식과 음료수를 먹고 마시는 데 드는 시간과 비용을 계산해보자. 이를 구체적인 숫자로 정리해 알아둔다.

회복

직장에서 일을 마치고 집에 오면 어떤 상태일지 정확히 모르겠지만 창의적인 놀이를 하거나 배우자 또는 연인과 시간을 나누는 사람은 그리 많지 않다. 그보다는 홀로 와인이나 맥주를 마시며 텔레비전을 보거나 컴퓨터를 할 것이다. 비키 로빈은 이렇게 지적했다. "일에 따른 압박에서 '회복'되려면 시간이 약간 걸리는데, 그 '약간'도 일과 관련한 비용으로 생각해야 한다." 그녀는 이런 회복을 하기 위해 매주 5시간, 술이나 기타 오락거리를 위해 30달러가 든다고 추정했다.

일에서 회복되기 위해서는 시간과 비용이 얼마나 드는가? 퇴근해 집에 돌아와 생산성 있는 일을 하거나 가족 또는 파트너와 함께 의미 있는 시간을 보내기 전까지, 회복하기 위해 시간과 비용이 얼마나 많이 필요한가? 일과 관련한 스트레스에서 편해지기 위해 술이나 다른 오락 활동에 어느 정도 시간과 비용을 투자하는가?

다른 업무 관련 비용

업무 관련 교육 프로그램이나 각종 도구, 회의처럼 일하기 위해 쓰는 시간과 돈은 얼마나 될까? 힘들지만 수입 때문에 어쩔 수 없이 일하는 것에 대한 보상으로 하는 각종 활동이나 장난감에 시간과 비용을 얼마나 쓰나? 일 때문이 아니라면 참여하지 않았을 각종 모임에 얼마나 투자하나? 건강을 갉아먹는 업무 스트레스는 어느 정도인가? 일하면서 화학물질에 노출되거나 업무 환경이 위험해서 의료비를 엄청나게 지출해야 하는 일은 없나? 직접 살피고 돌볼 시간이 없어서 다른 사람의 도움(가사도우미, 정원사, 수리공 등)을 받느라 돈을 쓰지는 않는가? 아이가 있을 경우, 당신이 일하지 않으면 필요하지 않을 보육 또는 육아 비용을 치르느라 얼마나 지출하는가? 일하느라 생긴 스트레스를 해소하느라 전문 치료를 받는 비용은 얼마인가?

일과 관련해 100퍼센트 정확하게 측정할 수 없는 시간과 비용이 있다. 이런 비용을 완벽하게 확인하기는 어렵다. 이렇게 특정 항목에 포함시키기 어렵지만 쉽게 간과하는 것들을 주당 10시간, 100달러로 가정해보자. 일하지 않았다면 나가지 않았을 자녀 양육 관련 비용을 모두 고려한다면, 그 금액은 엄청나다.

일과 관련한 이런 여러 가지 비용을 금액과 시간으로 구체적으로 추산해보자.

이제 실제로 돈을 시간당 얼마나 버는지 확인해볼 때다. 각각의 항목에 적어놓은 수치를 활용하자. 각 항목에 가상의 수치를 넣어 어떤 결과가 나오는지 살펴보자.

매주 40시간 일한다고 할 때, 세전 소득이 주급 800달러라면 시간당 20달러 선이라 할 수 있다. 일과 관련한 비용에 쓰는 시간과 돈을 살펴보자. 여기 지금껏 살펴본 항목에 가상의 수치를 넣어보았다.

통근	주당 7.5시간	180달러
의류비	주당 2.5시간	23달러
식사	주당 3시간	50달러
오락	주당 5시간	30달러
기타	주당 10시간	100달러
합계	주당 28시간	383달러

일하느라 쓰는 40시간에 가외의 28시간을 더하면 주당 68시간이 소요된다는 사실을 알 수 있다. 주급에서 383달러라는 비용을 제외하면 결국 417달러 선(이는 세금을 제하기 전이다. 더구나 세금은 주급 800달러를 기준으로 산정된다는 사실을 기억하자!)이다.

급여에 건강보험이나 다른 복지 혜택을 포함시킨다면 당연히 플러스겠지만 비슷한 방식으로 다시 살펴보아야 한다.

물론 정말 중요한 것은 진짜 수치인데, 이런 가상 계산에 따르면 시간당 20달러가 아니라 6달러를 벌게 된다.

일과 관련한 모든 비용을 고려한 이 숫자에 관해 잠시 생각해보자.

이제 진짜 시간당 얼마를 버는지 정리되었다. 돈과 바꾸는 인생이 어느 정도인지 알게 되었다.

이 과정을 마치고 나면 상당히 불편할 것이다. 당황스럽기도 하고 화가 나기도 하고 무력감과 수치심, 놀람, 슬픔과 배신감을 느낄 것이다. 이런 경험이 반가울 리 없다.

누구를 책망하려는 게 아니다. 하지만 잠시 생각해보자. 정말 중요한 순간이기 때문이다. 일의 대가가 정확히 얼마나 되는지 확인하고 세금까지 고려하는 것이 진정한 기회가 될 수 있다. 가장 의미 있는 순간은 기분 좋을 때가 아니다. 오히려 불편하고 당황했을 때 의미 있는 순간이 찾아온다. 깊이 후회하고 불만스러울 때 비로소 예전 관습에서 벗어나 새로운 생각과 새로운 생활방식을 찾게 된다.

일과 관련한 모든 비용을 구분해 정리하고, 자신의 진짜 시간당 임금을 파악하는 것은 그래서 중요하다. 시간당 20달러를 번다고 생각한다면 20달러짜리 물건을 살 때 그저 한 시간 더 일하면 된다고 생각하기 쉽다. 하지만 실제 시간당 임금이 6달러라면 20달러짜리 물건을 사면서 세 시간 더 일해야 한다고 생각한다. 바로 여기서 차이가 만들어진다. 소비에 전혀 다른 시각을 갖게 하니 말이다. 진실을 알고 나면 광고의 유혹을 뿌리치고 힘들게 번 돈을 아껴 쓰기가 훨씬 쉬워진다.

이런 계산을 해봄으로써 훨씬 더 현실적으로 현재와 미래의 가능성을 살필 수 있다. 당신과 가족 사이를 방해하고 삶의 즐거움을 빼앗아 그 보상으로 별로 필요하지 않지만 기분 전환으로 무언가 사들이게 하는 스트레스 심한 일자리, 힘든 통근이라는 숨어 있지만 빼놓아서는 안 되는 비용을 확인할 수 있다.

'정상'이 되기 위해 비용을 상당히 치러야 할 때가 있다. 저널리스트이자 작가 엘런 굿맨Ellen Goodman은 이렇게 적었다.

"정상이란 일자리를 얻기 위해 옷을 사 입고 할부금이 남아 있는 차를 운전해 교통지옥을 뚫고 출근한 뒤 그 옷과 차와 집을 살 돈을 벌기 위해 일하고는 온통 허전함만 남아 있는 상태를 말한다."

Step 3 | 돈이 어디로 흘러가나 살피자

많은 사람이 돈에 관해서는 반항적이고 경멸적인 태도를 취한다. 돈이 인생에서 차지하는 주도적인 역할을 불쾌하게 여긴다. 돈이 우리를 통제한다는 생각에 돈을 얼마나 미워했던가. 사람들은 대부분 돈을 벌기 위해 일하거나 별로 자랑스럽지 않으면서도 어쩔 수 없이 그 일을 계속한다.

그 결과 우리는 돈과 관련한 문제를 제대로 대면하지 않는다. 논쟁을 벌이지 않고 가족과 돈 이야기를 하는 법을 모른다. 재정에 관해 잘 모르기 때문이다. 하지만 모든 것을 바꿔야 한다. 다음 단계로 넘어가 좀 더 자세히 알아보자.

다음 단계는 계속 현 상황을 유지하는 것이다. 아주 쉬운 일이다.

돈의 흐름 정확히 알기

여기서 숨을 한 번 깊게 들이쉬어야 한다. 나가고 들어오는 돈의 흐름을 알면 힘을 더 많이 얻는 것이 아니라 원래의 힘을 회복한다고 봐야 한다. 돈에 관해 강박적이 되라는 이야기가 아니다. 자신의 경제적인 숙명에서 주도권을 잡으라는 이야기다.

살아가며 생기는 돈이나 지출하는 돈을 정확하게 기록하다 보면 미래를 위해 확실하고 강력하게 대비하게 된다.

단돈 1달러라도 정확히 기록하기는 성가신 일이기에 그럴 가치가 있을까 궁금할 것이다. 그 의미에 관해 이야기하려고 이 책을 썼다. 처음에는 귀찮게 느껴지겠지만 인내심을 발휘해 관심을 가질수록 훨씬 더 쉬워진다.

가정 지출을 확인하는 시스템 만들기

먼저 사소한 지출이라도 모두 정확하게 기록하자. 어떤 방식이라도 괜찮다. 사람들마다 자기만의 방식이 있는데 어떤 사람은 자산 관련 홈페이지에서 제공하는 가계부 소프트웨어를 활용한다. 또 다른 사람들은 용수철 노트나 포켓 사이즈 수첩을 사용한다. 스프레드시트처럼 컴퓨터를 이용하는 방법도 있다. 컴퓨터 회계 관리 프로그램을 내려 받게 해주는 은행도 있다. 이렇게 하면 선택한 카테고리별로 정보 데이터를 분류할 수 있다. 스마트폰에서 쓰기 좋은 회계 애플리케이션도 있다.

방식이 어떻든 간에 물건을 사고 영수증을 받는 습관을 들이면 가계부를 쓰는 데 도움이 된다. 모든 영수증을 모았다가 자신에게 가장 적합한 방식으로 지출을 기록하고 매주 또는 매달 정리해보자. 영수증을 모아둔다면 기억력에 의존해 돈을 어디에 어떻게 썼는지 생각하느라 고민하지 않아도 된다. 가족 중 한 사람 이상이 쓴 비용을 추적할 때 특히 도움이 된다.

신용카드, 직접 인출할 수 있는 직불카드, 수표 계좌 등이 있다면 매달 고지서를 보며 사지 않아도 되는 물건에 돈을 쓰지는 않았는지, 지출이 정확하게 기록되어 있는지 이중으로 살필 수 있다.

시간을 낭비하는 것처럼 생각되겠지만 일단 시작해보면 한 달에 한 시간밖에 걸리지 않음을 알 수 있다.

이렇게 익히다 보면 자기 나름대로 항목을 만들게 된다. 초심자라면 아래에 정리한 항목을 사용해도 좋다. 물론 여기 적은 항목이 모든 사람에게 다 적합하지는 않다. 자신에게 맞지 않는 항목은 삭제하자. 물론 상황에 맞게 새로 추가해야 하는 항목도 있다.

아래와 같은 항목으로 시작해보자.

식비	집에서 먹는 각종 식재료
	레스토랑 식대
	집에서 먹기 위해 테이크아웃해 온 음식
집관리	주택 저당금이나 집세
	주택 관련 보험
	부동산 관련 세금
	집과 정원 관리비·수리비
	집 개축·증축과 보수
	가구
	각종 가재도구
교통비	**승용차**
	할부금, 등록세, 유류대, 관리비, 보험, 주차비, 톨게이트 비, 속도위반과 주차위반 등 범칙금, 자동차 렌트, 카풀 관련 비용
	대중교통
	택시 또는 통근, 버스
의료비	**건강관리**
	비타민과 각종 보충제, 마사지 등, 운동(자전거, 피트니스 센터 회원권, 댄스 수강), 치아 관리
	질병 치료
	보험, 처방약과 다른 조제약, 병원 방문, 시력 관리, 기타

사용 요금	전기요금
	가스요금
	수도요금
	유선방송
	인터넷 연결
	전화요금
	휴대전화요금
	쓰레기 처리·재활용 비용
교육비	책
	테이프
	각종 수업료
	워크숍
	학비 대출
개인관리 비용	옷
	신발
	화장품, 각종 개인관리 용품
	드라이클리닝
	기타 관리(이발, 손톱관리, 제모, 마사지, 피부관리 등)

교육비	탁아보육비
	장난감과 게임
	옷과 신발
	각종 활동과 외출
오락비	콘서트
	영화관람
	DVD 대여
	연극
선물	개인선물
	단체(자선 목적의 기부 등)
	정치적 후원
애완동물	먹이
	수의사 비용
	배설물 처리
	각종 간식
세금	소득 관련 각종 세금
	개인사업 관련 세금

기억하자. 앞서 이야기한 항목은 그저 참고하라거나 제안하는 것에 지나지 않는다. 자기 삶을 반영한 항목을 나름대로 만들고 돈과 관련한 측면에서 생활방식을 살펴보는 것이 중요하다. 옷을 한 벌 산다면 '의류비' 항목을 집에서 입는 옷, 출근할 때 입는 옷, 각종 야외활동을 할 때 입는 옷 등으로 나누거나 꼭 필요한 옷과 그렇지 않은 옷으로 나눌 수도 있다. 경제 상황을 제대로 알기 위해 필수적인 정보를 제안하는 그 어떤 방식도 상관없다. 일상적인 지출과 관련한 항목 만드는 법을 익히려면 시간이 좀 걸린다. 하지만 이렇게 쓰는 시간은 결국 나중에 나름대로 보상받을 수 있다.

담배를 피운다면 '담배'라는 항목을 더해야 한다. 그러면 흡연으로 사용하는 돈이 얼마나 되는지 확인할 수 있고 금연 의지를 굳히게 된다. 신용카드와 관련해 이자를 내야 한다면 '이자'라는 항목을 더 만들어야 한다. 높은 이자를 내야 한다면 그 이자가 재정적 안정에 어떤 위험 요소가 되는지, 또 빚을 갚기 위해 불필요한 비용을 어떻게 줄일지 생각해보게 된다.

자신과 가족의 모든 지출을 정확하게 확인하는 것이 중요하다. 종이 클립 한 통이건, 새로운 차 한 대건 모든 구매는 기록으로 남기자. 각각의 지출에 날짜와 금액, 누가 지불했는지, 구매 대상은 무엇인지 적어놓자. 현찰로 계산했을 때에는 가장 가까운 금액을, 카드나 수표로 계산했을 때에는 정확한 금액을 적어놓자(이렇게 하면 매달 은행에서 자동으로 이체되어 나가는 비용 중 실수로 문제가 생기는 것을 막을 수 있다).

비용을 정리해두면 얻는 혜택이 많다. 돈이 어디로 사라졌는지 확실한 그림을 그릴 수 있다. 주택담보 저당이나 집세처럼 어떤 비용은 고정되어 있지만 또 다른 비용은 손쉽게 줄일 수 있다. 어떤 분야의 비용을 줄일 수 있는지 바로 확인할 수 있다.

소득은 1달러라도 적어야 한다

소득원이 다양한 경우는 그리 많지 않으므로 훨씬 더 쉽게 할 수 있다. 임금, 팁, 이자 등 소득원을 정확히 구분해 알아놓아야 한다. 수입원이 다양하다면 각각의 수입원과 관련해 개별 항목을 만들어야 한다. 현금을 받고 팔 수 있는 물건들의 목록도 만들고 싶어진다. 지출은 물론 수입을 정확히 기록하는 것은 재정적 현실을 파악하는 데 필수불가결한 요소이고 국세청에 세금을 신고할 때 특히 도움이 많이 된다.

저축가형이나 경계자형은 자기가 쓴 돈의 행방을 찾기가 별로 어렵지 않고 오히려 그 과정을 즐기지만 다른 유형에게는 쉽지 않은 일이다. 처음으로 힘든 일을 겪은 사람은 그 고통스러운 과정에서 가장 많은 것을 깨닫는다. 1달러라도 확인해야 한다는 사실을 받아들일 수 없는 사람은 좀 더 창의적이고 재미있는 방식을 찾아야 한다. 막연하게 미스터리로 남겨둔 일을 밝히거나 삶에 대단한 영향력을 행사하는 무언가를 자신이 통제한다는 사실에 만족할 수 있어야 한다.

토머스 스탠리와 윌리엄 단코가 쓴 베스트셀러 《이웃집 백만장자》에서 전하는 중요한 메시지 가운데 하나는 수입에 비해 자산가치가 높은 사람과 그렇지 못한 사람의 차이다. 수입에 비해 자산가치가 높은 사람은 자신이 번 돈이 어디에 어떻게 나가는지 알고 있다. 주거, 옷, 교통 등 각 항목에 얼마나 쓰는지 알고 있다는 말이다. 높은 소득에 비해 순자산가치가 높지 않은 사람은 자신이 어떻게 얼마나 돈을 쓰는지 잘 알지 못한다. 그 차이는 드라마틱할 정도다.

우리는 스스로 알지 못하는 일종의 맹점을 갖고 있다. 재정적인 안정에 크게 위협이 되는 누수 장소가 바로 맹점이다. 말 자체에서 느낄 수 있듯이 이런 부분은 가장 깊은 무의식에 자리해 알아차리거나 파악하기가 쉽지 않다. 우리 인생에 돈이 어떻게 들어왔다 어떻게 나가는지 제대로 추적해야 한다. 돈이 알아서 들어오고 나갈 거라고 생각하지 말고 실제로 어떻게 들어오고 나가는지 제대로 인식하려면 그것이 가장 좋은 방법이다.

돈의 흐름을 추적하다 보면 지금까지 숨겨온 자신의 소비 습관이 드러날까 걱정한다. 하지만 지금 대면해야 할 것은 인생에서 어떤 선택을 해왔는지, 또 계속해서 그 선택을 고집할지 아니면 개선할지와 관련한 진실 그 자체다.

자기 돈의 흐름을 더 정확히 알수록 더 많은 혜택을 받게 된다. 회피에서 자각으로 변화하는 것은 상당한 힘을 지닌다. 삶의 에너지를 존중하게 되어 자기 돈을 어떻게 쓸지 제대로 인식하게 되니 말이다.

자기 돈이 어떻게 움직이는지 기록하는 연습이 습관이 되면 돈이 도대체 어디로 가버렸는지 궁금해 할 필요가 없다. 바로 눈앞에서 확인할 수 있으니 말이다. 예전에는 뿌연 안개처럼 막연했던 인식이 선명해진다. 혼란만이 있던 곳에 명쾌함이 자리 잡게 된다. 강박이 자리하던 곳에 자유가 자리하게 된다.

Step 4 | 삶의 가치를 인식하자

일단 자신의 순자산과 시간당 임금을 알게 되고 소비 습관을 확인하게 되면 놀랍고도 대단한 일을 할 수 있다. 건전한 재정 상태에 도

달하게 되는 기초를 만들게 되는 것이다. 지출이 그 돈을 벌기 위해 사용하는 삶의 에너지에 합당한지 아닌지 정확하게 추정하게 되었다. 헨리 소로가 말했던 것처럼 "결국 한 사물의 가치는 그와 교환하는 데 필요한 '에너지'의 양이라고 볼 수 있다."

임금이 시간당 20달러라고 생각했지만 그 일과 관련해 필요한 돈과 시간을 고려했을 때 결국 시간당 6달러밖에 되지 않는 것을 앞에서 확인했다. 물론 이것은 예시에 지나지 않는다. 중요한 것은 실질적인 숫자다. 자신의 시간당 임금을 알게 되면 자신이 쓰는 돈과 그 돈을 벌려면 얼마나 일해야 하는지 쉽게 이해할 수 있다.

텔레비전 프리미엄 채널을 보려고 한 달에 60달러를 쓴다고 가정하자. 시간당 실질임금이 6달러라고 계산한다면 이 채널을 시청하려고 매달 10시간을 투자하는 것이 과연 만족스럽고 의미 있는 일인지 생각해보자. 눈길을 사로잡는 멋진 새 차를 사려면 1만 달러가 더 필요할 경우, 이는 그 돈을 벌려면 내 인생 에너지에서 그만큼 시간을 투자해야 한다는 의미다. 시간당 6달러라면 이는 1,667시간에 해당하고 매주 40시간 일한다고 할 때 40주나 일해야 한다는 논리가 성립한다.

시간당 임금이 얼마건 상관없이 이 원칙은 마찬가지다. 모든 지출을 꼼꼼히 살피고 그 지출을 하기 위해 바꿔야 하는 시간과 삶의 에너지가 어느 정도인지 생각해보자. 비용을 잘 살피다 보면 이런 견지에서 각각의 지출에 관해 생각해보게 된다. 물건을 사는 대가로 바꾼 시간과 에너지의 양이 과연 그만큼 가치가 있는지 반문하게 된다.

어떤 항목에서는 지출을 그저 무의식적으로 하지 않았는지, 습관에 따라 또는 자동으로 지출하지 않았는지, 심하게는 중독성이 있지는 않았는지, 지불해야 하는 삶의 에너지에 비례하는 만큼은 아니어도 그 구매로 삶의 질이 얼마나 올라갔는지 생각해봐야 한다. 몇 달마다 새 구두를 사느라(비록 세일한다 해도) 생각보다 돈을 훨씬 더 많이 지불하고 있음을 깨닫게 될 것이다. 그리고 기분을 풀고 싶을 때 쇼핑중독자인 내 친구가 말한 '쇼핑 치료' 대신 운동을 하게 될 것이다.

내가 아는 한 여성은 자신이 옷에 돈을 얼마나 쓰는지 남편에게는 비밀로 하고 싶어 했다. 외롭다고 느끼거나 우울할 때, 또 무언가 축하할 때에는 옷을 사러 나섰고 그렇게 사온 옷은 남편 눈에 띄지 않게 감추었다. 새 옷을 사면 가격표를 떼고 옷장 뒤편에 숨겨두었다. 적어도 한 달 동안 그 옷을 옷장에 넣어두었다. 남편이 "그 옷 새로 산 거 아니야?" 하고 물으면 "아뇨" 하고 대답했다. 몇 년이 지난 뒤 모든 지출을 기록하면서 자신의 '순진한' 변명이 사실은 불성실함의 표현이었고 그것이 부부 관계를 해쳐왔음을 깨달았다고 했다.

결국 그녀는 자신의 쇼핑 문제를 남편에게 털어놓았고 공허함을 느끼면 새 옷으로 그 공허함을 메우려 한다는 사실을 고백했다. 두 사람은 더 진실하게 이야기하려 노력했고 돈과 관련한 갈등 요소를 대면하기 싫어하던 예전에는 경험하지 못했던 조화로운 결혼생활을 하게 되었다.

가족은 대부분 돈과 관련해 갈등을 겪는다. 그 갈등이 만성적인 경우도 있다. 돈과 관련해 서로 반대 입장을 취하는 커플을 본 적이 있다. 사람은 상호보완적인 상대방에게 마음이 끌리게 되어 있다. 한쪽이 절약가형이고 다른 한쪽이 감각주의자형인 경우, 또 한쪽이 경계자형이고 또 다른 쪽이 순진무구한 유형이라면 그렇다. 커플이 돈 때문에 갈등을 빚게 되면 자주 소통 문제가 발생한다. 양극화 또는 상대 기만의 악순환에 빠지지 말고 배우자나 가족에게(섣부른 판단이나 비난이 아닌 궁금함을 기반으로) 삶의 에너지에 따라 어떤 성취감과 만족감, 가치를 느끼는지 물어보는 것이 좋다. 이것이 서로 차이를 좀 더 제대로 확인하고 더 존중하는 중요한 열쇠가 아닐까? 이것이 상대방과 진정한 공감대를 형성하는 데 중요한 초석이 되는 것은 아닐까?

이 연습을 처음 했을 때, 내가 돈을 쓰는 몇 분야가 극히 덧없는 즐거움만 준다는 사실을 확인했다. 꽤 오랫동안 충동적으로 책을 사는 버릇이 있었던 것이다.

해마다 사들이는 엄청난 책을 다 읽을 수 없는데도 이 책을 모두 읽을 거라는 욕심 때문이었다. 결국 상당수 책을 읽지 못하고 도서관에 기증하고 말았다. 책을 구하기 위해 쓰는 시간과 에너지가 아무리 대단해도 이 습관을 버리고 싶지 않았지만, 몇 달이나 책을 펴보지 않고 그대로 놓아둔 것을 바라보며 마침내 사들인 모든 책을 읽을 수 없음을 깨달았다. 더 많은 책을 사들이는 바람에 책꽂이에 놓을 자리를 마련하느라 애쓰며 책을 도서관에 보냈고 또다시 책을 사들인 뒤 이런 과정을 되풀이했다. 습관을 버릴 수 없어서 되풀이하는 이런 책 구매를 정당화하기는 어렵지 않았다. 책을 사는 것은 정보를 얻기 위해서라고 나 자신에게 말했는데, 그것은 자기 정당화였다. 돈 쓰는 데 좀 더 신중해지는 것이 아니라 책장을 더 많이 사들이는 것이 해결책이라고 합리화했다.

하지만 읽지도 않을 책에 쓰는 돈을 몇 달 동안 살펴본 다음 몇 가지 질문이 슬며시 떠올랐다. 읽지도 않을 텐데 사들인 책이 어떻게 정보를 전해줄까? 이런 방식으로 돈을 쓰는 행위가 진정한 자기 존중의 표현일까? 책 사들이기는 내가 인생 에너지를 써야 할 만큼 가치 있는 일이 아니었다. 그저 돈을 낭비하는 일일 뿐 아니라 귀중한 인생 에너지를 낭비하는 짓이었다.

돈을 쓰는 항목을 살펴볼 때, 시간당 임금을 활용해 '인생 에너지 시간'으로 환산해보면 도움이 된다. 이렇게 하면 그 지출이 정말 충분한 만족을 주는지, 이를 위해 투입한 인생 에너지를 보증해줄 가치가 있는지 확인하기가 쉽다. 물론 이 문제는 오직 본인만이 결정할 수 있다. 다른 사람은 그 한계선이 어디인지 참견할 수도 없고 해서도 안 된다. 이런 결정은 자신이 중시하는 것에 기반을 두고 스스로 내려야 한다.

돈과 관련해 제대로 인식하지 못하는 빈틈을 활용해 이익을 챙기는 세력, 예전의 멋진 인생을 고집하게 만들려는 세력이 존재함을 기억하자. 기업들이 수십 조 달러를 '사고, 사고 또 사게' 만드는 광고에 투자하는 것은 당연한 일이다. 이런 기업의 최면에 빠져 희생양이 된다면, 다른 많은 사람처럼 소중한 돈이 그저 '새고, 새고 또 새는' 것을 확인하게 된다.

우리는 사들이고 소유한 물건으로 자부심을 측정하게 된다고 배워왔다. 하지만 초와 분, 시간, 급기야 몇 십 년이라는 돌이킬 수 없는 인생 에너지를 뭔지도 모르면서 낭비하는 것이 어떻게 자기 존중이 될 수 있을까? 우리는 즉각적인 만족을 강조하는 사회에서 살고 있다. 그래서 돈이 삶에 지속적인 만족을 가져다주는지 확인하는 법을 배우지 못했다.

돈과 관련한 무관심으로 삶이 상처를 얼마나 많이 받았을까? 몸에 걸칠 옷밖에 소유하지 못했고 교육도 받지 못한 최저임금 노동자들뿐 아니라 자가용 비행기를 타고 전용 회계사를 거느린 백만장자들 사이에서도 이런 사례를 발견할 수 있다. 돈에 주의를 기울이지 않고 책임을 지지 않은 사람들에게는 바람직하지 않은 일이 일어난다. 이런 일은 자신이 지닌 돈의 액수와 상관없이 일어난다.

라트렐 스프리웰Latrell Sprewell은 NBA 전성기에 활약하며 1억 달러를 벌어들인 프로 농구선수다. 선수 생활 후반에 그는 미네소타 팀버울브스로부터 3년간 2,100만 달러를 주겠다는 제안을 받았지만 '벌어 먹여야 할 가족이 있다'며 거절했다. 2005년 스프리웰은 일 년 동안 500만 달러를 주겠다는 제안도 거절했다. 그의 에이전트는 "이 정도 금액에 스프리웰은 몸을 굽히거나 무릎을 꿇는 동작조차 하지 않을 것이다"라고 말했다. 2007년 스프리웰의 70피트급 요트가 연방 경찰에 압류되었다. 이미 130만 달러를 빚지고 있던 그가 요트 유지비와 보험금을 내지 않았기 때문이다. 2008년 그는 밀워키에 있는 집을 저당잡혀야 했다. 네 아이를 키우던 아내에게서 2억 달러 규모의 소송을 당하기도 했다. 그는 세금을 7만 2,000달러나 체납했다.

스프리웰은 자기 자신에게 솔직하지 않으면, 돈과 관련해 책임감을 충분히 느끼지 않으면, 가장 부유하고 재능 있는 사람에게 어떤 일이 일어나는지 보여주었다. 극단적인 사례일지 모르지만 '돈은 많이 쓸수록 좋다'는 식으로 사고하는 사람들에게 일어날 수 있는 불운한 사례라 할 수 있다. 이런 현상을 사람들은 '어플루엔자'라고도 한다.

'어플루엔자'는 부유함을 가리키는 '어플루언스affluence'와 '인플루엔자influenza'를 합성한 말이다. 소비를 지나치게 추구하다 빚과 불안감, 낭비만 남는 고통스럽고 전염성이 있으며 사회적으로 파급효과가 큰 상황을 의미한다. 이렇게 낭비하고 사치하면 스트레스, 과로, 부채 때문에 거만하고 나태해지는 동시에 채워지지 않는 공허를 느낀다. 간단히 말해, 옛날 방식의 멋진 인생을 추구하다 문제가 생긴 것이다.

돈과 관련해 우리 사회는 아주 이상한 태도를 취한다. 돈을 좋아하기도 하고 싫어하기도 한다. 갈망하기도 하고 낭비하기도 한다. 하지만 돈으로 무얼 어떻게 해야 하는지 제대로 아는 사람은 많지 않은 듯하다. 슬프게도 진심과 우리를 떼어놓는 돈과 관련해서는 무슨 문제가 있는 듯하다.

우리가 사는 이 시대가 재미있는 것은 인생에 관해 스스로 비전을 만들어갈 수 있기 때문이다. 자기 수입에 맞게 살며 삶에서 자신이 그 비전을 구현할 수 있다. 새롭고 멋진 인생은 제대로 인식하고 자유롭고자 하는 사람의 수만큼이나 다양하고, 아무 생각 없는 소비에서 깨어난 사람의 수만큼이나 다양한 변수가 존재한다. 새롭고 멋진 인생이 그토록 흥분되는 것은 자기 방식대로 부를 정의하는 사람의 수만큼이나 다양한 표현이 가능하기 때문이다. 자유롭고 여유 있게 살기를 바라는 수많은 사람, 특별하고 의미 있으며 즐겁고 가치 있는 삶을 원하는 사람들로 대표되기 때문이다.

새롭고 멋진 인생이란 삶에 진정한 가치를 부여하고 아름다운 것을 포기하는 인생이 결코 아니다. 이제 우리는 자신이 선택한 방식으로 세상과 관계를 맺을 수 있다. 많은 친구와 함께 지낼 수도, 인터넷으로 연결할 수도, 마이스페이스와 페이스북을 할 수도, 아이팟을 사용할 수도, 나아가서 춤을 출 수도 있다. 하지만 소비와 빚의 악순환에 사로잡히는 대신, 개인적으로는 물론 전지구적으로 문제가 되는 과로와 수면 부족을 이어가는 대신 정말 나에게 의미 있는 것을 기반으로 부유함을 새로 정의할 수 있다.

Part 4

내가 사는 곳이
바로 성전

사람들에게는 사회적 지위가 아주 중요하다. 더 높은 사회적 지위를 얻기 위한 건전한 방법이 있는가 하면 그렇지 않은 방법도 있다.

다른 사람보다 더 호사스럽고 화려하게 소비함으로써 사회적 위치를 확보하고 자기 가치를 높이는 것이 예전의 멋진 인생의 특징 가운데 하나다. 최고급 가재도구, 더 큰 자동차, 더 웅장한 교외 주택을 소유하려는 욕망의 밑바탕에는 부와 중요성을 인정받으려는 욕망이 자리하고 있다.

그 과정에서 집과 자동차, 시계가 사회적 지위의 상징이 되었다. 자기 변덕에 따라 맘대로 살면 기분이 좋을 것 같지만 많은 경우, 전보다 훨씬 덜 자유롭다. 점점 더 깊이 빚더미 속으로 빨려들어갈 테니 말이다.

연간 소득에 대한 가계 부채

1949	33.2%
1959	61.5%
1973	66.7%
1979	73.5%
1989	86.7%
2000	102.2%
2005	131.8%
2009	170%

출처: 경제정책연구소

대부분의 사람들에 가장 큰 지출 항목은 주거비다. 엄청난 모기지로 집 사는 것을 당연하게 여기지만, 1950년대 말만 해도 미국 가정의 3분의 2가 저당이나 부채 없이 확실하고 깔끔하게 자기 집을 소유했다는 사실을 알면 놀랄 것이다. 지금은 부채 없이 집을 소유한 미국 가구가 20퍼센트도 채 안 된다. 점점 더 많은 사람이 집을 한 번도 아니고 두 번 또는 그 이상 저당 잡힌다.

오늘날에는 30년이나 40년 상환으로 집을 사는 것이 극히 일반적인 일이 되었다. 이런 장기 저당은 최근 들어 나타났다. 1929년 주가 폭락 6개월 전 잡지 〈베터 홈스 앤 가든스〉는 5년 이상 모기지는 어리석은 일이라고 독자들에게 충고했다. 아주 오래전 일이지만 이 기사는 저당권 상실이 역사적인 수치를 기록하는 오늘날에도 여전히 선견지명을 발휘한다. 이 잡지는 예언했다. "집을 살 형편이 안 되는 사람들에게 집을 파는 악당은 그들이 돈을 제때 지불하지 못하면 바로 그 집을 빼앗아버릴 것이다."

왜 우리는 더 오랫동안 더 엄청난 금액을 저당 잡히는 일에 기꺼이 동의할까? 지금 내가 살고 있는 집이 사회적 지위의 증거라고 믿기 때문이다. 클수록 더 좋다는 검증되지 않은 추측의 희생물이 되는 가장 대표적인 항목이 바로 주거다.

더 큰 것이 항상 더 좋을까?

오늘날 신문과 잡지, 텔레비전과 인터넷 사이트는 유명 인사들이 사는 엄청난 집에 관한 지저분한 기사로 가득하다. 2008년 〈뉴욕타임스 매거진〉은 플로리다 팜비치에 있는 러시 림보Rush Limbaugh의 외딴 해안가 대저택을 소개했다. 다섯 채로 이루어진 이 저택은 모두 림보의 소유다. 그중 한 채는 2만 4,000제곱피트에 이르는데, 그는 이 엄청난 대저택에서 고양이 한 마리와 살고 있다.

아이도 없고 결혼도 하지 않은 림보는 집의 설계와 디자인에 상당 부분 관여했는데, 세계에서 가장 호사스러운 호텔처럼 보이도록 의도한 것 같다. 식당의 엄청난 샹들리에는 뉴욕 플라자호텔에 걸려 있는 샹들리에의 복사판이다. 손님을 위한 방은 파리 조르주 V 호텔의 프레지던셜 스위트를 그대로 옮겨놓은 듯하다.

림보의 집은 어떤 사람에게는 그저 자만심 가득한 건축물로 보이겠지만 프로듀서 애런 스펠링Aaron Spelling의 캘리포니아 올름비 힐스 집에 비하면 겸손하다고 느껴진다. 5만 6,000제곱피트(다락방까지 포함한다면 7만 제곱피트)의 이 집은 방 123개, 볼링 레인, 와인 셀러, 뷰티 살롱, 습도 조절 장치를 설치한 은식기 보관 공간, 옥상 장미 정원, 도서관, 체육관, 테니스 코트, 수영장과 주차장 16곳을 자랑한다.

큰 집이 가족에게 행복을 가져다줄까? '결혼에서는 운이 나빴다'고 말한 림보의 경우에는 그렇지 않았다. 스펠링도 마찬가지였다. 요즘 텔레비전 드라마에서 볼 법한 소동을 보여준 스펠링 일가가 부러운 사람은 거의 없을 것이다. 2006년 스펠링이 83세 나이에 심장발작으로 세상을 뜨자 부인 캔디 스펠링은 딸 토리가 전화를 받지 않아 남편이 심장발작을 일으켰다며 공식적으로 비난했다. 하지만 임종을 맞은 남편 스펠링이 전 간호사에게서 성희롱, 성적 공격, 폭력 등으로 고소되었다는 사실은 말하지 않았다. 자신 역시 다른 남자와 외도했다는 사실도 언급하지 않았다. 회고록에는 그저 자신의 사탕과자 수집, 여행가방 수집, 인형 수집과 포장지 수집을 위해 만들어놓은 대저택의 수많은 방을 정성껏 상세히 설명했을 뿐이다.

사람들이 왜 이렇게 큰 집에 매혹되는지 그 이유는 무척 다양하다. 〈월 스트리트 저널〉의 백악관 출입 기자였던 마이클 프리스비Michael Frisby는 메릴랜드 풀턴에 1만 1,000제곱피트에 이르는 집을 갖고 있다. 어린 시절을 가난하게 보낸 그와 그의 부인은 자신이 더는 가난하지 않다는 것을 세상에 보여줄 수 있어서 행복해하고 있다. "나는 언제나 아주 큰 집을 꿈꾸었습니다. 아이들이 자기 방에서 고함을 치며 놀아도, 아내가 자기 방에서 고함을 쳐도 그들의 소리가 들리지 않는 큰 집 말입니다. 이 집으로 그 꿈을 이룬 것 같습니다." 2009년 미국 공영 라디오의 마곳 애들러Margot Adler와 한 인터뷰에서 프리스비는 이렇게 말했다.

프리스비는 자신이 원하던 집을 가졌지만 그의 말은 왠지 공허하게 들렸다. 아이들이나 아내가 고함을 치면 그 소리를 바로 확인할 수 있고 가족이 두려움과 고통을 느끼면 바로 달려가 도와줄 수 있는 곳에 있고 싶지 않을까. 친구와 가족이 함께 있으면 기쁨은 배가되고 슬픔은 반이 된다는 속담에 진실이 깃들어 있음을 알기 때문이다.

아이들 때문에 더 큰 집이 필요하다는 사람도 있다. 아이가 있으면 더 넓은 공간이 필요하다는 데에 충분히 공감한다. 하지만 얼마나 더 넓은 공간이 필요한지 생각해보았을까?

어린 시절에 관해 주위 사람들에게 물어보았다. 어린 시절을 행복하게 보낸 사람들과 힘들게 보낸 사람들에게 모두 물었다. 집이 커서 어린 시절이 좋았다거나 집이 너무 작아서 어린 시절이 고통스러웠다는 사람은 없었다. 나는 몸서리치도록 힘들고 고통스러운 가난 속에서 자라난 사람과 이야기했고 살기 힘들 정도로 비위생적이고 안전하지 않은 환경에서 자라난 사람과도 이야기했다. 그렇게 힘든 상황에서 자란 사람도 어린 시절을 불평할 때 집의 크기는 얘기하지 않았다.

영적 훈련과 기도의 힘을 과학적으로 증명하고 있는 미국의 의사 가운데 한 사람인 레리 도시Larry Dossey는 자신의 어린 시절에 관해 이렇게 말했다. "우리 집안은 교회 쥐처럼 가난했다. 수도는 물론 전기조차 없었지만 빈곤하다고 느낀 적은 없다. 사랑이 있는 한 아이들은 궁전이건 오두막이건 상관하지 않으니 말이다."

역설적이게도 커다란 집은 더 비싸므로 부모는 더 오랜 시간 일해야 하고 재정적인 압박도 더 크게 마련이다. 그러다 보니 아이가 혼자 있어야 하는 시간도 길어졌다. 아이들은 좀 더 작은 공간을 편안하게 느끼고 마음에 들어 한다. 그런 공간에서는 엄마와 아빠가 자신들과 가까이 있고 더 자주 볼 수 있기 때문이다.

《작은 지구 위의 작은 집Little House on a Small Planet》에서 샤이 솔로몬Shay Solomon이 '필요와 욕심 사이의 미묘한 춤'이라고 한 균형의 의미를 확인해야 한다. 사람들은 자신을 과시하기 위해 더 큰 집을 갖고 싶어 한다. 성공했고 스스로 무언가 이루어냈다는 것을 보여주기 위해, 대단한 지위에 올라 중요한 사람임을 보여주기 위해 큰 집이 필요하다. 이런 세련되지 못한 동기는 감춰두고 그저 아이들을 위해 큰 집을 마련하는 척한다.

어린 시절부터 알아온 짐이라는 친구가 있다. 그는 오늘날처럼 되기 위해 무척 노력했다. 어려서 그는 커다란 집에서 살았는데, 부모님은 예전 방식의 멋진 인생을 중시하는 분이었다. 아버지는 집에 있는 적이 거의 없었고 돈을 벌기 위해 오랜 시간 일해야 했다. 어머니도 수많은 사교 모임에 참석하고 가족을 위해 대단한 식사를 준비하느라 계속해서 스트레스를 받았다.

짐이 집을 생각할 때 가장 먼저 떠오르는 것은 아이들은 출입할 수 없었던 너무 큰 거실과 특별한 공식 행사가 있을 때만 사용하던 다이닝 룸이다. 들어가 놀아서는 안 되는 방이 수없이 많았고 방 안에 있는 가구에 손을 대서는 절대 안 되었다. 높은 천장에 대리석 마루로 꾸민 멋진 집이었지만 그저 쓸쓸하고 공허한 곳이었다.

부모 가운데 누구도 이야기를 하거나 놀아주지 않았으므로 짐은 어린 시절에 매우 외로워했다. 어느 날, 분노와 실망으로 가득 찬 짐은 '온 가족이 가구 하나 없는 작은 방에 모여 시간을 보낼 수 있다면 아침, 점심, 저녁 세 끼를 땅콩버터를 바른 샌드위치를 먹어도 좋아요. 하지만 그것이 가능하지 않다는 걸 알기 때문에 나와 놀아줄 다른 부모를 찾아 떠나요'라는 신랄한 메모를 남기고 집을 나가버렸다.

부모가 쪽지를 보고 어린 아들에게 무엇이 필요한지 알아차렸다면 좋았겠지만 그런 일은 일어나지 않았다. 짐은 자라서 좋은 아버지가 되었고 아이들과 많은 시간을 함께하며 살았다. 그는 부모의 책임을 심각하게 받아들여 충분히 성숙했다고 스스로 느낀 40대 후반이 되어서야 아버지가 되었다. 짐의 집은 단순하고 수수하며 가족 중심적이다. 그는 삶에서 아버지 역할처럼 의미 있고 소중한 경험은 없다고 말한다. 나는 짐의 집을 자주 찾아가는데, 그의 아이들은 세상 그 어떤 아이들보다 행복해 보인다. 그들의 삶에는 딱딱한 허세 따위는 전혀 없다.

오래전 메모를 떠올리며 나는 짐과 에이미 부부가 자신들이 원하던 사랑이 넘치고 자상한 부모가 되어 있음을 확인했다. 짐과 에이미는 금전적으로는 부유하다고 할 수 없지만 아이들은 안전하고 따뜻하며 사랑이 넘치는 집에서 자라고 있다.

인류애를 구현하기 위한 집

부를 축적한 모든 사람이 큰 집으로 자신을 과시하려 들까? 반드시 그렇지는 않다. 세계에서 두 번째로 부자인 워런 버핏Warren Buffett은 재산이 370억 달러에 이른다. 하지만 그는 1958년 3만 1,500달러를 주고 구입한 네브래스카 오마하의 집에서 지금도 살고 있다. 이 집은 초라하거나 지저분하지는 않지만 그가 살고 있는 해피 할로 지역은 오마하에서 가장 멋진 지역이라고 말할 수 없다. 2006년 그는 심장도 지갑만큼이나 두툼하다는 사실을 증명했다. 빌&멜린다 재단에 300억 달러를 기부한 것이다.

하지만 버핏보다 더 놀라운 사람은 바로 밀러드 풀러Millard Fuller다. 예전의 멋진 인생에서는 축적한 부와 돈으로 살 수 있는 것으로 삶을 평가했는데, 풀러는 이런 기준으로 보면 더할 나위 없이 잘 어울리는 사람이었다. 하지만 그는 경제적으로 성취하기 위해 무엇을 희생했는지 확인하는 순간 경로를 완전히 바꾸었다. 그리고 새롭고 멋진 인생의 훌륭한 본보기가 되었다.

성공한 사업가이자 변호사인 풀러는 29세에 자수성가해 백만장자가 되었다. 그의 사업 파트너는 모리스 디스(나중에 남부 빈곤법률센터 창립자이자 대통령 후보 넷의 후원금 모금 책임자, 미국 최고 인권변호사가 되었다)였다. 두 사람은 '부자가 되겠다'는 목표를 세웠다. 트랙터, 쿠션, 요리책, 쥐약, 캔디, 칫솔 등 돈이 되는 것이면 무엇이든 팔았고 마침내 목표에 도달할 만큼 대단한 부를 축적했다. 30세 되던 해 풀러는 값비싼 집과 호숫가 별장, 럭셔리 자동차, 스피드 보트, 몇 천 제곱미터의 땅을 갖게 되었다. 하지만 문제가 있었다. 그 당시에는 잘 몰랐지만 경제적 성공이 커져갈수록 결혼 생활에 그림자가 드리워졌다.

아내 린다가 '남편이 있다고 느껴지지 않으며 여전히 남편을 사랑하는지 확실치 않다'고 말한 그날, 풀러의 삶은 뼛속 깊이 흔들렸다. 처음에는 놀라고 당황스러워했다. 어떻게 필요한 모든 것을 사준 자신을 사랑하지 않을 수 있단 말인가? 하지만 현실은 달랐다. "아내의 선언을 들은 몇 주 동안이 인생에서 가장 외롭고 고통스러운 시간이었다."

린다는 남편인 풀러 곁을 떠났다. 그는 아내에게 애원했다. 그녀가 마지못해 동의했고 눈물로 가슴 깊은 곳의 이야기를 나눈 뒤 그들은 다시 한 번 완전히 다른 삶을 시작해보기로 약속했다. 새로운 삶을 준비하기 위해 부부관계, 신과의 관계에 장애가 되는 것을 모두 치워버려야 한다는 데에 동의했다. 이들은 사업체와 집, 보트, 자동차와 땅 등 갖고 있는 모든 것을 팔아 그 돈을 교회와 대학, 자선단체에 기부했다.

그리고 어떻게 되었을까?

1968년 풀러 부부는 조지아주 애틀랜타에서 225킬로미터 떨어진 곳에 코이노니아라는 기독교 다인종 농업공동체를 세운 클레런스 조던Clarence Jordan 목사를 찾아갔다. 조던 목사는 난방도 되지 않고 수도도 없이 지저분한 길가에 늘어서 있는 낡은 오두막집을 부부에게 보여주었다. 풀러 부부는 이런 상황이 비단 조지아 남부에 한정된 것이 아니라 미국 전역은 물론 전 세계 곳곳에서 전개되고 있음을 알았다. 세계 인구의 4분의 1에 이르는 15억 명이 형편없는 주거지에서 살거나 아예 집도 없이 살았으니 말이다.

신앙을 표현하는 방법으로, 풀러와 클레런스 목사, 몇몇 일꾼이 힘을 합해 도움이 필요한 사람을 위해 집을 지었다. 애석하게도 클레런스 목사는 이른 나이에 심장발작으로 세상을 떠났고 풀러와 동료들은 그 뒤 5년 동안 코이노니아 일대의 가난한 가정을 위해 집을 지어주었다.

가장 기초적이지만 필요한 것을 갖춘 집에서 살게 된 가족의 삶에 대단한 변화가 찾아왔고 감동받은 풀러는 세상 곳곳에서 이런 일을 하면 얼마나 좋을까 생각했다. 풀러 부부는 자이레(지금은 콩고민주공화국이 된)로 이주했고 기독교 교회 단체와 함께 3년 동안 이 나라의 가난한 사람들을 위해 집을 지었다. 집은 대부분 가장 가난한 도시인 음반

다카에 지어졌다.

다른 곳에서도 비슷한 일을 할 수 있을 거라고 확신한 풀러 부부는 1976년 조지아주로 돌아와 해비타트 포 휴머니티 인터내셔널Habitat for Humanity International이라는 단체를 만들었다. 이 단체를 만든 동기는 간단했다. "사람들은 모두 밤이 되면 잠을 자야 하기에 머리를 기댈 수 있는 아주 소박하지만 제대로 된, 분수에 맞는 적절한 장소가 필요하다."

오늘날까지 이 단체는 아주 확실한 목표를 갖고 있다. 자원봉사자의 노동력과 기부를 활용해 저소득층을 위해서 소박하지만 편안한 집을 짓는다. 이 집에서 살게 될 가족은 건설 과정에 열심히 참여해야 하고 건축자재 값을 갚아야 한다. 일반적인 모기지와 달리 이자를 갚거나 이익을 내야 하는 일은 없다.

비관주의자들은 이런 일이 불가능하다고 말했지만 지금껏 제대로 진행되고 있다. 자원봉사자들이 대부분 건축이나 건설과 관련해 아무런 경험이 없는데 말이다. 현금과 건축자재는 개인이나 교회, 회사, 다른 많은 단체로부터 기부를 받는다. 각계각층의 사람들은 자유롭게 자신의 시간과 재능을 기부한다. 처음에는 이런 방식으로 지어진 집들이 튼튼할까 의구심도 가졌다. 그 질문에 대해서는 1989년 사우스캐롤라이나주에 위력이 엄청난 허리케인 휴고가 몰려 왔을 때를 예로 들어 부분적으로 대답할 수 있었다. 휴고는 10여 만 명의 이재민을 만들어내 미국 역사상 가장 심각한 피해를 입힌 허리케인으로 기록되었다. 하지만 해비타트에서 지은 집들은 모두 허리케인을 이겨냈다.

해비타트 포 휴머니티의 목표는 세상에서 무주택자들이 사라지게 하는 것이다. 이 단체의 활동은 지금까지 성공적으로 이어지고 있다. 지은 집의 수로 보면 해비타트 포 휴머니티는 지구에서 가장 거대한 건축업체라 할 수 있다. 전 미국 대통령 지미 카터와 다른 사람들의 도움으로 해비타트는 100여 개국에서 30만 채 이상을 지어 많은 사람에게 안전하고 쾌적하며 현실적인 집을 제공했다. 신시아 커시는 인내와 승리에 관한 책《막을 수 없는Unstoppable》에서 이렇게 말했다. "해비타트 포 휴머니티는 집 이상의 것을 세웠다. 가족과 마을, 희망을 세웠다."

풀러는 2009년 세상을 뜰 때까지 이 세상을 위해 놀랄 만한 일을 했다. 41년 전 그와 아내 린다는 더 중요하고 가치 있는 일을 하기 위해 물질적인 부를 뒤로했고, 다른 사람을 위해 봉사하고 변화를 만들어내는 삶을 선택했다. 돈을 가능한 한 많이 벌고 물건을 될 수 있는 한 많이 사들이는 것이 최고였던 예전의 멋진 인생으로 보면 이해할 수 없을 것이다. 하지만 새로운 기준의 멋진 인생으로 보면 이들은 가장 부유한 삶을 살았다.

집을 가정으로 만드는 것

나는 부유한 가정에서 태어났고 10대를 그 유명한 아이스크림콘 모양의 수영장이 딸린 비싼 집에서 보냈다. 하지만 21세가 되면서 이런 삶과 작별하고 아버지의 경제적 성취에 기대지도 않고 뒤를 잇지도 않겠다는 결심을 말과 행동으로 표현했다.

아내 데오와 캐나다의 작은 섬으로 이사 가서 소박하고 단순하게 지은 오두막집은 깊은 삼나무 숲 속에 자리했다. 우리 부부가 그곳에서 보낸 10년을 생각해보면 행복하고 감사할 따름이다. 내 인생에서 처음으로 집이라고 느낀 곳이기 때문이다.

그 10년 동안 가끔 부모님을 뵈러 갔다. 그럴 때면 늘 아버지가 하던 말씀을 지금도 기억한다. "내가 가장 걱정하는 게 바로 너란다. 너는 돈으로 살 수 없었던 유일한 사람이었지. 너를 제외한 다른 모든 사람은 자신의 가격표를 지니고 있었단다." 아버지의 의도와 상관없이 나는 이런 말씀을 칭찬으로 생각했다.

부모님의 저택과 우리 부부의 작은 오두막집은 너무 대조적이었으니 놀랄 일도 아니었다. 우리는 소박하게 살며 지구 환경을 보존하는 삶의 방식을 선택했다. 부모님의 삶과는 전혀 다른 방식으로 말이다.

부모님의 주 거주지는 캘리포니아 랜초 미라지에 있었는데, 그 일대에서 가장 호사스러운 건축물이었다. 어머니의 옷방이 우리 오두막의 두 배 크기였다. 한번은 부모님 집에 있는 텔레비전 수를 세어본 적이 있다. 34개까지 세었는데, 아마 내가 찾아내지 못한 텔레비전이 몇 대 더 있었을 것이다.

이 집에는 귀중한 가재도구와 사람들을 보호하기 위한 정교한 보안 장치가 있었다. 부모님이 다른 곳에 계셔서 집에 혼자 머문 적이 몇 번 있었다. 밤에는 모든 창문과 문을 닫아걸고 경보 장치를 작동시켰다. 만일 문이나 창문이 하나라도 열려 있거나 작은 틈이라도 있으면 귀를 찢는 듯한 경보가 울렸다. 그렇게 되면 즉시 시스템 작동을 중단하는 비상 버튼을 눌러야 한다. 그렇지 않으면 무장한 경호원들이 달려온다. 별로 어려운 일이 아니라고 생각했다.

하지만 언제나 생각대로 되지는 않았다. 조용한 어느 날 아침, 잠에서 깨어 신선한 공기를 마시고 하루를 맞이하기 위해 현관을 나서며

경보 장치를 잊어버렸다. 문을 열자마자 시끄러운 경보가 마치 앰뷸런스 사이렌처럼 폭발했다. 심각한 소음으로 충격을 받아 정신이 멍해진 나는 경보 장치를 꺼야겠다고 생각했다. 엄청난 소음을 조금이라도 줄이기 위해 두 귀를 손으로 막고 버튼이 있는 곳으로 달려갔다. 그런데 버튼이 두 개나 있었다. 도대체 어느 것을 눌려야 하지? 그중 하나에 '위급 상황'이라고 쓰여 있었다. 소음이 너무 심해 이것이야말로 위급 상황이라고 생각한 나는 그 버튼을 눌렀다. 하지만 귀를 찢는 소음이 멈추기는커녕 더 심해졌다. 소음을 끄는 버튼이 아니라 침입자가 들어왔을 때 사용하는 버튼을 누른 것이다. 자동으로 모든 문이 닫히는 바람에 집 안에 갇히고 말았다.

몇 분 안에 무장한 안전 요원들이 사이렌을 울리며 도착했다. 파자마 차림이었던 나는 너무나 혼란스러워 어쩔 줄 모르며 바보처럼 횡설수설했다. 시간이 좀 지나고 내가 누군지와 실수로 경보 장치를 잘못 작동했고 이를 해결하려고 버튼을 잘못 누르는 바람에 일이 복잡해졌다고 설명했다. 돌이켜 생각해보면 모든 일이 재미있었지만 아버지는 이런 일을 별로 달가워하지 않으셨다.

소유물의 노예가 되기는 아주 쉽다. 미국에서 인기 있는 지역 가운데 하나인 캘리포니아 팜스프링스 교외에 사는 부모님은 경보 장치를 작동하기 위해 모든 창문을 닫아야 했기에 밤이면 신선한 공기가 집 안으로 들어올 수 없었다. 선선한 저녁 공기로 집 안을 환기하는 대신 항상 에어컨을 틀어야 했다. 물론 부모님은 그럴 여유가 있었지만 이런 방식은 자연과 조화를 이루는 것으로 보이지 않았다.

미국의 주택이 점점 더 커지고 있지만 미래의 집들은 오늘날 우리가 보는 것처럼 그렇게 크지는 않을 것이다. 이미 있는 커다란 집들은 여러 가구가 나눠 쓰게 될 것이다. 다른 사람에게 멋있게 보이려는 집보다는 가족이 따뜻하게 반겨주는 집을 찾을 것이며 사고 빌리고 유지하는 비용은 덜 들지만 영혼은 더욱 풍요롭게 만들어주는 집을 원하게 될 것이다. 사람들은 매일 모든 방을 사용할 수 있어서 낭비되는 공간이 없는 집, 가구 상점이나 창고가 아닌 아늑한 둥지 같은 집을 바라게 될 것이다.

앞으로는 인간적인 크기에 자기만족이 아닌 사랑하는 사람들과 유대를 높여주는 집을 선택할 것이다. 작은 집에 살면 집세나 모기지를 지불하기 위해 돈 버는 일에서 시간과 에너지가 어느 정도 자유로워질 것이다. 집값이 떨어지고 집을 청소하고 유지하는 비용이 줄어든다면, 아이들과 친구들, 배우자와 더 많은 시간을 보낼 것이다. 시를 쓰거나 그림을 그리고 정원을 가꾸고 빵을 굽고 테니스를 하고 침대를 만들고 사랑을 하고 해비타트 활동에 자원봉사하는 시간이 더 길어질 것이다.

자원이 점점 비싸지고 낭비를 줄일 필요와 인생을 단순화해야 할 필요가 커지면 우리 삶을 담을 집은 점점 더 작아질 것이다. 더 아름답게, 더 인간적으로, 더 효율적으로, 영혼을 더욱 고양하는 방식으로 집을 만들면 새롭고 멋진 인생으로 중요한 발걸음을 한 발짝 내딛게 될 것이다.

작은 것이 아름답다

《작은 것이 아름답다: 인간 중심의 경계를 위하여Small Is Beautiful: A

Study of Economics as If People Mattered》는 1973년 경제학자 E. F. 슈마허E. F. Schumacher의 영향력 있고 선지자적인 책 제목이다. 당시 경제적 이데올로기의 근간은 경제가 더 빨리, 더 큰 규모로 성장한다면 모두 좀 더 부유해진다는 것이었다. 미래를 위해 경제는 아무런 한계 없이 성장할 수 있고 성장해야 한다는 것이었다.

이제 우리는 그런 사고의 환경적·경제적 결과를 직접 확인하고 있다. 무한한 경제성장은 가능하지도 않고 바람직하지도 않다는 슈마허의 주장은 1970년대에는 급진적으로 여겨졌다. 그는 우리 삶을 소비의 총량으로 판정하는 사고에 도전하며, '더 많이 소비하는 사람이 덜 소비하는 사람보다 더 부유하다는 가정'을 지적했다. 또 소비가 행복한 인생을 위한 수단이라면 '최소한의 소비로 최대한의 행복을 얻는 것이 인생의 목적이 되어야 한다'고 말했다.

이런 견지에서 나도 슈마허와 의견을 같이한다. 특히 주거에서는 최저의 경제적·환경적 비용으로 최고 수준의 삶을 누리는 것이 목표여야 한다고 생각한다. 작은 집에서 살면 집세도 덜 들고 가재도구도 덜 필요하며 건축비는 물론 난방비, 가구비, 조명비, 청소비, 유지비도 덜 든다. 모기지 원금과 이자, 부동산세, 보험금, 전기요금과 가스비 등 모든 면에서 돈을 절약할 수 있다.

이와 더불어 물건을 놓아둘 공간이 줄어들면 불필요한 가재도구와 각종 잡동사니도 줄어든다. 소유는 활용 가능한 공간을 채워가는 것이기에, 공간이 좁아지면 불필요한 물건에 돈을 쓰려는 유혹도 줄어든다.

혼자 커다란 침실이 네 개나 딸린 집에서 살려고 빚을 상당히 진 친구가 있다. 집을 사기 전에 그 친구에게 왜 그렇게 큰 집이 필요하냐고 물어보았다. 그 친구는 가구를 넣어둘 곳이 있어야 하기 때문이라고 대답했다. 가구를 자주 사용하는 것은 아니라고 고백하기에 가구를 팔아버리고 더 작은 집으로 이사 가서 돈을 절약하면 어떻겠냐고 물었다. 그는 가구에 돈을 너무 많이 투자했는데 만일 그 가구를 지금 팔아버리면 가치를 충분히 되돌려받지 못할 거라고 대답했다. 그래서 이 친구는 모기지를 갚으려고 일주일에 60시간씩 일해야 하는 슬픈 현실에 처하게 되었다.

케이트 캐어멀Kate Kaemerle은 시애틀에 있는 PR회사 인데크의 대표로, 친환경 비즈니스와 상품, 서비스 홍보를 돕고 있다. 인생의 한 시점에서 그녀는 "새로운 자동차, 첨단 유행을 자랑하는 옷, 완벽하게 꾸며진 집이 필요하다고 생각했어요. …… 내가 너무나도 잘 알고 있는 광고업계에 자극 받아 더 많은 물건으로 행복할 수 있다는 환상을 느낀 거죠"라고 했다. 하지만 그때 삶이 중요하지 물건이 중요한 게 아니라는 생각을 하게 되었다. 그러곤 소유물을 거의 다 팔고 그저 '가장 기본적이고 중요한 것'만 남겨놓았다. '커다란 집을 구하는 대신 내가 관리할 수 있고 내 요구에 맞는 작은 집, 유지하고 청소하는 데 에너지와 시간을 덜 들일 작은 집'을 부동산중개인에게 구해달라고 부탁했다. 작은 집에 물건을 조금 들여놓고 덜 일하며 사는 것이 인생을 즐기고 이웃을 만나고 본모습이 되도록 해주기 때문이었다.

행복하게 살기 위해 사람들이 모두 작은 집에서 살아야 한다는 말은 아니다. 자신에게 가장 잘 어울리고 삶을 가장 자극할 수 있는 집, 최상의 삶을 선사하는 집, 자기 형편에 적합한 집을 찾아야 한다. 새롭고 멋진 인생은 진정한 행복에 부합하지 않는 것 말고는 그 어떤 것도 포기하라고 요구하지 않는다.

삶을 되돌아보고 살아왔던 장소를 생각해보자. 어느 곳에서 가장 행복했던가? 살았던 곳 가운데 제일 넓은 집에서 가장 행복했던가? 가장 많이 사랑하고 삶을 즐긴 시간이 가장 길었던 곳이 아니던가?

주택 규모가 점점 더 커지고 이와 함께 점점 더 굵어지는 허리둘레를 생각해보면, 미국인에겐 무언가 탐욕스러운 인자가 자리한 것은 아닐까 의문이 든다. 클수록 더 좋다는 믿음 때문에 치러야 하는 대가는 무엇일까?

커다란 집에서 엄청난 양의 에너지가 소모되는 아이러니한 현실은 환경보호주의자 앨 고어에게서 확인할 수 있다. 지구온난화를 다룬 전직 부통령의 영화 〈불편한 진실An Inconvenient Truth〉이 아카데미상 최고 다큐멘터리 부문을 수상하고 난 다음 날 테네시 센터 포 폴리시 리서치Tennessee Center for Policy Research에서 발표한 자료에 따르면, 앨 고어의 테네시 집은 일반 미국 가정의 20배가 넘는 에너지를 소비하는 것으로 나타났다. 고어가의 대저택은 일 년에 3만 달러를 전기요금과 천연가스 비용으로 지출하고 보통의 미국 가정이 일 년 동안 쓰는 전기를 매달 사용했다.

앨 고어의 대변인은 이 저택이 평균적인 집이 아니라고 말했다. 일반적인 미국 가정의 네 배나 되는 규모라고 했다. 하지만 그것이 요점은 아니다. 더 큰 집은 작은 집보다 에너지를 훨씬 더 많이 사용한다.

삶의 질은 높이며 주거 비용은 줄이는 방법

미국 가정의 지출 가운데 3분의 1은 주거 관련 비용이다. 이 비용만 줄여도 충분히 저축할 수 있다. 그런 절약을 현실화하기 위한 몇 가지 방법을 살펴보자.

세상 전부가 아닌 내 집만 덥히자

겨울이 추운 지역이라면 난방비가 가계부에 엄청난 손실을 입힐 수 있다. 프로판 가스, 등유 같은 난방용 유류 가격이 오르는 상황에서 난방비를 줄이면 상당히 절약할 수 있다. 지은 지 오래된 집이라면 더욱 그렇다.

오래된 집들은 특징이 많지만 에너지 효율을 고려해 지은 크기가 같은 최신 주택보다 난방비가 두세 배는 더 많이 나온다. 집을 보수하는 것만으로 한 해에 수천 달러는 아낄 수 있다.

- 단열 상태가 좋지 않다면 적절한 단열재를 보강하자. 금세 투자한 금액을 회수할 수 있다.
- 오래된 난로를 사용한다면 교체를 고려해보자. 20년 된 옛 난로를 에너지 효율이 높은 새 난로로 바꿀 경우 평균적으로 일 년에 800달러를 절약할 수 있다. 1980년대나 1990년대 초반에 만들어진 난로의 경우 오늘날 만들어진 난로보다 에너지 효율이 50~60퍼센트에 지나지 않는다.
- 데워진 공기가 빠져나가지 않도록 창문과 문, 벽난로 주변의 통풍 상태를 살펴보자. 바람이 들어오는 곳을 찾아내 접착제, 테이프, 문틈 가리개 등으로 적절히 막아준다.
- 겨울에는 욕실 천장과 부엌 렌지후드에 달린 환기팬 사용을 제한한다. 환기팬은 데워진 공기를 평균 한두 시간 만에 모두 밖으로 내

보낼 수 있다. 환기팬을 자주 사용하다 보면 난방비가 엄청나게 늘어나는 것을 알 수 있다.

- 실내 온도계의 눈금을 높인다고 집이 빨리 따뜻해지는 것은 절대 아니다. 라디에이터나 난방기가 더 오래 작동해 난방이 지나치게 되고 난방비만 많이 나올 뿐이다.
- 밤 시간과 낮에 외출하는 동안에는 난방을 줄이지만 그렇다고 지나치게 줄여도 좋지 않다. 실내가 너무 추우면 온도가 적절히 유지될 때보다 원하는 온도가 될 때까지 더 많이 난방해야 하기 때문이다. 13도 이하로 내려가면 이런 경향이 더 심해진다.

사용하지 않는 방은 필요할 때 말고는 난방을 하지 않는다. 난방을 하지 않아도 되는 곳은 난방기와 온도조절장치를 꺼놓자. 에너지와 난방비를 상당 부분 줄일 수 있다.

- 각종 난방장치를 신경 써서 살피자. 필터만 깨끗하게 해도 난방 시스템의 효율성을 높이고 더 오래 사용할 수 있다.
- 이중창문이 아니라면 교체를 고려하자. 알루미늄 단일창보다는 목재나 비닐 창호의 로이low-E 이중창은 일 년 난방비를 32퍼센트나 절약해준다(로이라고 하는 에너지 방출 창문은 열을 다시 반사하는 초박형 금속 코팅 유리를 사용해 겨울에는 집을 따뜻하게 해주고 여름에는 시원하게 해준다). 이렇게 하면 2,000제곱피트당 600달러를 절약할 수 있다. 물론 집 안도 더 쾌적해진다.

냉장고 사용 비용 낮추기

에너지를 가장 많이 소비하고 전기요금을 가장 많이 내야 하는 가전제품이 바로 냉장고다. 평균 미국 가정은 냉장고를 유지하느라 해마다 몇 백 달러를 들인다. 여기 그 비용을 절반으로 줄여주는 몇 가지 제안이 있다.

- 일 년에 두 번 냉장고 뒤편의 코일과 필터를 진공청소기로 청소한다. 쌓여 있는 먼지를 떨어내는 것만으로 냉장고 효율을 25퍼센트는 올릴 수 있다.
- 냉장고 안에 뜨거운 음식을 넣지 않는다. 상온에서 식혀서 넣자.
- 냉장고 문을 열기 전에 한 번 더 생각한다. 냉장고 안에 넣어둔 음식을 잘 정리하면 어디에 무엇이 있는지 찾기 쉽다. 문을 열어놓고 냉장고 속을 한참 뒤지는 시간을 최소화할 수 있다.
- 해동할 예정이라면, 냉동실의 식재료를 상온에 바로 꺼내놓지 말고 하루 전쯤 냉장실로 옮겨놓는다. 이렇게 해서 냉장고 안에 있는 다른 음식물을 시원하게 하면 시간은 더 오래 걸리지만 에너지와 돈을 절약할 수 있다. 대부분 집 안을 따뜻하게 하느라 비용을 상당히 치르니 집 안 공기를 애써 시원하게 만들 필요는 없다.
- 냉장고에 넣어두는 음식물이나 식재료는 항상 뚜껑을 덮거나 표면을 덮어놓는다. 그렇지 않으면 음식이나 식재료의 수분이 쉽게 날아가 음식 맛을 떨어뜨리고 냉각기 작동에도 부담을 준다.
- 냉장고가 오래되었다면 새로운 것으로 바꿔보자. 이왕이면 에너지 효율 등급이 좋은 냉장고를 고르자. 낡은 냉장고는 그야말로 전기를 낭비하는 주범이다. 1993년 이전에 제작된 냉장고는 요즘 만들어진 가장 효율성 좋은 냉장고의 10배나 되는 전기를 사용한다.

에어컨을 덜 사용하거나 아예 없애기

날씨가 더운 곳이라면 에어컨이 일 년 전기 사용량의 15~20퍼센트, 여름철에는 60~70퍼센트를 차지한다. 다행히 겨울철 난방비를 줄이는 데 사용한 것과 똑같은 단열재와 문틈 막기 등을 활용하면 여름철이 더 시원해지고 냉방비도 줄어든다.

1960년대에는 미국 가정의 12퍼센트만이 에어컨 시스템을 갖추었다. 오늘날은 모든 가정과 상업 건물의 4분의 3이 냉방장치를 가동한다. 미국은 여름만 되면 전 세계에서 가장 시원한 실내를 자랑하는 나라가 된다.

다행스럽게 대부분의 기후대에서는 에어컨을 사용하지 않아도 큰 문제가 없다. 에어컨을 안 쓰면 해마다 각 가정이 200~1,200달러에 이르는 전기요금은 물론 각종 냉방 기구를 사느라 들어가는 돈까지 절약할 수 있다. 여기 그 방법을 몇 가지 소개한다.

- 천장에 환풍기를 설치한다. 환풍기는 보기에 우아하고 에너지 효율도 높으며 난방비를 상당 부분 줄여준다. 환풍기를 이용해 은근히 대기를 순환시키면 피부에서 수분을 증발시켜 6도 정도 시원한 느낌을 준다. 중간 크기의 에어컨을 사용할 때보다 전기 사용량도 10분의 1에 지나지 않는다. 온혈동물인 인간은 쉬지 않고 몸에서 열을 낸다. 옷은 몸의 열이 밖으로 나가지 않도록 둘러싸서 따뜻하게 해준다. 벌거벗고 있을 때에도 열을 내서 몸 주위를 따뜻하게 감싼다. 환풍기는 이런 방식으로 만들어진 뜨거운 공기를 순환시킨다(뜨거운 음식이 나왔을 때 후후 부는 것도 이와 같은 이유에서다. 음식이 내보내는 열을 분산해 빨리 식게 만든다).

- 외출할 때에는 환풍기를 끈다. 온혈동물인 사람이 공간에 없다면 아무런 효용이 없기 때문이다. 방에 아무도 없다면 환풍기는 그저 그 공간에 열을 더해줄 뿐이다.

- 환풍기가 제대로 된 방향인 아래쪽을 향하여 움직이는지 확인한다. 위쪽으로 움직인다면 아무 효용이 없다. 환풍기에는 대부분 방향을 바꾸는 스위치가 달려 있는데, 아무런 설명이 붙어 있지 않으므로 꼭 확인해야 한다.

- 여름철에는 꼭 필요하지 않다면 전깃불을 끈다. 돈과 에너지를 절약해줄 뿐 아니라 집 안을 더 시원하게 만들어준다. 백열등은 이름처럼 '열등'이라 해도 무방할 정도로 에너지의 10퍼센트는 빛을 내는 데 쓰고 90퍼센트는 열을 만들어내는 데 쓴다.

- 할로겐 조명은 플로어램프로 사용하지 않는 것이 좋다. 특히 여름에는 더한데, 400도까지 작동하면 불빛 200개 이상에 해당하는 에너지를 쓰지만 이 가운데 5퍼센트만 빛을 만드는 데 사용할 뿐이다. 할로겐은 쓰임이 여러 가지겠지만 플로어램프로 사용한다면 에너지와 돈을 쏟아 부어야 하는 대상이 되고 만다.

- 집의 남서향 또는 서향으로 그늘을 만들어줄 나무를 심자. 실내에 햇빛을 가려주는 나무를 적절히 배치하면 실내온도를 2~3도 낮출 수 있다.

- 날씨가 덥다면 하루 중 가장 무더운 시간에는 창문과 블라인드, 커튼을 닫아놓고 밤에는 열어둔다.

- 에어컨을 꼭 설치해야 한다면 직사광선을 피해 가림막을 해야 한다. 태양 아래 노출되어 있는 에어컨은 에너지 효율이 20퍼센트가량 떨어진다. 오래된 모델을 사용한다면 신형으로 바꿔보자. 요즘 새

로 나온 에어컨은 1990년대 나온 모델에 비해 30~50퍼센트 전기 절약 효과가 있다.

• 미세한 정도에서 물방울에 이르는 굵기까지 조절할 수 있는 스프레이 병에 물을 담아 머리카락과 옷에 뿌리면 기분이 좋아진다. 얼굴과 머리, 목, 팔, 옷은 물론이고 친구들에게도 뿌려주자.

• 무더운 날에는 머리를 감고 물에 적신 셔츠를 입어보자. 이상하다고 여겨질지 모른다. 보기 흉한 스타일이라 생각하겠지만 건조한 기후대라면 놀라운 냉각 효과를 경험할 수 있다. 엄청난 무더위를 견디며 냉방이 되지 않는 집에서 살았지만 38도를 기록할 때에는 머리를 감은 뒤 옷도 물에 적셔 입고 있으면 상쾌한 기분이 들곤 했다. 옷이 너무 빨리 말라 다시 적셔야 할 정도였다. 안에는 젖은 셔츠를 입고 겉에는 조금 더 헐렁한 마른 셔츠를 입는 것도 한 가지 방법이다. 내 아들은 이를 가리켜 비밀 에어컨이라고 했다.

날씨가 무덥다면 다른 사람을 만나도 창피하지 않으면서 시원함을 유지하기 위해 보통 입는 옷 안에 물에 적신 티셔츠를 입었다. 1990년대 중반 남부 플로리다에서 이런 방식으로 무더위를 견뎠는데 당황스러운 일도 많았다.

아주 더운 날, 웨스트팜비치에 있는 유니티 교회에 초대를 받아 간 적이 있다. 그날 내가 무슨 이야기를 했는지 완벽하게 기억하지는 못하지만 그날 참석한 사람들에게 인간에게는 약간의 도날드 트럼프 기질과 약간의 테레사 수녀 기질이 공존한다는 이야기를 했다.

인간에게는 경쟁하려는 본성이 있고 협동하려는 본성도 있다. 이 두 가지 기질이 균형을 이룰 때 우리는 가장 행복하고 생산적으로 된다. 하지만 협동하지 않고 지나치게 경쟁하려 한다면, 그 정도에 따라 적당한 대가를 치러야 한다. 많은 사람이 극도로 개인적인 길, 말하자면 도날드 트럼프의 길을 가며, 남을 보살피고 친절하게 대하고 협동하려는 노력을 잊고 만다.

그날 내가 심한 논쟁거리를 제안했다고는 생각하지 않았다. 하지만 이런 이야기를 하는데, 맨 앞줄에 앉아 있던 목사님은 왠지 불편해 보였고 목사님 옆자리에 앉은 아름다운 여성은 휘파람을 불었다. 설교하기 전에 잠시 인사를 나눈 그 여성은 교회에서 매우 중요한 인물인 듯했다. 이름이 말라였던 것 같다.

이야기를 끝냈고 관중이 모두 일어나 박수를 쳐주었다. 그 덕에 기분이 좀 나아지긴 했지만 내가 모르는 무언가 있는 게 아닐까 싶어 마음이 편치 않았다.

오, 세상에나, 무슨 일이 있었다. 강연 후 내 책에 서명을 해주는데 목사님이 그 아름다운 여성과 함께 다가왔다. 그 여성은 나에게 책 몇 권을 건네며 사인을 청했다. "물론이죠. 이 책들을 누구에게 나눠주려고 그러십니까?"

"이 책에는 내 이름을 사인해주세요. 내 이름은 말라랍니다. 또 한 권은 내 남편 도날드를 위해 부탁할게요." 그 여성은 목사님을 잠시 쳐다보더니 말을 멈추었다가 계속했다. "내 남편은 도날드 트럼프입니다."

젖은 셔츠를 안에 입고 있지 않았다면 땀을 엄청나게 흘렸을 것이다! 나는 도날드 트럼프의 부인 앞에서 그를 고집과 과욕의 상징이라고 이야기한 것이다.

몸 둘 바를 몰랐지만 다행스럽게도 말라는 내 이야기를 재미있어

했고 아무 일도 없었다. 나중에 말라와 다시 이야기할 기회가 있었는데, 그날 집에 가서 남편 도널드 트럼프에게 교회에서 당신 이야기가 언급되었노라 말했단다. 그는 "아마도 날 악의 화신이라고 했겠지" 했고 말라는 이렇게 대답했다고 한다. "사실이 그렇잖아요."

몇 년 뒤 두 사람이 이혼했다는 소식을 들었을 때 슬프긴 했지만 놀라진 않았다.

2008년 도널드 트럼프는 팜비치에 있는 자신의 6만 2,000제곱피트 짜리 대저택을 1억 달러에 팔았다. 그때까지 미국 역사상 가장 비싼 '한 가족 소유의 주택'으로 기록된 집이었다. 그 집의 냉방 비용이 어느 정도인지 모르겠지만, 냉방비를 아끼려고 내가 썼던 젖은 셔츠 입기 비법을 활용하지 않았을까 생각했다.

온수 비용 줄이기

온수는 미국 평균 가정의 에너지 사용량의 20퍼센트를 차지한다. 태양열 온수는 가장 널리 쓰이고 에너지 효율성이 제일 높은 친환경 테크놀로지라 할 수 있다. 연방정부가 인센티브를 주고 제대로 된 전문 업체가 늘어나면서 태양열 온수 시스템은 주택 소유자라면 고려해볼 만한 대상이 되었다. 여기에 조금만 더 신경 쓰면 해마다 100~250달러는 절약할 수 있다.

- 온수조절장치의 온도는 50도 이상 올리지 않는다. 온수탱크 시스템을 사용한다면 보온재로 감싸둔다.
- 세탁은 찬물로 한다. 이렇게 하는 것만으로도 일 년에 100달러를 절약할 수 있다. 세탁할 때 사용하는 에너지 가운데 90퍼센트 정도

는 물을 데우는 데 사용하기 때문이다. 세탁에 사용하는 물이 뜨겁다고 해서 빨래가 더 깨끗하게 세탁되는 것은 아니다. 오히려 섬유에 부담을 줄 수도 있다.

- 가능하다면 프런트 로딩 방식의 세탁기를 고른다. 이 방식은 탑 로딩 방식보다 온수를 4분의 1밖에 쓰지 않기 때문이다. 프런트 로딩 방식 교반기가 에너지를 덜 소비하고 더 효율적이며 고장 위험도 적다. 마지막 스핀 사이클 때 옷을 더 잘 말려서 탈수기를 사용할 때 전기를 절약할 수 있다. 이렇게 하면 에너지는 훨씬 덜 쓰면서 옷의 손상을 줄일 수 있다.

- 뜨거운 물로 샤워를 즐길 때에도 잊지 말자. 청결과 휴식, 즐거움의 놀라운 원천인 뜨거운 목욕과 샤워는 세상 모든 사람이 누리는 즐거움이나 특권이 아니다. 스트레스를 풀고 몸을 깨끗하게 하겠다며 너무 긴 시간 목욕해 에너지와 돈을 낭비하는 실수를 저지르지 않으려면 신경 쓰자.

세탁 탈수 · 건조 비용 줄이기

전기 탈수기는 해마다 6,000와트의 전력과 200달러의 비용이 들어가는 에너지와 돈 낭비의 주범이다. 그래서 일반 가정용 전압의 두 배에 해당하는 240볼트의 전압을 요구한다. 가스로 작동되는 탈수 · 건조기는 훨씬 더 효율적이어서 일 년에 비용이 100달러가량 든다. 하지만 빨래를 말릴 때 가장 효율성 높은 방법은 역시 태양 광선을 이용하는 것이다.

양말과 손수건 같은 작은 빨래들을 하나씩 걸어 말리기에 인내심이 부족하다면 시간과 노력을 절약해주는 최상의 해결책을 찾아 나서자.

양말과 속옷처럼 노동집약적인 작은 빨랫감은 건조기에 말리고 침대 보나 타월같이 부피가 큰 것들은 빨랫줄에 널어 말리자. 이렇게 하면 최소한의 노력으로 에너지를 절약할 수 있다.

건조기에 말린 빨래가 뻣뻣하게 느껴지면, 탈수기의 기능 가운데 '보풀 제거' 메뉴를 활용할 수 있다. 빨랫줄에 어느 정도 말린 뒤 10분 동안 보풀 제거 기능을 작동시키자. 에어 플러프는 열을 사용하지 않으면서 실 보푸라기를 제거해주는 효과가 있다.

1960년대에는 미국 가정의 15퍼센트만이 탈수기나 건조기를 사용했다. 오늘날 세탁물을 빨랫줄에 걸어 말리는 가정은 15퍼센트에 지나지 않는다. 그러다 보니 빨랫줄을 사용하는 것은 구식이 되었고 어떤 아파트와 몇몇 건물주는 빨랫줄 사용을 금하기도 했다. 2007년 로스앤젤레스에 있는 콘도미니엄 건물은 미국 녹색빌딩연합회로부터 친환경 디자인을 인정받아 골드 리드상을 받았다. 친환경적이면서 최고로 멋진 건물로 여겨지는 이 콘도미니엄은 지속가능한 대나무 바닥재가 특징이었지만 빨랫줄 사용은 금지했다. 주위를 깨끗하게 만들려고 모두 합심하는 것은 잘 알겠지만 향긋한 향기를 내는 깨끗한 빨래를 태양 아래 내다 너는 것이 꼭 금지해야 하는 문젯거리일까?

- 햇빛이 부족한 곳에서는 실내 건조대를 이용하자. 겨울철 가정은 대부분 강제 환기와 난방으로 극도로 건조해진다. 이는 코 점막과 폐, 눈과 피부에 좋지 않은 영향을 미친다. 건조대에 빨래를 말리면 돈 절약은 물론 실내 습도를 적절하게 유지해주어 숨쉬기도 더 편안해질 뿐 아니라 피부와 두발에도 좋은 영향을 준다.

조명 비용 낮추기

최근 미국에서는 백열등을 형광등으로 바꾸려는 사람들이 늘고 있다. 왜 그럴까? 형광등은 백열등보다 전기는 3분의 1 정도 소비하면서 10배는 더 오래 사용할 수 있기 때문이다. 하지만 형광등이 확실히 효율적이지만 많은 사람이 마음에 들어 하지 않는 문제가 있다. 조명의 색이나 조도를 조절할 수 없고 예열 시간이 길며 내부 온도가 높고 고착제 때문에 전구 수명이 줄어드는 등의 문제가 있다. 또 전구에 들어 있는 수은 때문에 폐기할 때에도 고민이 된다.

이런 문제점을 해결하는 기술이 있지만 비용이 많이 든다. 정부 부처의 압력과 시장 점유율을 높이고 싶은 제조업체 때문에 형광등 가격은 더 떨어지고 있다. 그 결과 제조업자들은 안이한 방법을 선택해 품질이 떨어지는 형광등을 시장에 내놓았다. 어떤 것은 너무 빨리 못 쓰게 되고 다른 것은 아예 작동하지 않는다. 주로 중국에 있는 제조업체들은 가장 싼 부품을 사용한다. 이렇게 제대로 작동하지 않는 형광등은 에너지나 돈을 아껴주지 못한다.

미국 가구의 전기요금 중 조명비는 평균 20퍼센트를 차지한다. 품질 좋은 형광등을 사용하는 방법과 조명비를 상당 부분 줄이는 방법을 알아보자.

- 백열등이나 형광등은 꼭 필요한 것만 켠다. 더 밝다고 해서 늘 좋은 것은 아니다. 매장에서는 주로 조명을 밝게 하는데, 이렇게 하면 사람들이 물건을 더 많이 살 수 있는 분위기가 된다. 분위기를 낭만적으로 만들고 싶거나 깊이 생각해야 할 때, 내적 풍요로움을 느끼고 싶거나 그런 실내 분위기를 만들려고 할 때 밝은 조명은 적당하지 않다.

가끔 불을 모두 끄고 촛불만 켜놓은 채 저녁식사를 해보자.

- 조도 조절장치를 활용해보자. 디머 스위치를 적절히 사용하면 전기를 절약하는 것은 물론이고 전구 수명도 늘릴 수 있다. 불을 다 켜놓지 않고도 원하는 정확한 조도로 조정할 수 있다. 할로겐전구로 조도를 조절하면 에너지는 30퍼센트 절약하면서 백열등과 같은 조도를 얻을 수 있다. 백열등을 사용할 때만큼 효과는 크지 않아도 조명의 질은 훨씬 좋고 상황에 맞는 적절한 조도를 선택할 수 있다.

- 항상 불을 가장 환하게 밝혀야 해서 조도 조절이 문제되지 않는 곳이라면 형광등을 사용하자. 단일 형광등을 사용하면 전기요금을 20달러 정도 절약할 수 있다. 좋은 전구인지는 어떻게 알 수 있을까? GE의 에너지 스마트 형광등을 가장 많이 사용하는데, 소비자 리뷰에서도 좋은 평가를 받았다. 하지만 다른 형광등과 마찬가지로 조도 조절용은 그리 좋은 평가를 받지 못했다.

- 방에서 나갈 때에는 불을 끄자. 잠깐 나갔다 올 때는 켜놓는 것이 더 낫다고 생각하는 사람도 있겠지만 이는 백열등의 경우 1분 미만, 형광등의 경우 10분 미만처럼 방을 비우는 시간이 아주 짧을 때만 해당되는 이야기다.

아무것도 하지 않고 돈을 아끼는 방법

가정용 오디오와 비디오는 사용할 때보다 사용하지 않으면서 플러그를 꽂아둔 상태에서 전기를 더 많이 쓴다. 휴대전화 충전기, 전자오븐, 텔레비전, 오디오, DVD, CD플레이어, 무선전화기, 알람시계, 컴퓨터 등은 작동버튼을 꺼놓아도 전원을 그대로 연결해두면 전기가 계속 흐른다. 미국 에너지부의 실험실 가운데 가장 오래된 로렌스 버클리 국립연구소에서는 이렇게 낭비되는 에너지가 미국 내 전체 에너지 소비량의 5퍼센트에 해당한다고 발표했다. 이는 전국에 있는 냉장고가 소모하는 전기 총량에 해당하는 양이다. 몇몇 전문가는 이를 에너지 뱀파이어라고 하는데, 가정마다 연간 100달러 정도의 전기요금을 더 내는 것이다.

• 가전제품의 수명을 늘리면서 전기요금을 낮추려면 자동 스위치 기능이 달려 있는 코드를 사용하자. 이 파워 스트립은 에너지도 덜 사용하는데다가 사용하지 않는 동안에는 자동 전원 차단 기능이 있다. 보통 파워 스트립과 달리 작동 버튼을 찾느라 애쓸 필요가 없다. 일단 설치하면 아무것도 하지 않아도 돈과 에너지를 아낄 수 있다.

살 곳 정하기: 새롭고 멋진 삶으로 옮겨가는 13가지 열쇠

어떤 대학에 입학할지, 어떤 직업을 선택할지, 누구와 결혼할지 자주 자문하곤 한다. 이런 중요한 선택에 어디에서 살까 하는 질문이 덧붙기 시작했다. 인생에 중요한 영향을 미치기 때문이다. 과거 재정적인 선택을 좌우한 여러 가지 규칙은 이 불확실한 시대에 더는 적합하지 않다. 앞으로 다가올 새로운 시대를 준비하는 데 도움이 될 몇 가지 제안을 하려 한다.

허리케인 지대에서 사는 것을 다시 생각하자

마이크 티드웰Mike Tidwell은 2003년 자신의 책 《안녕, 바이유: 루이

지애나 케이준 해안의 풍요로운 삶과 비극적인 죽음Bayou Farewell: The Rich Life and Tragic Death of Louisiana's Cajun Coast》에서 2005년 허리케인 카트리나 사태를 예언했다. 많은 사람은 그에게 선지자라고 했지만 티드웰은 책을 본 사람이면 누구든 그 징조를 알았을 거라고 말했다. 그는 '머지않은 미래에 카트리나 같은 자연 재앙이 미국 해안을 따라 자주 발생할 것'이라는 의견을 제시했다. 다른 많은 전문가도 미국의 대서양과 걸프만을 따라 심각한 허리케인이 발생할 수 있다고 강조했다. 그는 해수면이 상승해 더 심각한 태풍이 미국의 해안도시를 덮쳐 뉴올리언스와 같은 상태로 몰고 갈 수 있다고 우려했다. "2003년, 나는 카트리나 같은 대규모 허리케인이 올 거라고 확신을 갖고 말했다. 해수면 아래 자리한 뉴올리언스가 인간 때문에 허리케인의 피해자가 될 거라고 주장한 것이다. 이젠 휴스턴과 탬파, 뉴욕과 볼티모어, 마이애미도 심각한 상황에 놓여 있다는 내 말을 사람들은 믿어야 한다."

이런 음울한 시나리오를 무시하고 싶겠지만 허리케인 피해가 점점 커지고 있다. 티드웰의 예언이 앞으로 10년 안에 실현될지 75년 뒤에 실현될지, 아니면 실현되지 않을지는 알 수 없다. 하지만 이미 기후가 변하고 있고 보험사들은 자사의 재산을 위험에 빠뜨리고 싶어 하지 않는다. 보험사 올스테이트는 이제 메릴랜드와 버지니아주, 뉴욕주 일부의 해안 지대 주택 소유자의 보험 청약을 받지 않는다. '모든 주'라는 의미의 회사명과 달리 '몇몇 주'에만 해당하는 사업을 하려는 전조가 아닐까?

목적지 가까이에서 살자

차를 몰면 금전 면이나 시간 면에서 상당한 대가를 내야 한다. 사람들이 일반적으로 생각하는 것보다 훨씬 더 큰 대가를 말이다. 앞으로 원유 공급이 줄어들어 원유 가격이 오르면 통근하는 데 시간이 많이 걸리는 지역은 부동산 가치가 떨어질 것이다. 직장이나 다른 목적지에 가야 할 때 운전하지 않아도 된다면 상당한 금액을 저축할 수 있다. 운전 거리가 줄어들수록 돈을 더 많이 절약하게 되고 스트레스도 훨씬 줄어든다. 걸어서 또는 자전거를 타고 근처를 돌아다닐 수 있다면 그렇게 할 수 없는 사람들보다 훨씬 더 많은 장점을 누리게 된다.

아주 많이 절약하는 가장 확실한 방법 가운데 하나는 차를 소유하지 않는 것이다. 그러려면 걷거나 자전거를 타고 갈 수 있는 곳에 거의 모든 서비스가 자리한 도시에서 살아야 한다. 또 버스, 지하철, 자전거도로 등 대체 교통수단이 잘 갖춰진 곳에서 살아야 한다. 어린 자녀가 없다면 그렇게 하기가 훨씬 쉽다.

그럴 마음이 있다면, 대단한 재정적 이점 때문에라도 한번 고려해볼만하다. AAA에 따르면 평균 미국인은 일 년에 8,410달러를 자동차를 유지하는 데 쓴다. 해마다 자동차에 8,410달러를 지출하는 대신 3퍼센트 금리로 은퇴 적금을 든다면 20년 뒤에는 23만 3,000달러 이상이 될 텐데, 이는 미국 어디에서라도 안락한 집 한 채를 살 수 있는 액수다. 또 8,410달러를 5퍼센트 이윤으로 투자한다면 20년 뒤 42만 1,000달러 이상을 모으게 된다. 이는 꽤 괜찮은 집 한 채와 은퇴 후 생활에 필요한 비용을 모두 충당하는 금액이다.

부부가 모두 차를 소유하지 않는다면 그 효과는 놀랄 정도다. 두 사람이 해마다 8,410달러를 은퇴 적금에 넣고 4퍼센트 금리로 투자하거나 저축한다면 30년 뒤에는 100만 달러를 모으게 된다.

물론 대중교통을 이용할 때에도 교통비는 들지만, 비싼 차를 소유할 때 유지하고 운전하는 비용과는 하늘과 땅 차이다.

걸어 다닐 수 있는지 살피자

한 친구는 작지만 안락한 집에서 살았다. 집이 있는 마을은 안전하고 재미있으며 활기가 넘쳐 마음껏 주변을 걷거나 달릴 수 있었다. 그는 매우 행복해했다. 그런데 유산을 상속받아 근사한 풍광을 자랑하는 언덕 위에 있는 큰 집으로 이사했다. 하지만 길이 너무 가팔라 걷거나 빵 한 덩어리를 사려 해도 차를 타고 한참 내려와야 했다. 이웃을 만날 수 없어서 외로워하다 끝내 우울해했다. 그는 자주 예전이 훨씬 더 행복했다고 말한다.

걸어서 닿을 수 있는 이웃의 풍경은 어떠한가? 걸어서 원하는 곳에 갈 수 있는가, 아니면 차를 타고 가야 하는가? 이사를 생각한다면 꼭 마음에 새겨야 할 문제다. 걷기는 건강에 좋고 돈이 한 푼도 들지 않으며 차를 몰 때에는 보지 못했던 세상을 만나게 해준다. 공동체의 풍요로움을 즐기는 인생은 운전대를 잡고 홀로 시간을 보내는 인생보다 훨씬 영혼에 안정감을 준다.

인간은 걸어 다니도록 만들어졌다. 한 도시나 마을이 얼마나 살기 좋은지 알아보는 가장 빠른 방법은 걸어 다니는 사람들이 얼마나 많은지 살펴보는 것이다. 걷는 사람보다 차를 모는 사람이 훨씬 많은 도심 지역은 그 반대의 경우보다 친구나 지인의 숫자가 절반도 안 된다고 한다.

공원을 찾아라

삶의 질을 평가하는 또 다른 지표는 공원과 주차장의 비율이다. 이는 그 지역이 사람을 위해 만들어졌는지 차를 위해 만들어졌는지 알게 해주는 열쇠다.

1998년 엔리크 페날로사Enroque Penalosa가 콜롬비아 보고타의 시장이 되었을 때, 그는 사람을 위한 도시라는 비전을 갖고 도시를 바꿔가기 시작했다. 그의 지휘 아래 보고타에는 1,200개나 되는 공원이 새로 만들어지거나 정비되었고, 시간을 절약해주는 교통 환승 시스템을 갖추게 되었다. 수백 킬로미터에 이르는 자전거도로와 보행자도로를 만들었고 교통 혼잡도를 40퍼센트 낮췄으며 나무 10만 그루를 심으면서 환경 정비에 나섰다. 몇 십 년 동안 벌어진 내전으로 피폐해졌고 심각한 빈곤으로 고민하지만 이 도시의 800만 주민은 워싱턴 DC보다 훨씬 더 안전하게 살게 되었다.

페넬로사의 아이디어는 라틴아메리카에만 한정되는 것은 아니다. 미국 여러 마을과 도시에도 충분히 그런 수준의 삶을 소개할 수 있다. "보행자를 위한 공간과 공원은 진정한 민주주의가 이루어진다는 확실한 증거다." 민주주의 사회에서 공원과 공공 공간이 중요한 이유에 관해 그는 이렇게 말했다. "공원과 공공 공간은 사람들이 평등하게 만나는 곳이기에 중요하다……. 공원은 한 도시에 물리적·감정적 건강을 공급해주는 수도나 마찬가지다."

도시와 주에서는 대부분 공원보다 도로에 돈과 자원을 더 많이 투자한다. 페넬로사는 반문한다. "왜 아이들을 위한 공공 공간보다 차를 위한 공공 공간을 중요하게 여겨야 하는가?"

물을 찾아라

미래에는 물이 부족해지고 물 공급 비용 또한 많아지며 물을 대는 비용은 삶의 질과 부동산 가치에 상당한 영향을 미치게 될 것이다. 로스앤젤레스는 965킬로미터 떨어진 콜로라도강에서 물을 끌어들여야 한다. 물이 부족해지면 로스앤젤레스, 라스베이거스, 피닉스 등을 포함한 남서부의 많은 도시가 시민들에게 물을 충분히 공급할 수 있을까? 만일 그렇게 하지 못한다면 그 부동산의 가치에 의문을 품게 될 것이다.

잔디밭을 만들고 조경을 하기 위해 미국인은 매일 물을 302억 8,300만 리터 사용한다. 너무나 엄청난 양의 물을 꼭 필요하지 않는 곳에 사용하는 것이다. 이는 미국에 있는 모든 사람을 위해 매일 맥주를 300병 만들 수 있는 양이다.

인구가 안정적인 곳을 찾아라

도시 인구가 심각한 정도로 줄어든다면, 이유가 무엇이건 부동산 가격도 급격히 떨어진다. 1960년대 인구에는 절반 정도에 지나지 않지만, 여전히 미국에서 11번째로 큰 도시 디트로이트를 생각해보자. 2009년 〈시카고 트리뷴〉은 2008년 12월 디트로이트에서 거래되는 집의 평균 가격이 7,500달러라고 보도했다. 숫자를 잘못 입력한 것이 절대 아니다. 미국에서 새로 출시된 가장 싼 차보다도 못한 가격이다. 디트로이트에서 집을 얻어 사는 사람들의 삶이 얼마나 힘들지 짐작할 수 있다.

디트로이트는 미국 대도시 가운데 처음으로 파산을 선고할지도 모른다. 이미 이 도시의 아동 50퍼센트는 빈곤층 이하의 삶을 살고 있다. 디트로이트의 경우, 미국 자동차 산업의 부진이 경제적 쇠락의 원인이다. 가까운 앞날에 기후 변화와 불안정한 경제, 자연 재해, 실직,

물 부족, 식량 부족으로 고통받는 마을과 도시가 나타날지도 모른다. 이런 사태로 피해를 입은 지역은 인구가 놀라울 정도로 줄어들고 정부의 세수입이 급격히 줄어들며 부동산 가격이 폭락할 것이다.

농장 가까이에 살아라

우리는 슈퍼마켓에 도착하기까지 4,900킬로미터를 여행한 딸기에 이미 익숙해져 있다. 하지만 화석연료 가격이 올라 가까운 미래에는 인근 지역에서 재배한 식품이 훨씬 더 경제적일 것이다. 행운이 함께 한다면 소규모 농업이 여전히 가능한 지역에서 사는 것이 좋다. 내 땅이나 내 집 가까이에서 직접 무언가를 키운다면 훨씬 더 좋겠지만 말이다.

필요하다면 덜 비싼 지역으로 이사하라

나는 샌프란시스코를 좋아하지만, 이 도시에서는 놀랍게도 교사 3퍼센트, 경찰관 6퍼센트, 간호사 4퍼센트만이 자기 집을 소유하고 있다. 대부분의 도시에서 이와 비슷한 통계가 속속 나오고 있다. 작가 샤이 살로먼Shay Saloman은 물가가 비싸지 않은 도시를 찾는 트렌드에 관해 언급한 바 있다. 캘리포니아 해안 지대에 사는 사람들은 내륙 쪽으로 움직이고, 내륙에서는 오리건으로 움직인다. 오리건 도심에서는 오리건 교외로, 오리건 교외에서는 뉴멕시코로, 뉴멕시코에서는 멕시코로 이주한다(물론 멕시코인 수백만 명은 합법적으로 또는 불법적으로 캘리포니아로 이주하지만, 그것은 또 다른 문제다). 이런 이주는 지역사회 결속에 새로운 영향을 주는데, 생활비나 물가가 문제되지 않았다면 일어나지 않았을 일이다. 하지만 어떤 사람들은 새로운 장소에서 삶의 질을 높이기 위해 이사를 결정하기도 한다. 충분히 고려할 가치가 있는 일이다.

세 들어 살기

가능한 한 빨리 자기 집을 사는 것이 좋다는 말은 전통적인 재정 조언이었다. 이런 사고에 따르면 세 들어 사는 것은 돈을 던져버리는 것과 같다. 부동산 가치가 계속 유지되는 상황에서는 적절하겠지만 불확실한 상황에서도 마찬가지일까. 길게 보면 부동산은 괜찮은 투자 대상이다. 하지만 현실은 자주 뒤집혀서 우리에게 단기적인 결정을 강요한다. 단기적인 시점에서 보면 최근 몇 년 동안 부동산 가치는 계속 떨어지고 있다.

세 들어 살 때에는 몇 가지 장점이 있다. 짐을 싸서 이사하는 일이 훨씬 덜 복잡해진다. 이런 이동의 유연성은 불안한 일이 계속 일어나는 앞으로 몇 년 동안 더 중요해진다. 집을 갖게 되면 새로운 일자리를 원하거나 찾아야 할 때 집 근처로 선택의 폭을 제한해야 한다. 집을 빌려 살고 있다면 더 멀리서 직장을 구하게 되었을 때 훨씬 더 편하게 이동할 수 있다.

자기 집을 갖게 되면 생각보다 훨씬 더 비싼 대가를 치러야 한다. 관리비, 수리비, 부동산세와 보험 등을 생각해보자. 세입자의 경우 사는 것을 확정하지 않고 그저 소유물이라는 점을 보여주면 되므로 보험료가 훨씬 더 싸다.

집을 빌리는 것과 사는 것 가운데 어느 편이 더 쌀까? 결정하는 데는 다양한 요소가 영향을 미치지만 부동산 가치가 오르지 않는다면 임대하는 편이 훨씬 낫다. 연봉을 많이 받는 사람들은 소득세도 많이 내야 하기에 모기지 이자 공제 때문에 집을 소유하는 편이 비용이 덜 든다. 이런 예외적인 경우를 제외하고는 임대를 고려해볼 만하다.

5년이나 그 이상 살 계획이 없다면 집을 사는 것은 큰 의미가 없다.

집을 사고파는 데 비용이 들기 때문에 5년 이상 살 계획이 아니라면 결국 비용을 낭비하는 셈이 된다.

홈 쉐어링을 고려해보자

사람들은 대개 동거인이 대학 시절에나 필요하다고 생각하고 성인이 되면 누군가와 함께 사는 것이 적합하지 않다고 여긴다. 하지만 그럴 수도 있고 그렇지 않을 수도 있다. 오늘날 사람들은 프라이버시보다 저축과 공동체적 유대감을 중시한다. 중요한 것은 파트너와 라이프스타일, 가치관이 잘 맞느냐이다.

친구들 중에는 집을 임차한 다음 침실 일부를 다시 임차하는 이들도 많다. 세입자가 떠날 때마다 다시 새로운 세입자를 구해야 하는 어려움이 뒤따르기는 하지만 그래도 시도해볼 만한 일이며 재정적으로도 상당히 도움이 된다고 한다. 한 친구는 방 네 개짜리 집을 임차한 뒤 그중 자신이 사용하지 않는 침실 세 개를 다시 임차해 자신의 임차료를 충당한다. 부동산을 관리하며 그 집에 공짜로 사는 것이나 마찬가지다. 또 다른 친구는 마스터베드룸을 임차하고(마스터베드룸이라는 단어를 별로 좋아하지 않지만) 자신은 차고를 개조하여 사무실로 쓰면서 비용을 절약해 거주지와 사무실 비용을 해결했다. 물론 부동산 소유주와 임대계약을 적절히 맺어야 이런 일이 가능하지만 말이다.

모기지에 돈을 지나치게 많이 투자하지 마라

집을 살 때에는 2년 연봉보다 더 높은 모기지는 설정하지 말라는 것이 확실한 규칙 가운데 하나다. 나는 이 규칙을 딱 한 번 어겼는데 결국 몹시 후회했다. 특별한 보호가 필요한 쌍둥이 손자가 태어난 뒤 나는 모기지에 내야 하는 이자보다 훨씬 더 많은 이득을 얻을 수 있다는 재무 전문가의 조언에 따라 모기지를 최대한으로 해서 집을 저당 잡혔다. 매도프 때문에 투자가 실패로 돌아간 뒤 돈을 모두 잃게 되었고 얼마나 난처한 상황에 몰렸는지 모른다. 집의 소유권마저 잃을 위기에 몰렸다. 매도프가 우리 가족에 끼친 것 같은 심각한 재정적 재난을 겪을 필요는 없겠지만 인생은 불확실하고 어떤 일이 일어날지 알 수 없다. 은행이나 대부업체가 무어라 말하건 상관없이 2년치 수입을 넘어서는 모기지는 시도하지 않는 것이 좋다.

모기지는 경제적인 측면에서 수용할 부분이 되었고 사람들은 대부분 모기지를 받으면 운이 좋다고 생각한다. 모기지 대출에 합당한 조건이 되고 계약금을 만들 수 있다면 사람들은 내 집을 소유했다고 말한다. 하지만 이는 사실과 다르다. 모기지 상태는 집을 소유했다는 의미가 절대 아니다.

모기지 상태는 부동산세를 내야 하는 것은 물론 앞으로 몇 년 동안 매달 상당 금액을 지불해야 한다는 의미로, 이 금액이 임대료를 훨씬 넘어서는 경우가 있다. 몇 달 연속해서 모기지 비용을 내지 못한다면 모기지를 보유한 은행이나 다른 금융기관이 저당권을 회수해 그 집에 관한 모든 권리를 빼앗길 수 있다. 일반적으로 은행은 넉 달 연속 모기지를 내지 못하면 권리 행사에 들어가는데, 경우에 따라서는 두 달만 문제가 생겨도 모기지를 회수하려 든다. 은행이 저당권을 회수하면 이사 가는 수밖에 없다. 내 것이라 생각한 집이 경매로 넘어가 최고 입찰가를 써낸 사람에게 소유권이 넘어간다. 입찰 가격이 총모기지 비용에 미치지 못할 때에는 은행이 결손 판정을 내린다. 이렇게 되면 집을 잃을 뿐 아니라 은행에 부가로 부채를 지게 된다!

매달 내는 비용을 줄이고 집을 훨씬 더 용이하게 구매하려고 사람들은 모기지 기간을 더욱 길게 늘렸다. 하지만 모기지 기간이 길수록 이자를 더 많이 치러야 하므로 적은 돈을 아끼려다 큰돈을 잃을 뿐이다. 많은 사람이 이런 개념을 추상적으로 이해할 뿐 상당한 금액이 오고 가는 문제라는 것은 잘 이해하지 못한다. 일반 소비자들이 복리 이자와 인플레이션에 관한 기본적인 질문에 제대로 대답하지 못한다는 연구결과가 있다. 경제학자 빅터 스탱고Victor Stango와 조너선 진만 Joanthan Zinman은 많은 사람이 매달 이자가 얼마나 되는지 제대로 이해하지 못한 채 돈을 낸다는 사실을 확인했다.

그 금액이 얼마나 되는지 다음 표를 보면(30만 달러 모기지를 7퍼센트 확정 금리로 생각할 때) 알 수 있다. 기간이 짧을수록 장기간의 현실이 파악된다.

모기지 이자	모기지 기간	매달 지불 금액	대출금 이자
300,000달러	7% 확정 10년	3,483.25달러	117,990달러
300,000달러	7% 확정 15년	2,696.48달러	185,366달러
300,000달러	7% 확정 30년	1,995.91달러	418,528달러
300,000달러	7% 확정 40년	1,864.29달러	594,859달러

변동금리 모기지는 어떨까? 경제학자 브라이언 벅스Brian Bucks와 카

렌 펜스Karen Pence는 사람들이 대부분 변동금리 모기지의 이자율이 얼마나 변할지 모를뿐더러 알고 있는 것보다 훨씬 더 위험하다는 사실을 제대로 인식하지 못한다고 말한다. 변동금리일 경우 고정금리 때보다 저당권 회수율이 50퍼센트나 높은 것도 그런 이유에서다. 신용도가 불안정한 서브프라임 대출자들에게 한정된 이야기가 아니다.

변동금리 모기지를 선택한 사람들은 매달 지불해야 할 돈이 적다며 안심하겠지만 문제가 생길 때의 여파는 잘 모른다. 변동금리의 기준인 인덱스가 올라가면 대출금 이자도 올라가는데 그 대가는 상당하다. 예를 들어 30만 달러를 확정금리 5퍼센트로 시작했는데 금리가 8퍼센트에 달하게 되면 매달 591달러를 더 내야 한다. 이자가 10퍼센트로 변동된다면 매달 지불해야 할 돈은 1,000달러가 넘게 된다. 고정금리 때보다 변동금리 때 모기지 회수가 더 많은 것은 어쩌면 당연한 일이다.

독성물질을 피해라

허리케인 카트리나가 몰아닥친 뒤 걸프만의 많은 이재민이 미국 연방위기관리청에서 제공한 트레일러 14만 대에서 일시적으로 생활한 적이 있다. 내부를 합성 목재와 파티클 보드(나무부스러기를 압축해 수지로 굳힌 건축용 합판)로 꾸민 이 트레일러의 실내 공기에서 포름알데히드가 상당량 확인되었다. 트레일러에 사는 주민들은 심각한 호흡기 문제로 고생했다. 아이들은 만성 기침과 눈 따가움, 코피, 부비동염을 호소했는데, 모두 포름알데히드 때문이었다. 이런 심각한 건강 문제의 책임이 정부에게 있는지, 트레일러 제조사에게 있는지 확인하기 위해 하원 감독위원회의 청문회가 열렸다. 포름알데히드는 발암물질로 알려져 있는데, 연방정부에서 트레일러나 이동식 주택의 포름알데히드 허용치를 규정해놓은 것은 없다.

이와 비슷하게 2008년 아이오와 홍수로 발생한 수재민도 연방재난관리청FEMA이 제공한 트레일러에서 몇 달 생활한 뒤 심한 기침과 두통, 천식, 기관지염을 포함한 수많은 질환으로 고생한다는 보고가 이어졌다.

물론 실내 공기 오염은 트레일러나 이동식 주택만의 문제가 아니다. 파티클 보드, MDF를 사용하고 비닐 바닥재와 널빤지, 건강에 좋지 않은 다른 재료를 사용했다면 그 집은 건강에 심각한 문제를 일으킬 수 있다. 환경보호청에서는 "가장 크고 산업화된 도시라고 해도 집과 다른 건물의 실내 공기는 실외 공기보다 훨씬 더 오염되어 있다"라고 말한 바 있다.

임신한 뒤 태어날 아기를 위해 방을 꾸민 친구들이 있다. 새 생명을 키울 공간을 좋게 만들기 바랐던 이들은 비닐 바닥재를 새로이 깔았고 새 가구를 들여놓았다. 불행히도 이들은 모든 사람이 쉽게 저지르는 실수를 하고 말았다. 파티클 보드와 MDF로 만든 새 가구에서 포름알데히드가 나온다는 사실은 물론 포름알데히드와 비닐이 건강에 문제가 될 수 있다는 사실을 간과했다. 슬프게도 이들에게서 태어난 아기는 여러 가지 건강 문제로 고생했다. 아기가 집 안에서 화학적으로 노출되어 병을 앓았는지 확실히 알 수 없지만 환경 보건 전문가에 따르면 그럴 확률이 높다고 한다.

포름알데히드에 관해 얼마나 우려해야 할까? 환경보호청에 따르면 파티클 보드와 MDF로 만든 캐비닛과 가구를 사용하는 집 안에서 검출되는 포름알데히드 레벨은 '잦은 눈물, 눈과 목이 따가운 느낌, 구역질, 호흡 곤란' 등을 불러온다고 한다. 레벨이 높으면 암도 유발할 수 있다.

낮은 레벨에서는 어떨까? 2007년 파티클 보드와 MDF 제조사의 압력에도 캘리포니아 대기정화국은 낮은 또는 중간 정도의 포름알데히드 노출은 눈과 상기도 질환, 두통과 비염 등을 유발한다고 발표했다.

비닐 바닥재는 문제가 없을까? 대중잡지 〈패어런츠〉는 사회 문제를 제기하는 성격의 잡지는 아니다. 하지만 2005년 이 잡지는 레베카 칼렌버그Rebecca Kahlenberg가 쓴 '집 안에 숨은 독소들'이라는 기사를 게재했다. "아이들이 새로운 비닐 샤워 커튼이나 비닐 바닥재에서 나온 가스를 들이마시면 프탈레이트phthalate라는 독소를 함께 들이마시게 된다. 비닐은 천식과 암, 장기 손상을 초래하는 독소를 함유하고 있다." 이 기사에서는 2002년 젖은 비닐 바닥에 노출된 스웨덴 어린이 1만 명의 천식 증상이 심해졌다고 언급했다.

집의 바닥재가 비닐이고 파티클 보드로 만든 가구와 캐비닛을 사용하며 다른 위험한 재료를 쓰고 있다면 어떨까? 트레일러나 조립주택에서 살고 있다면 어떨까? 지어진 지 오래된 집은 다행스럽게도 화학 물질이 대부분 대기 중으로 방출되었다. 하지만 여전히 환기를 자주 해야 한다. 아이들이나 호흡기 질환을 앓고 있는 사람이 있다면 해로운 가스를 내뿜는 새로운 자재(액화 유기화합물 또는 휘발성 유기화합물Volatile Organic Compounds, VOC 함유량이 높은 합성 카펫이나 페인트를 포함해)는 될 수 있으면 피하는 것이 좋다. 포름알데히드가 나올 파티클 보드나 다른 목재로 만든 새 가구보다 오래된 목재 가구가 건강 측면에서 보면 훨씬 낫고 가격도 저렴하다.

최근까지 친환경적이고 건강에 좋고 가격도 적당한 주거 환경을 만들어내려는 노력을 기울인 건설사나 제조업체는 별로 없었다. 하지만 2009년, 워런 버핏이 소유한 미국 최대의 조립식 주택 전문업체 클레이톤 홈스Clayton Homes가 i-하우스를 들고 나오면서 상황이 달라졌다.

i-하우스는 대단히 독특한 개념으로 기본적으로 992제곱피트지만 더 크게 만들 수도 있고 더 작게 만들 수도 있다. 나비 모양 지붕은 빗물을 모아들이게 만들어졌는데 태양광 전지 시스템으로 활용된다. 화장실에는 이중 플러시 시스템을 도입했고, 바닥을 대나무로 했으며, 데크는 재활용 소재로 만들었다. 또 방마다 온도조절 장치를 설치하고 이중단열 유리창 등을 갖추었다. 여기에서는 지속가능한 삼림에서 나온 목재를 사용했으며, 외부 벽재는 포름알데히드가 방출되지 않는 재료를 사용했다.

에너지 효율을 극대화한 i-하우스는 다른 조립식 주택보다 훨씬 더 싸게 살 수 있다. 워런 버핏에 따르면 "만일 네브래스카 중 오마하 같은 곳이 이런 집을 짓는다면 전기와 난방을 포함한 총비용은 하루에 1달러 정도에 지나지 않을 것이다"라고 말했다.

트레일러나 조립식 주택에 사는 사람들은 전통적으로 친환경적이고 독소가 방출되지 않는 집에서 살려고 돈을 더 지불하지는 않을 테니 이들이 시장에서 성공을 거둘지는 좀 더 두고 봐야 한다. 많은 혁신적인 특징으로 i-하우스는 다른 조립주택보다 비싼 가격표를 달고 있다. 1,023제곱피트에 침실이 두 개인 i-하우스 II는 9만 3,000달러에 팔린다. 723제곱피트에 침실이 한 개인 i-하우스 I은 7만 4,900달러에 팔린다. 일반적인 트레일러나 조립주택보다는 가격이 비싸다. 집에 갖추어진 각종 시설을 고려한다면 더욱 그렇다. 몇몇 산업 분석가는 이런 시도가 더 합리적이고, 에너지 효율적이며, 독소도 없는 주택을 원하는 트렌드에 불길을 당길 거라고 믿는다.

사람들은 환경이 위험에 처해 있으므로 환경보호에 나서길 원하지만, 친환경적으로 사는 것은 여전히 부유한 사람들이나 누리는 사치라고 생각한다. 그러나 독소에 덜 노출되고 탄소사용 발자국을 덜 남기면서 돈을 절약할 수 있는 방법이 여러 가지 있다.

화석연료를 덜 사용하고 공해가 발생하지 않는 에너지원을 활용하는 것은 아마도 우리가 대면한 가장 중요한 도전일 것이다. 예전의 멋진 인생에서는, 가정에서 화석연료 소비에 중독된 듯 지나친 낭비를 일삼았다. 지금 그리고 앞으로 우리 임무는 이런 소비 중독에서 될 수 있는 한 자유로워지는 것이다. 감사하게도, 친환경적으로 사는 데에는 여러 가지 단계가 있다. 생태적으로, 경제적으로 충분히 말이 되는 이야기다.

대부분의 사람들과 가정에서 주택 문제 다음으로 비용이 많이 드는 것은 교통이다. 교통은 환경과 관련해서 여러 가지 의미를 함축하고 있는 분야다.

Part 5

출퇴근에
시간을 낭비하기엔
인생이 너무 짧다

지구상에 사는 사람들은 대부분 자기 발로 움직이고 돌아다닌다. 인간은 지금까지 걸으며 살아왔다. 아주 자주, 아주 많이 걸었다. 가끔 뛰기도 했다. 말 길들이는 법을 배운 뒤에는 말을 타고 다녔다.

하지만 동력 장치의 발명과 더불어 지난 200년 동안 많은 것이 변했다. 동력 장치는 인간의 경험을 엄청나게 바꿔놓았다. 이제 평균적인 미국인은 매일 300미터 정도밖에 걷지 않는다. 자동차나 트럭을 타고는 48킬로미터나 여행을 떠나면서 말이다.

이런 진보를 바라보며 자동차가 우리를 얼마나 빨리 움직일 수 있게 해주었는지 자부심을 느낀다. '패밀리 세단'이라 이름 붙인 차조차 시속 260킬로미터까지 달릴 수 있는 속도계를 달고 있다. 미국 내 어떤 주에서도 시속 130킬로미터 이상 허락하지 않는데 말이다. 자동차는 필요 이상 빠르게 달릴 수 있도록 만들어졌다. 자동차 제조업체들은 최고 속력이 더 높게 표시될수록 사람들이 차에 더 비싼 값을 지불한다는 사실을 알고 있다.

우리는 빠른 자동차에 돈을 더 많이 투자하고 목적지에 빠르게 데려다주는 자동차를 사랑한다. 하지만 요즘은 그런 재미와 타협해야 하는 또 다른 현실이 기다리고 있다. 바로 교통 체증이다. 미국 운전자들이 교통 체증 때문에 갇혀 있는 시간을 모두 더한다면 일 년에 80억 시간이나 된다. 이는 한 운전자당 일 년에 40시간이나 되며 교통 체증에 갇혀 전혀 움직이지 못한 채 한 주 내내 갇혀 있다는 의미다.

시간이 지날수록 자동차가 우리의 시간과 돈을 더 많이 빼앗아가고 있다. '러시아워'라 불리던 교통 혼잡은 많은 도시에서 하루 종일 일어나고 특정 시간대에는 그보다 훨씬 더 심하다. 자동차들이 달팽이처럼 천천히 움직이는 시간대를 '러시아워'라 하다니 좀 이상하지 않은가?

간선도로와 고속도로는 더 나은 생활을 하기 위해 만들었지만, 뉴욕의 통근자들은 뉴욕 인근의 고속도로를 '롱아일랜드 고충도로'라고 한다.

오늘날 평균적인 미국 성인은 매일 72분 정도 자동차 핸들을 잡는다. 일 년이면 437시간이 되는데, 하루에 8시간씩 일한다고 가정할 때 54일에 해당하는 시간이다. 이 양적 시간이 삶의 우선순위를 결정할 수는 없겠지만, 평균적인 미국 아버지들이 아이들과 함께 보내는 시간의 두 배에 해당한다.

미국 노동통계국에 따르면 우리는 수입의 20퍼센트 정도를 자동차를 소유하고 유지하는 데 지출한다(이 계산에 대해 정확히 이해하기 힘들다면 3장에서 말한 계산법을 생각해보자).

해마다 3개월에 해당하는 근무 시간을 운전하느라 보낸다는 의미이고, 두 달치에 해당하는 월급을 자동차 유지와 관리에 쓴다는 의미이기도 하다.

2009년 도요타의 트럭 광고에는 '당신을 위한 236마력 서비스'라는 말이 나온다. 하지만 좀 더 자세히 살펴보면 자동차가 우리를 위해 존재하는지, 우리가 자동차를 위해 존재하는지 알 수 없을 정도다. 우리가 차를 소유했을까, 아니면 차가 우리를 소유했을까?

자동차 강박이라는 마케팅

자동차로 예전의 멋진 생활을 축약해 소개하는 기업이 있다면, 그건 아마도 제너럴모터스일 것이다. 얼마 전까지만 해도 이 회사는 미국 경제의 10퍼센트를 책임졌고 탁월한 기업의 상징이자, 미국적인 생활방식의 상징으로 여겨졌다. 제너럴모터스는 다른 어떤 기업보다도 오늘 우리가 알고 있는 소비지상주의에 책임을 져야 한다. 지난 해에 나온 자동차 모델이 유행에 뒤떨어져 보이게 해 사람들로 하여금 새로운 모델을 사도록 해마다 디자인에 약간씩 변화를 주는 전략을 '계획적 진부화'라고 한다. 이 아이디어를 낸 사람이 바로 오랫동안 제너럴모터스 회장을 지낸 알프레드 슬로언Alfred Sloan이다. 슬로언이 이 아이디어를 제안했을 때 날카로운 안목을 지닌 평론가 반스 패커드Vance Packard는 그 결과를 경고했다. 패커드는 '계획된 쇠퇴'를 '우리를 소모적이고 빚에 시달리며 영구적으로 불만족스러워하는 성인으로 만드는 조직적인 시도'라고 했다.

하지만 이 아이디어의 영향력은 더욱 확고해졌다. 2009년 〈로스앤젤레스 타임스〉의 자동차 칼럼니스트 댄 닐Dan Neil은 슬로언의 프로그램이 "미국인을 끊임없이 움직이는 트레드밀에 올려놓아서 오늘날까지도 숨을 헐떡이며 뛰게 만들었다"라고 말했다.

슬로언의 또 다른 놀라운 아이디어 가운데 '성공의 사다리'라는 것이 있다. 이 회사는 사람들이 사회적 지위가 올라갈수록 쉐보레, 폰티악, 올즈모빌, 뷰익, 캐딜락 등 자사 브랜드 자동차를 차례로 업그레이드하도록 만드는 데 10억 달러 이상의 돈을 투자했다. 댄 닐은 이렇게 말한다. "성공의 사다리는 자동차에서 카스트 제도이자 계급화 프로그램이라 볼 수 있다. 현대적이고 과학적인 마케팅과 광고로 무장한 제너럴모터스는 우리가 어떤 사람인가와 우리가 어떤 차를 운전하는가를 실존적으로 연결하게 되었다."

자동차의 진짜 비용

이상적인 세계에서는 자동차를 덜 몰아야 한다. 가고 싶은 곳으로 쉽게 걸어갈 수 있도록 도시와 라이프스타일을 디자인해 자동차와 트럭에 덜 의지한다. 우리가 타는 자동차는 재활용할 수 있는 오염 없는 에너지를 연료로 사용한다. 그러려면 대중교통을 엉망으로 만들어버린 정부 정책을 재검토해야 한다. 편리한 고속철도와 자전거도로, 우아하고 효율적인 버스 시스템, 보행자 우선의 환경을 만들어야 한다. 시내 지도에는 자전거도로와 보행자도로를 표시해야 한다. 그러면 대기는 훨씬 더 깨끗해지고 나를 위한 시간은 더 많아진다. 도시도 좀 더 고요해지고 더 친근해진다. 기후는 훨씬 더 안정되고 사람들도 더 건강해진다.

이런 바람직한 일은 현실에서는 일어나지 않는다. 우리가 사는 이 세상에서 각자가 결정해야 하는 것이 있는데, 그중 하나가 바로 자동차에 대한 기본 태도를 재고하는 것이다.

자동차 광고는 운전을 즐겁고 섹시한 경험으로 채색하느라 온갖 노력을 아끼지 않는다. 역설적이게도 25주년 지구의 날 발표한 인피니티의 광고는 이렇게 말한다. "이것은 차가 아니다. 최음제다." 쉐보레 카마로 광고는 이렇게 말한다. "온 세상이 콘크리트로 포장되기를 바라게 만든 차."

예전의 멋진 인생을 대표하는 광고 가운데 어떤 것은 코믹하기조차 하다. 해마다 수십억 달러가 투자되는 자동차 제조업체 광고에 우리는 모두 영향을 받는다. 자동차를 소유하고 모는 데에 돈이 얼마나 많이 들어가는지 98퍼센트가 이해하지 못한다는 연구결과도 있다.

조금 과장되었는지는 모르지만 채무 해결 전문가인 데이브 램지Dave Ramsey는 "최악의 차 사고는 바로 자동차를 사러 간 쇼룸에서 일어난다"라고 말했다. 유지할 능력이 없는 자동차를 사려고 몇 년 동안 빚을 지게 되는 자동차 계약서에 사인하는 것이 가장 큰 사고라는 의미다.

미국 노동통계국에 따르면 자동차에는 주거지(홈 모기지나 임대료) 다음으로 비싼 비용을 치러야 한다. 미국 가정들은 음식과 의료비에 쓰는 비용만큼 자동차에 쓴다고 할 수 있다.

〈뉴욕타임스〉의 경제 저널리스트 데이비드 레온하트David Leonhart는 2008년 코네티컷에 있는 〈컨슈머 리포트〉의 테스트 담당 자동차 엔지니어 제이크 피셔Jake Fisher의 도움을 받아 차와 트럭을 소유하는 데 비용이 얼마나 드는지 계산해보았다. 일 년에 2만 4,200킬로미터를 운전한다고 가정할 때 포드 F-450 픽업트럭, 링컨 내비게이터, 렉서스 XC570 등 시장에 선보인 상당수 자동차들을 5년 사용하려면 10만 달러 정도가 필요했다. 물론 이는 자동차 딜러의 판매가가 아니라 보험, 이자, 감가상각, 수리·수선, 유지, 세금, 타이어, 주유 등 자동차를 소유하고 사용하는 데 필요한 온갖 비용을 다 합한 것이다.

웹사이트 에드먼즈 닷컴Edumunds.com에서도 '자동차를 소유하는 데 필요한 진짜 비용'을 소개했다. 새로운 차나 5년 정도 된 중고차의 경우, 이 차를 5년간 소유하고 모는 데 비용이 얼마나 들지 생각해보라고 말한다.

이런 계산법도 나름대로 유용하지만 내가 계산해본 바로는 필요한 비용을 충분히 반영하지 못했다. 한 가지 예로, 자동차 연료비 상승을 포함시키지 않았다. 연료비가 오르면 자동차 소유비와 운영비도 오르는데, 차종에 따라 더욱 심각할 수 있다. 또 일반적인 계산법에는 주차비용이 포함되어 있지 않다. 모두 모범운전자라고 추정하지만 만일 운전 경력에 문제가 있다면 추정치보다 보험금을 훨씬 더 많이 내야 한다는 점도 고려하자.

자동차 사고에 따른 신체적인 건강 비용도 고려하지 않았다. 미국에서는 해마다 자동차 사고가 600만 건 이상 일어난다고 보고되는데, 그 경제적 비용이 2,300억 달러에 이른다. 슬프게도 1900년 이후 자동차 사고로 사망한 사람들의 수는 미국 역사상 모든 전쟁 사망자를 합한 수의 두 배나 된다. 오늘날 미국의 자동차 광고에서 이런 사실은 언급되지 않는다.

여전히 많은 사람이 자동차가 선택이 아닌 필수라고 여긴다. 다행히 자동차 관련 비용과 위험을 줄이고 대기오염을 낮추며 삶의 질은 높이는 방법이 있다.

교통비를 줄이기 위한 새롭고 멋진 삶의 전략

중고차 사기

사람들은 대개 2, 3년마다 새로운 차를 사거나 빌리는 습관에 젖어 있다. 하지만 경제적으로 더 합리적인 대안이 있다. 10년이나 12년마다 또는 자동차에 별 문제가 없다면 더 오래 있다가 중고차를 사는 것이다.

새로운 차 대신 중고차를 사면 '새것'이 주는 흥분이 덜할 수 있다. 하지만 그만큼 가치는 있다. 중고차를 사면 차를 소유하는 순간부터 발생할 감가상각과 보험료가 줄어든다. 경제적인 견지에서 보면 중고차는 단기적으로나 장기적으로나 새 차보다 비용이 덜 든다.

그러니 가능하면 너무 크거나 비싸지 않은 몇 년 된 중고차를 사서 잘 관리하며 오래 사용하는 것이 좋다. 너무나 당연한 일인데, 똑똑하다는 사람들도 전혀 다르게 행동하는 걸 보면 놀랄 수밖에 없다. 지금까지 연료비가 계속 올랐고 앞으로도 그럴 것이기 때문에 연료효율을 중시해야 한다. 물론 규칙적으로 점검받은 차가 훨씬 믿을 만하고 문제도 적다. 자동차를 사기 전에 전문 기술자에게 점검받은 차를 고르는 것도 좋은 방법이다. 이렇게 하면 다른 사람이 일으킨 고장으로 고생할 필요가 없을 테니 말이다.

절대로 크게 사고가 난 적이 있는 차를 사지 마라. 잠재적인 문제를 내포할 수도 있다. 이런 차는 겉으로는 별 문제 없이 깔끔하게 정비되어 있지만 문제가 있는 곳을 가리기 위해 수리와 장식을 해놓았을 수도 있다.

오래된 차를 몰면서 가격효율성을 고려하지 않아도 되는 시점은 언제일까? MIT에서 학위를 받고 오랫동안 자동차 정비 전문가로 일한 톰 앤 레이 마글리오지Tom&Ray Magliozzi는 이렇게 말했다. "비싸지 않은 부품을 구할 수 있고 큰 수리를 하느라 딜러에게 찾아갈 필요가 없다면, 제대로 된 차는 64만 4,000킬로미터 이상 경제적으로 주행할 수 있도록 만들어졌다."

차를 지나치게 오래 타야 하는 것처럼 보일지 모르지만 얼마 전까지만 해도 그랬다. 25년 전만 해도 9만 6,500~12만 8,800킬로미터라고 하면 상당한 주행거리처럼 보였다. 하지만 주행거리에 대한 기대는 지난 몇 십 년 동안 상당히 커졌다. 왜 그럴까? 디트로이트로 대표되는 미국 자동차 제조업체들보다 훨씬 더 믿을 만하고 더 오래 탈 수 있는 차를 일본에서 만들었기 때문이다. 결국 미국 업체들도 일본 회사를 따라잡기 위해 품질이 더 나은 자동차를 만들어야 한다고 깨닫게 되었다.

이런 사실을 아는 사람이 많지 않은데, 중고차를 사면 건강과 관련해서도 이점이 있다. 사람들이 잘 깨닫지 못하는 위험인 '새 차 냄새'에 노출되는 일이 없어지니 말이다. 어떤 사람은 비닐과 플라스틱에서 방출되는 가스 냄새에 매혹되기도 하지만 진실을 알면 달라질 것이다. 벤젠(발암물질), 아세톤, 에틸벤젠(중추신경계 유독물질), 포름알데히드(발암물질), 톨루엔(세포 손상), 크실렌 이성체(치명적 독소) 등을 포함한 활성유기화합물VOC이 새 차에서 나온다. 차를 탄다는 것은 끊임없이 나쁜 접착제를 들이마시는 것과 마찬가지다.

2001년 오스트레일리아 정부 기관은 2년에 걸친 연구결과 새 차의 비닐과 플라스틱에서 발생하는 가스가 두통, 폐렴, 구역질, 졸림, 심하게는 암까지 유발한다고 발표했다. 영연방 과학산업연구소의 조사에 따르면 새 차에서 나오는 가스는 독성이 있어 몇 분만 맡아도 많은 사고의 원인이 될 수 있다.

다른 많은 것과 마찬가지로 자동차에서도 '새로운' 것이 항상 '좋은' 것은 아니다. 새 차는 독성이 더 많다. 더구나 새 차는 언제나 훨씬 더 비싸다는 사실을 기억하자.

리스는 피하라

딜러들이 리스를 권하는 데에는 이유가 있다. 리스를 하면 자신들이 돈을 더 벌 수 있기 때문이다. 이 말은 구매자가 돈을 더 내야 한다는 의미이다.

미끼라는 말은 물론 '손해 볼 일 없는 거래'라는 말이지만 리스 기간에 해마다 2만 킬로미터 이상 운전한다면(다른 사람들이 그러는 것처럼), 약간이라도 문제가 있는 상태로 반환한다면(약간의 흠집이라도 몇 개 있다면), 상황이 바뀌어 조금이라도 일찍 반환한다면 이 모든 것이 수수료와 벌금으로 이어진다.

세금 혜택을 이유로 리스를 권하는 사람도 있다. 하지만 혜택은 대부분 극히 미미한 정도에 불과하니 리스를 해서 위험을 키울 필요는 없다. 만일 자동차를 리스하고 예기치 못한 문제가 생긴다면 리스비를 지급하지 못하고 선택의 여지없이 상당한 출혈을 하게 될 것이다. 자동차를 소유했을 때는 예기치 못한 상황이 생겼을 경우 차를 팔면 그만이다. 하지만 리스를 했을 때는 계약금을 계속 갚아야 하는 문제가 생긴다.

고급 휘발유를 사용하지 말자

어떤 사람들은 일반 휘발유 대신 고급 휘발유를 사용하면 연비에 도움이 될 거라고 믿는다. 하지만 이 말은 사실이 아니다. 옥탄가를 높이기 위해 정유사는 마일리지를 높여주는 첨가제를 넣곤 한다. 또 에탄올을 더하기도 하는데 이때는 정반대의 결과를 가져온다. 고급 휘발유에는 오일 청정제가 추가되어 있는데 오늘날 팔리는 일반 휘발유는 이미 엔진을 깨끗하게 만들어주는 청정제 성분을 함유하고 있다. 몇몇 특수한 경우를 제외한다면, 고급 휘발유는 마케팅의 속임수에 지나지 않는다. 그럼에도 가격 차이는 상당하다는 사실을 알아야 한다.

'하이퍼마일링'을 생각해보자

'하이퍼마일링'이란 연료효율성을 최대화하기 위해 운전 습관을 교정하는 것이다. 제한된 속도로 운전하고 액셀과 브레이크를 부드럽게 밟는 법을 익히며 운동량을 적절히 유지하면(파란불에 맞추려고 관성을 이용해 움직이거나, 앞차와 적절한 거리를 유지하거나, 언덕길을 내려갈 때 약간 속도를 더해 후진할 때 도움을 받거나 하는 등) 갤런당 50센트 정도 절약할 수 있다. 이렇게 하면 운전 시간은 조금 더 걸리고 다른 운전자들에게서 불평을 듣겠지만 차 손상을 최소화해 운영비와 수리비를 줄일 수 있다.

자동차 관리를 생활화하자

경기가 나빠지면서 가능한 한 모든 부분에서 비용을 절약하려고 노력한다. 하지만 잘못했다가는 더 비싼 대가를 치르게 되므로 절대 줄여서는 안 되는 비용도 있다.

자동차오일은 8,000킬로미터마다 규칙적으로 갈아주어야 한다. 그렇지 않으면 찌꺼기가 생겨 자동차 엔진에 좋지 않은 영향을 준다. 타이어도 세심하게 관리해야 한다. 압력이 적절하게 조정되어 있지 않으면 연료를 더 사용하게 된다. 상당수 자동차 사고가 타이어 압력 때문에 일어난다. 타이어가 닳았거나 브레이크 패드가 닳았을 경우 자신과 다른 사람을 위험에 빠뜨릴 수 있으니 미리 관리해야 한다.

보험료 조정하기

돈을 절약하는 또 다른 방법은 세금 공제폭을 높이는 것이다. 이때 작고 덜 비싼 차를 사는 것이 해결책이다. 도둑맞을 위험이 덜하고 수리하거나 대체하는 데 비용이 덜 드는 차가 보험료도 적게 나온다. 차가 오래되어서 가치가 떨어지면 보험료도 낮출 수 있다. 물론 운전도 조심해서 해야 한다. 교통법규를 위반하거나 사고를 내면 보험료가 올라갈 테니 말이다.

하이브리드차

하이브리드차는 자동차 시장에서 가장 빠른 성장세를 보이는 차로 되팔 때에도 가치를 인정받을 수 있다. 휘발유값이 올라가면 하이브리드차를 중고차 시장에 팔 때 가치가 올라간다. 수리비는 기존 자동차 수리비와 비슷하다.

그렇지만 오해해서는 안 된다. 하이브리드차라고 해서 모두 연료 효율성이 뛰어나다는 이야기는 아니다. 여기에도 물리학 법칙이 여전히 적용된다. 자동차나 트럭은 차체가 무거울수록 연료를 더 많이 사용하고 탄소배출량도 더 많다. 몇몇 자동차 제조업체는 연료효율성을 높이는 대신 파워를 더하기 위해 하이브리드 기술을 적용하기도 한다. 자동차 파워를 높이는 가림막으로 친환경 기술을 활용하는 것이다. BMW의 2010년 X6 하이브리드차는 도심에서 주행할 때 갤런당 25킬로미터를 운행하는데 고속도로에서는 이런 연비가 더 나아지지 않는다.

하이브리드 자동차로 팔리지만 하이브리드 자격을 갖추지 않은 차도 있다. 이런 차들은 약간 시늉해서 연료효율이 조금 더 낫기는 하지만 도요타 프리우스나 혼다 인사이트 같은 그룹에 포함시킬 수는 없다.

도요타의 프리우스나 혼다의 인사이트 같은 진짜 하이브리드차는 이야기가 다르다. 이들은 처음부터 하이브리드차로 설계되었고 휘발유나 가스는 물론 전기로도 움직인다. 일 년에 2만 4,000킬로미터를 주행한다고 할 때 휘발유 가격이 갤런당 3달러라면, 프리우스로 갤런당 80킬로미터를 가고 일반 자동차로 갤런당 32킬로미터를 가면 일 년에 1,350달러의 차이가 생긴다. 연료비가 갤런당 4달러라고 하면 해마다 1,800달러를 절약할 수 있다.

프리우스나 인사이트 같은 하이브리드차는 유지비도 줄여준다. 오토매틱 트랜스미션을 장착한 자동차는 3만 2,200킬로미터 또는 4만 8,200킬로미터마다 새로운 브레이크 패드가 필요한데, 전기 브레이크를 사용하는 하이브리드차의 경우 브레이크 관리하기가 훨씬 더 편하다. 하이브리드차의 경우 몇 천 달러에 이르는 배터리 팩을 바꿔야 한다는 생각에 망설일지도 모른다. 도요타에서는 이런 배터리가 차와 수명을 함께할 만큼 길다고 말하지만 그건 두고 보아야 한다. 실험 결과 하이브리드 배터리는 28만 9,700킬로미터 정도 사용할 수 있었는데, 현실에서는 또 다른 이야기다. 혼다와 포드, 도요타는 12만 8,800킬로미터까지 배터리 수명을 보장한다. 하이브리드차를 충분히 오랫동안 몰면 배터리 팩을 바꿔야 할 텐데, 24만 1,400킬로미터 정도 운행했다면 앞으로도 어느 정도 더 운행할 거라고 기대하게 된다.

몇몇 자동차 구매업자는 하이브리드차로 생기는 과외 지출을 문제 삼는다. 연료가 쌀 때에는 더욱 그렇다는 것이다. 그러나 미래에는 연료값이 오를 테니 하이브리드차로 절약되는 금액은 주유소 가는 발걸음을 조금은 가볍게 해줄 것이다. 하이브리드차는 세금 혜택을 비롯해 다양한 혜택을 준다. 어떤 지역에서는 하이브리드차에 운전자 혼자 탔어도 정체 차선을 사용할 수 있게 허락해준다. 또 많은 도시에서 하이브리드차 소유주에게 주차 무료 또는 할인 혜택을 선사한다. 몇몇 대학은 하이브리드차를 모는 교직원과 학생들에게 특별 주차요금을 제안하고 호텔에서는 무료 주차 서비스를 한다. 파머스 인슈어런스 그룹, 게이코, 트래블러스 등 자동차 보험업체는 미국 몇몇 주에서 보험료를 할인해주기도 한다. 하이브리드차 출퇴근을 격려하는 회사도 늘고 있다. 구글, 뱅크 오브 아메리카, 파타고니아, 클리프바 등에서는 하이브리드차를 사거나 리스할 때 5,000달러 정도를 보조해준다.

카풀하기

카풀을 하면 기름값을 절약하는 것은 물론 다양한 이점이 있다. 환경에 좋은 영향을 주고 차를 함께 타는 동안 외롭지 않으며 사회적 교제가 가능하다.

'그린 아메리카'는 환경과 관련해서 지속가능성을 홍보하고 경제적 정의를 실현하려는 미국의 비영리 소비자단체다. 2009년 이 조직의 뉴스레터는 카풀할 때 어떤 일이 일어나는지 놀라운 이야기를 들려주었다.

버지니아주 셜링턴에서 워싱턴 DC까지 카풀을 하는 앤 벤슨은 로맨스를 기대하지는 않았다. 그저 여러 동료와 차를 함께 타며 기름 값을 줄이고 1인 이상의 승객을 태운 차에게 허락되는 버지니아 고속도로의 이점을 누리며, 카풀하는 직원에게는 주차 공간을 확보해주는 회사 방침을 활용하고 싶을 뿐이었다. 그런데 몇 번 함께 차를 타고 다닌 카풀 동료 앤드류 밀러와 사랑에 빠져 결혼까지 하게 되었다.

물론 카풀에 참여한다고 해서 모두 사랑으로 발전하지는 않는다. 하지만 사회생활에서 서로 이익을 보는 결과를 안겨주고, 지구 환경을 위해 바람직하며, 가계부 고민도 덜어준다. 새로운 온라인 도구를 활용하면 카풀을 예전보다 훨씬 더 쉽게 할 수 있다.

카풀 사이트(zimride.com)는 구글 맵과 페이스북 같은 네트워크를 활용해 차를 모는 사람과 차를 타는 사람들을 연결해주는 알고리즘을 만들어냈다. 이 무료 서비스는 편도, 왕복, 매일 통근 등 가운데 다양하게 선택할 수 있다. 운전자나 승객에 관해 조금 더 자세히 알 수도 있는데, 운전 속도, 음악적 취향까지 고려할 수 있다. "주위를 대상으로 좀 더 큰 커뮤니티를 만드는 것이 목표입니다. 이런 커뮤니티는 인간관계를 친근하게 만들어주죠. 여기에 덧붙여 돈을 절약하고 자동차 연료비를 줄일 수 있으니까요." 그는 2009년 짐라이드를 이용해 뉴욕에서 캘리포니아 팔로알토까지 횡단했다.

특정 대도시 주변에서는 카풀할 수 있는 다양한 정보가 교환된다.

내가 사는 마을이나 도시를 인터넷으로 찾아 '카풀' 등을 넣어 검색하면 다양한 가능성을 발견할 수 있다.

샌프란시스코 베이 에리어에서는 '캐주얼 카풀'이라는 현상이 눈에 띈다. 주중 아침이면 차와 승객이 캘리포니아 오클랜드 록리지 지역의 세이프웨이 슈퍼마켓 앞에 몰려온다. 이들은 서로 모르며 특별히 계획되었거나 조직되지도 않았다. 차를 태워달라는 의미로 엄지손가락을 내밀지도 않는다. 그저 걸어서 비어 있는 차에 탈 뿐이다. 차 한 대에 승객이 가득 차면 샌프란시스코로 떠난다. 그러는 동안 이스트 베이 지역의 30여 군데에서 이와 비슷한 일이 진행된다. 30분에서 45분 뒤 이 차들은 샌프란시스코 번화가인 프레몬트와 미션 스트리트 교차점에 도착한다. 사람들은 차에서 내려 시내버스로 갈아탄다.

운전자는 고속도로 사용요금을 내지 않고 혼잡한 차선을 이용할 수 있으므로 더 빨리, 더 싸게 원하는 곳에 갈 수 있다. 승객들은 무료로 교통 지도를 받게 된다. 도로를 달리는 차도 줄어들고 당연히 연료도 절약되며 원유를 수입할 필요도 적어진다.

샌프란시스코의 카풀제도가 눈에 띄는 데에는 두 가지 이유가 있다. 하나는 규제가 전혀 없다는 것이다. 정부나 단체의 그 어떤 참견도 없다. 또 다른 하나는 규모가 놀랍다는 것이다. 베이 에리어 도심 교통국 대변인 랜디 렌츨러Randy Rentschler에 따르면 "아침에 베이 브리지를 지나가는 차량 대다수는 무료 카풀을 실행합니다. 잘 진행되고 있고 모두를 위해 좋은 일이지요. 베이 에리어의 가장 큰 교통자원뿐 아니라 전체 미국의 가장 큰 교통자원은 바로 모든 사람이 모는 승용차의 빈자리입니다." 베이 브리지를 이용하는 차량의 46퍼센트 정도가 카풀 차량이다. 그중 절반은 '캐주얼' 카풀이다. 이는 샌프란시스코 베이 에리어의 아침 교통량 중 25퍼센트를 캐주얼 카풀 차량이 책임진다는 의미이기도 하다.

다른 도시에도 이런 일을 적용할 수 있을까? 2009년 〈굿〉 매거진에 놀라운 기사를 쓴 아담 스타Adam Starr에 따르면 가능하다고 한다. "베이 에리어의 특징이 카풀에 잘 맞기는 하지만 다른 도시 역시 캐주얼 카풀의 이점을 확인하게 될 것입니다. 환경을 고려하는 것이 결국 경제적인 측면을 고려하는 것임을 깨닫는다면 말이지요."

카 쉐어링

사람들은 말한다. 자동차를 다른 사람과 함께 탔더니 운전하는 시간은 줄었고 라이프스타일도 바뀌었다고 말이다. 사려 깊은 조정과 충분한 커뮤니케이션이 가능하다면, 여러 커플과 가족이 소유한 자동차 수를 줄일 수 있다.

점점 더 많은 도시에서 카 쉐어링 협동조합과 회사들이 인터넷을 통해 카 쉐어링 확산을 돕고 있다. 자동차 구입 비용과 보험금, 유지비를 다른 사람과 공유하는 것이다. 특별한 여행이나 일에 따라 크기가 적절한 자동차를 탈 수 있는 유연성 또한 누릴 수 있다.

집카(Zipcar.com)는 멤버십으로 운영되는 카 쉐어링 회사로, 회원들에게 시간당 또는 일당으로 차를 빌려준다. 최근 밴쿠버, 토론토, 런던 등 50개 도시에서 사업을 하고 있는데 집카는 자동차 렌탈 비즈니스에서 새로운 모델을 제안했다는 평을 듣는다. 시간당 또는 일당으로 인터넷을 통해 간단하고 빠르고 비싸지 않은 카 쉐어링 프로그램을 운영하는 것이 이 회사의 콘셉트다. 기존 렌터카 회사와 달리 집카 렌탈 가격에는 기름값, 보험금, 주차비, 매일 200킬로미터 주행이 다 포함된다. 온라인으로 예약하므로 줄을 서거나 기다릴 필요가 없다. 자동차들은 렌터카 사무실에 묶여 있는 대신 이 회사가 사업하는 각 도시의 주차장과 차고에 있다. 온라인을 통해 가장 가까운 곳에 있는 차를 찾아 예약하고 필요할 때 쓰면 된다. 장거리 여행을 가거나 장기 렌트 예약을 하는 것이 아니라면 비용도 일반 렌터카보다 훨씬 싸다.

페달 밟기

자동차에 덜 의존하려면 도움을 받을 수 있는 다른 교통수단이 있어야 한다. 그중 하나가 전기자전거다. 전기자전거는 조용하고 속도도 빠르며 타는 재미가 있다. 기존 자전거와 달리 계속 페달을 밟을 필요가 없다. 엄청나게 비싸지도 않고 가까운 약속장소에 가는 데는 훌륭한 대안이 될 수 있다. 간단한 조작만으로 일반 자전거를 전기자전거로 바꿀 수 있다. 아니면 시장에 나와 있는 전기자전거를 사도 좋다. 전기자전거에는 전기요금이 얼마 들지 않으니 안심해도 좋다.

전기자전거는 겉으로 보기에는 기존 자전거와 흡사하다. 구조물 안에 전기 모터가 숨겨져 있거나 차체에 달려 있다. 기본적으로 전기 운전만 가능한 모델, 페달로만 움직이는 모델, 두 가지를 결합한 모델이 있다.

한 친구는 일 년에 몇 차례밖에 자전거를 사용하지 않았는데, 이제는 매주 몇 차례씩 간단한 일을 볼 때면 항상 사용한다. 무슨 차이가 있었을까? 키트를 사용해 옛날 자전거에 충전 가능한 전기 장치를 달았을 뿐이다. 동력을 얻기 위해 여전히 페달을 사용하지만 손목을 한 번만 돌리면 전기의 도움을 얻을 수 있다. 동력의 도움 없이 더 멀리, 더 빨리 자전거를 몰 수 있게 되었다. 편하게 속도를 유지하고 언덕을

오를 때에는 액셀러 역할을 해 훨씬 안전하게 자전거를 탈 수 있다. 여분의 동력으로 바이크 트레일러를 연결할 수 있어서 쇼핑을 많이 할 때에도 요긴하다.

물론 여전히 자동차를 타지만 이전보다는 사용 빈도가 줄었다고 한다. "비누 하나를 사기 위해서도 차를 몰고 나갔지. 가게까지 오가느라 1,360킬로그램에 이르는 차를 몰고 비싼 연료를 쓴다는 게 말이 안 된다는 사실을 알았지. 이제는 그럴 필요가 없네. 자전거에 전기 장치를 부착한 뒤로는 훨씬 더 자주 사용하게 되었으니까."

전기자전거는 모델에 따라 한 번 충전하면 24~96킬로미터를 달리기도 한다. 어떤 모델은 언덕길을 내려가면서 충전되기도 하는데 이렇게 하면 배터리 충전의 여지를 넓히는 것은 물론 브레이크 패드의 사용 기간을 늘리고 운전자의 안전도 이전보다 훨씬 더 확실하게 보장할 수 있다.

전기자전거는 대부분 시간당 24~40킬로미터의 속력을 낼 수 있다. 가까운 곳을 갈 때에는 전기자전거를 타는 것이 차를 이용하는 것보다 훨씬 더 빠르다. 교통 혼잡에 빠지거나 주차 공간을 찾느라 빙빙 돌 필요가 없기 때문이다. 미국의 여러 주에서는 대부분 자전거 면허나 보험이 필요 없다. 소음도 나지 않으니 얼마나 좋은가.

페달을 사용하지 않고 오직 전기의 힘으로 움직이는 대형 전기자전거나 스쿠터도 있다. 더 크고 더 빠른 모터스쿠터는 훨씬 더 비싸고 페달을 밟을 때처럼 건강에 도움도 되지 않는다. 하지만 연료효율성이 뛰어나 시간당 72킬로미터나 갈 수 있다.

우리 집에는 간단한 일을 볼 때 사용하는 전기자전거가 있다. 아들은 직장에 갈 때도 이 자전거를 이용한다. 왕복 13킬로미터에 이르는 거리를 매주 서너 번 정도 자전거로 다닌다. 전기자전거를 이용하면 운전 거리가 줄어들고 차를 더 살 필요가 없으며 일 년에 몇 천 달러를 절약할 수 있다. 전기자전거는 이산화탄소나 다른 공해 물질을 방출하지 않는다. 배터리를 충전할 때 사용하는 전기를 만들어낼 때 발생하는 공해 물질을 고려한다 해도 전기자전거는 같은 거리를 갈 때 자동차가 내뿜는 오염 물질의 5퍼센트밖에 만들어내지 않는다. 배터리 충전을 위한 전기 비용도 자동차 연료비에 비하면 아주 적게 든다.

전기자전거도 주의할 점은 있다. 플러그를 꽂아 배터리를 충전할 수 있어야 하고 비나 눈을 막아주는 천장 있는 현관이나 차고 등 전기자전거를 세워둘 안전한 장소가 필요하다. 또 전기스쿠터와 자전거는 종류가 다양하므로 자기 필요에 맞는 것을 골라야 한다. 온라인으로 산다면 필요할 때 부품을 제대로 받을 수 있는 믿을 만한 회사를 골라야 한다.

자전거 타기

미국인은 자전거를 아이들이나 탄다고 생각한다. 하지만 다른 많은 나라에서 자전거는 성인들의 가장 중요한 교통수단이다. 네덜란드의 경우 자전거가 모든 도심 교통의 30퍼센트 정도를 책임진다. 거의 모든 도시에 자전거 전용도로가 설치되어 있고 사이클을 타는 사람들은 자동차 운전자보다 훨씬 더 많은 혜택을 누린다. 예를 들어 교통 신호등 앞에서 자전거 이용자들은 자동차 운전자들보다 먼저 움직일 수 있다. 2007년 암스테르담은 산업화된 서양 도시 가운데 자동차보다 자전거를 더 많이 이용하는 최초의 도시가 되었다. 인구 비례를 고려해도 네덜란드의 비만 인구가 미국에 3분의 1에 지나지 않는다는 것은 우연한 사실일까? 1인당 건강관리에 들이는 비용은 미국의 절반이라는 사실은 또 어떤가?

많은 사람이 어린 시절 자전거를 타던 추억이 있다. 그 즐거움을 지금은 누리면 왜 안 될까? 40~50대 들어 자전거 타기의 즐거움에 다시 빠진 사람들을 알고 있다. 이들은 자전거가 주는 신체적 건강뿐 아니라 정신적 건강의 좋은 점도 잘 알고 있다.

자전거 타기가 건강에 주는 혜택은 상당하다. 체육관에 연회비를 1,000달러 넘게 내고 고정된 운동용 자전거를 타는 사람에게 물어보자. 자전거 타기는 심장혈관계에 도움을 주는 운동이다. 관절 운동에도 도움이 많이 된다. 유산소운동 효과도 상당하다. 다리 힘을 기르는 데도 도움이 된다. 몸통 근육을 강화하는 데에도 마찬가지다.

자전거 타기에 다른 어떤 것보다 영향을 미치는 것이 날씨와 공공정책이다. 많은 도시가 나름대로 자전거에 대한 접근방식을 만들어가고 있다. 하지만 불행히도 상당수 도시는 여전히 자전거의 가치를 무시한다. 이제 변화를 만들어낼 때가 되었다.

여기 미국에 있는 세 도시의 사례를 생각해보자.

- 캘리포니아주 데이비스시는 날씨가 자전거 타기에 좋고 자전거 친화적인 정책을 펼친다. 캘리포니아 북부 도시에 사는 주민 20퍼센트가 자전거로 통근과 통학을 한다. 어린아이들은 걷거나 자전거를 타고 학교에 가므로 스쿨버스가 필요하지 않다. 이 도시는 200만 달러를 들여서 도로 아래에 자전거 전용터널을 만들었다. 이제 자전거 타는 사람들을 존중할 때가 되었다! 이 도시에는 자전거가 자동차보다 훨씬 더 많다.

- 콜로라도 볼더는 북부 캘리포니아처럼 자전거 타기에 적합한 날씨는 아니다. 하지만 주요 도로 90퍼센트에는 자전거 차선이 만들어져 교통 혼잡과 대기 오염을 상당 부분 줄이고 있다.
- 오리건주 포틀랜드는 비가 많이 오는 도시다. 그렇지만 다른 어떤 도시보다 자전거도로가 많다. 또 저소득층 어린이들이 건전하게 잘 자랄 수 있도록 자전거, 헬멧, 라이트, 자물쇠 등 자전거 탈 때 반드시 필요한 물품을 지원한다.

미국 도시들은 대부분 자전거와 관련해 안전을 고려한다. 자전거와 관련한 인프라(자전거 전용도로 등)가 제대로 갖춰지지 않은 지역에서는 자전거 타는 일이 상당히 위험할 수 있기 때문이다. 자동차 운전자들은 자동차와 자전거가 관련된 사고의 90퍼센트 이상을 초래한다.

다음번에 운전하다가 자전거 운전자를 본다면 그들이 받아 마땅한 존중심을 보여주자. 사회적 책임과 탄소배출 문제와 관련해 이들은 프리우스 운전자들보다 더 선도적인 견해를 보여주니 말이다.

프랑스 파리에서는 '벨리브Velib' 또는 '자전거의 자유'라는 이름의 자전거 대여 프로그램을 성공적으로 운영하고 있다. 이 프로그램은 2007년 시작되었는데 2년이 채 지나지 않아 자전거 2만 대가 도시 1,800곳에 놓였다. 처음 2년 동안 벨리브 자전거는 5,300만 번 사용되었고 파리의 가장 중요한 대중교통 수단으로 떠올랐다. 자전거 절도 문제가 심각하지만(많은 자전거가 동유럽과 아프리카 암시장에 내다팔렸다) 자전거는 매주 도시 주변에서 통근에 100만 건이나 이용되고 있다.

자동차, 그다음

플러그 인 하이브리드

플러그 인 하이브리드는 하이브리드차 트렌드에 비약적인 발전을 가져왔다. 아직 가격이 상당히 비싼 편이지만 앞으로 몇 년이 지나면 일반 자동차와 비교해서 가격 경쟁력을 갖추게 될 것이다. 이런 차는 갤런당 160킬로미터 정도 주행하는데, 그 이점은 연료효율성을 넘어선다. 플러그 인 하이브리드 자동차가 휘발유에 대한 의존과 오염, 환경 파괴를 덜어준다는 것은 과장이 아니다. 일반 자동차에서 소모되는 연료의 80~90퍼센트를 절약해주는 이 자동차는 화석연료의 남용을 조절하는 데에도 도움이 된다.

플러그 인 자동차를 모는 사람들은 나무를 끌어안고 항의하는 환경운동가나 앨 고어의 팬들만은 아니다. 플러그 인 자동차의 가장 열성적인 옹호자는 R. 제임스 울시James Woolsey다. CIA의 전 수장인 그는 국방장관 도널드 럼스펠드Donald H. Rumsfeld의 안보정책이사회 멤버로 3년을 보내며 '빈 라덴은 이 차를 미워해'라고 적힌 스티커를 붙인 플러그 인 하이브리드 자동차를 몰았다. 2008년 그는 〈내셔널 리뷰〉에 공동 저자로 "석유개발기구의 변덕, 중동의 근원적인 불안정한 정세, 테러와의 전쟁에 양쪽이 모두 지불해야 하는 냉대와 경멸에 더는 의지하지 않아도 된다"라는 글을 실었다.

울시는 전기자동차 옹호 단체인 플러그 인 아메리카의 이사로 일한다. 또 석유 의존과 관련한 국가 안보 문제를 인식하고 플러그 인 자동차 개발을 후원하는 셋 아메리카 프리Set America Free Coalition의 창립 멤버이기도 하다.

"미국에서 사용되는 연료의 97퍼센트는 석유에 기반을 두며 우리가 사용하는 원유의 3분의 2는 수입한 것이다. 휘발유 가격이 끝없이 올라 외국에서 수입한 원유에 의존하는 자동차는 우리를 파산으로 몰고 갈 것이다. 미국인은 미국을 미워하는 나라에서 원유를 수입함으로써 그 나라의 재정을 불려주는 셈이다. 자동차가 오직 석유를 연료로 움직이는 한 우리는 계속해서 볼모가 될 뿐이다."

플러그 인 기술이 발전소 설립을 재촉해 또 다른 오염을 불러오는 것이 아니냐는 의문이 들지 모른다. 2007년 천연자원 안보 협의회와 전기 발전 연구소는 '유전에서 핸들로'라는 주제로 분석을 했다. 연구 결과 미국이 플러그 인 기술을 도입하면 공해가 급속도로 줄어든다는 사실을 확인할 수 있었다. 탄소 배출 감소만으로도 충분히 의미가 있다. 해마다 공해 물질을 5억 톤이나 덜 배출하는 것이다. 다른 공해 물질도 상당 부분 덜 배출될 것이다.

현존하는 송전망을 통해 플러그인으로 교체하려는 미국인의 4분의 3을 지원할 수 있을 거라는 연구결과도 나왔다. 이 자동차들은 작동을 완전히 멈추지 않는 발전소에서 나오는 여분의 전기를 사용할 수 있으니 전기 사용에 부담을 주지 않는다. 사실, 플러그 인 하이브리드는 필요한 전기량을 줄여갈 수 있다. 밤(전기 사용량이 가장 낮은 시간대)에 충전한 플러그 인 자동차의 배터리는 낮 시간(전기 사용량과 가격이 최고점인)에 다양한 활용처에 전기를 공급할 수 있다. 낮 시간에 각 가정에서 필요한 전기를 집 밖에 주차한 플러그 인 하이브리드 자동차로 공급할 수 있다. 유용하게 돈을 아낄 수 있으며 정전이 되어도 큰 역할을 할 수 있다.

플러그 인 하이브리드차가 상용화되면 가솔린도 덜 사용하고 해외에서 수입한 원유에 대한 의존도도 줄어들며 대기오염과 탄소배출도 줄일 수 있다. 동시에 이 나라 곳곳에 풍력발전소를 수천 개 세워 재생가능하고 오염도 일으키지 않는 에너지를 전기로 바꿀 수 있다면, 자동차에 필요한 에너지를 바람에서 얻을 수 있다. 이렇게 하면 농장과 목장이 살아날 수 있고, 무역 적자를 줄일 수 있으며, 자동차의 탄소배출을 거의 제로로 떨어뜨릴 수 있다. 예전에 자동차와 트럭을 만들던 조립 라인에서 풍력발전용 터빈을 만들고 디트로이트와 다른 도시에 수많은 새 일거리를 만들어낼 수 있다. 더 놀라운 사실이 있다. 어스 폴리시 인스티튜트의 레스터 브라운Lester Brown 대표는 "바람으로 만들어낸 전기로 배터리를 충전할 때의 비용은 가솔린을 갤런당 1달러 미만으로 사는 것이나 마찬가지다"라고 말했다.

전기자동차

미래를 생각해보면 전기자동차는 가능성이 충분하다. 이미 테슬라 모터스는 전기로만 가는 스포츠카 테슬라 로드스터를 소개했는데, 이 차는 리튬 이온 배터리 팩을 한번 충전하면 390킬로미터를 달릴 수 있다. 가격이 비싸지만 믿을 수 없으리만치 빠르고 시속 60킬로(mph)까지 가는데 3.9초밖에 안 걸려 그야말로 세상에서 가장 빠른 차라고 할 수 있다. 〈모터 트렌드〉는 이 차가 "부정할 수 없을 정도로, 믿을 수 없을 정도로 효율적이다"라고 평가하면서 "덜컹거리는 페라리나 포르쉐가 조용하게 갤런당 170킬로미터를 달리는 테슬라 옆에 서기라도 하면 몹시 부끄러울 것이다"라고 말했다.

'갤런당 170킬로미터'라는 수치는 〈모터 트렌드〉에서 인용한 재미난 수치인데, 사실 전기자동차는 가솔린을 전혀 사용하지 않는다. 로

드스터는 퍼시픽 가스&일렉트릭 컴퍼니(PG&E)의 일반적인 전기요금을 기준으로 할 때 1.6킬로미터당 3센트 정도 연료비가 필요한데 이를 가솔린으로 환산하면 갤런당 170킬로미터를 달린다는 수치가 나온다. PG&E는 밤에 충전하는 전기자동차 소유주에게는 전기요금을 할인해주겠다고 제안했는데, 이는 전기자동차를 소유한 사람이라면 누구나 하는 일이다. 이렇게 더 정확한 계산을 기반으로 E-9라고 부르는 테슬라 로드스터는 페라리, 람보르기니, 코르벳을 넘어서 갤런당 560킬로미터를 주행할 수 있다.

로드스터는 한정판으로 선보이는 특별한 자동차로, 보통 사람들은 손에 넣을 수 없는 가격이다. 하지만 전기로 가는 초고성능 차를 양산할 여지는 충분하다. 시간이 흘러 대량 생산이 가능해지면 가격이 적당한 전기자동차를 만날 수 있다. 그 옆에서는 오늘날의 프리우스도 연료를 낭비하는 것처럼 보일 것이다.

전기자동차는 점검이나 기타 서비스가 거의 필요하지 않다는 또 다른 장점이 있다. 수리할 트랜스미션이나 클러치도 없고 연료분사장치나 라디에이터도 없으며 조절해야 하는 타이밍 벨트도 없다. 어떤 사람들은 미국 자동차업체가 최근까지 전기자동차를 개발하지 않는 것이 바로 이런 이유 때문이라고 생각한다. 자동차 딜러들은 부속품과 수리에서 이윤의 상당 부분을 얻기 때문이다.

수소자동차의 한계

19세기 쥘 베른Jules Verne의 공상과학 소설이 나온 이래 수소는 화석연료를 대체할 듯이 보였다. 최근 들어 이런 꿈은 수소 연료전지를 사용하는 자동차에 집중되고 있다. 자동차의 배기구로 수증기만 나오는 자동차 말이다.

　수소자동차는 2005년에 이르러 비로소 모습을 본격적으로 드러내었다. 1997년 독일 자동차 브랜드인 다임러벤츠는 2005년까지 수소 연료전지fuel cell를 사용하는 자동차를 최소한 10만 대 팔겠다고 장담했다. 1998년 제너럴모터스의 CEO 잭 스미스Jack Smith는 디트로이트 모터쇼에서 GM은 '2004년 즈음' 수소 연료전지 자동차 제작을 완료할 거라고 말했다. 1999년 포드의 CEO 자크 네서Jacques Nasser는 자신이 일하는 동안 연료전지를 사용하는 자동차가 가솔린 자동차를 대체할 것이라고 말했다(그는 2001년 사임했다). 2003년 미국 대통령 조지 W. 부시는 수소 연료 개발 계획을 발의하며 관련 연구를 위해 10억 달러를 투자하겠다고 발표했다. 2004년 캘리포니아 주지사 아널드 슈워제네거는 2010년까지 '수소 고속도로'를 만들겠다고 약속했다.

　하지만 수소 연구에는 비용이 많이 들고 여러 가지 어려움이 따르는 것으로 밝혀졌다. 오늘날 수소로 가는 개인용 교통수단을 만들려는 노력은 상당하지만 전 세계 정부가 수십억 달러를 투자한다고 해도 수소자동차를 실현하기란 쉽지 않을 듯하다.

　2009년 퓰리처상을 받은 〈로스앤젤레스 타임스〉의 자동차 전문 기자 댄 닐은 "수소 연료 기술을 자동차에 적용하기는 쉽지 않다. 지속 가능한 이동 수단은 슬프게도 궁지에 빠졌다. 여전히 수소는 자동차를 움직이기엔 비참한 방식이다"라고 했다.

　왜 수소는 자동차에 활용하기에 적절하지 않을까? 문제는 수소가 너무 가볍다는 것이다. 압력을 가해 가스를 압축하더라도 소비자들이 원하는 정도로 수소가스를 담아둘 수 있는 물질을 아직 발견하지 못했다. 또 다른 문제는 인프라와 소비자들의 요구가 충분하지 않다는 것이다. 물을 전기분해하면 수소가 발생하는데 미국에 있는 모든 자동차에 연료를 공급할 만큼 수소를 충분히 만들어낼 전기는 미국 전역에서 필요한 전기의 네 배나 된다.

2009년에는 수소로 가는 자동차를 찾아보기 힘들었고 이를 요구하는 목소리도 그리 높지 않았다. 캘리포니아주에서는 수소연료 충전소를 폐쇄했고 캘리포니아 대기연구위원회는 수소 충전소를 더 많이 짓자는 청원에 거부 의사를 밝혔다. 수소자동차 연구의 선구자인 발라드 파워 시스템은 수소자동차 사업을 접으며 이 사업은 갈 방향을 모른다고 말했다.

2009년 포드에서는 수소자동차 계획을 접었고 프랑스 자동차업체 르노 닛산은 수소자동차 연구 계획을 취소했다. 몇 달 뒤 미국 에너지 장관 스티븐Steven Chu는 미국 정부가 수소자동차 연구 후원금을 삭감할 것이라고 말했다. 앞으로 몇 십 년 안에 실질적인 진전이 나타나지 않을 것이라는 이유에서다. 노벨 물리학상을 받은 추 박사는 미국 정부는 가까운 미래에 가시적인 성과를 내는 프로젝트에 집중할 것이라고 밝혔다.

대중교통은 어떻게 될까?

2009년 〈내셔널 지오그래픽〉은 연례 조사에서 전 세계 17개국에서 환경적으로 지속가능한 소비에 관한 각국 시민들의 행동을 조사했다. 그 결과 발표된 '컨슈머 그린덱스Consumer Greendex'에 따르면 미국인은 최하위를 기록했다. 대중교통의 일상 상용에서도 최하위였을

뿐 아니라 아예 대중교통을 이용하지 않는 인구 비율에서도 최하위를 기록했다.

어떻게 이렇게 되었을까? 미국인이 그토록 반사회적인가? 그렇지는 않다. 이는 예기치 않은 결과를 가져온 공공정책의 부산물이다.

1956년 주간 고속도로법은 미국 전역을 가로지르는 고속도로 네트워크를 만들어냈다. 미국 역사상 가장 큰 공공산업 프로젝트에 따라 교외 도로망이 광범위하게 구축되었고 교외와 도심의 통근을 훨씬 더 쉽고 빠르게 만들었다. 부분적으로 이 시스템은 국가 안보를 위해서라는 이유로 정당화되었다. 러시아가 침공했을 때 탱크가 다닐 수 있도록 충분히 넓고 큰 도로가 필요하다고 했다.

하지만 예상치 못했던 몇 가지 결과도 나타났다. 거주 주민은 물론 사업과 투자가 도심을 벗어나 근교와 교외 지역까지 확장되었다. 근교에 거주하는 주민이 늘어갔고 대중교통 수단을 제대로 갖춰 웬만한 거리는 걸어 다닐 수 있는 도시 중심은 쇠퇴하게 되었다. 휘발유 소비는 증가했고 그 결과 대기 오염은 심각해졌다. 모든 교통 정책이 공공 고속도로를 달리는 개인용 승용차와 트럭을 우선시하는 자동차의 시대를 앞당겼다.

우리가 쓰는 언어에도 이런 경향이 반영되었다. 고속도로와 간선도로, 주차장에는 '투자'한다고 말한다. 하지만 기차와 버스에 대해서는 '보조한다'고 말한다. 관리들은 버스와 다른 대안적인 공공 교통수단이 도로와 고속도로보다 '이익은 적고 비용은 많이 들어간다'고 말한다. 이런 표현에는 공공 교통수단이 시민에게 필수라는 사실이 반영되어 있지 않다. 그러나 버스, 철도, 다른 형태의 공공 교통수단은 이제 도로나 고속도로에 비해 '돈이 새어나가는' 교통수단이 아니다.

오늘날 뉴욕 같은 몇몇 대도시를 제외하면 미국에서 대중교통 시스템은 완전히 무시당하고 있다. 미국에서 대중교통을 이용하는 사람의 3분의 1은 뉴욕시에 사는데, 뉴욕은 이 나라에서 가구의 절반 이상이 자가용을 소유하지 않은 유일한 도시라고 볼 수 있다. 대중교통 체계를 잘 갖춘 도시로 포틀랜드, 오리건, 워싱턴 DC, 시카고, 샌프란시스코 등 몇 곳이 있지만 여전히 심각한 문제가 있고 시민교통 체계가 제대로 작동하지 않으며 심각하게 엉망인 곳도 많다. 미국에서 대중교통 시스템을 가장 잘 갖추었다는 뉴욕조차 도쿄, 모스크바, 타이베이, 런던, 서울, 파리, 홍콩, 베를린, 코펜하겐 등과 같은 도시와 비교해볼 때 한참 못 미치는 것으로 나타났다.

불행히도 대중교통에 대한 정부의 재정 지원이 부족해 우리는 건강이나 지속가능성에 문제를 일으키는 개인 승용차에 훨씬 더 의존하게 되었다.

여름철 뜨거운 태양 아래 그늘도 없이, 추운 겨울날 바람 막을 곳 없이 제 시간에 올지, 오지 않을지도 모르는 버스를 기다리며 정거장에 서 있는 사람들은 누구인가? 출퇴근할 때, 시장에 갈 때, 학교에 갈 때, 병원에 갈 때 항상 대중교통에 의지할 수밖에 없는 사람들을 보게 될 것이다. 직접 운전하기에는 너무 어리거나 나이가 많고, 너무 아프고, 너무 가난한 사람들이다. 노인과 장애자와 열심히 일하지만 가난에서 벗어날 수 없는 사람들이 눈에 들어올 것이다. 또 그중 상당수가 유색인종임을 확인할 것이다.

로자 파크Rosa Parks가 1955년 앨라배마주 몽고메리의 버스 뒷자리에 앉기를 거절했을 때, 그녀는 미국 역사상 가장 위대한 사회 변화의 불길을 당겼다. 이제는 피부색이 다르다는 이유로 버스 뒤에 따로 앉아야 하는 무시를 당하지 않게 되었으니 좋은 일 아닌가. 하지만 불행히도 지금도 마찬가지여서, 로자 파크스가 살아 있다면 개인 자동차 때문에 공공 교통 시스템이 제대로 자리 잡지 못했고 버스 시스템이 믿을 수 없는 것은 물론 아예 존재하지도 않는다는 사실을 발견하게 될 것이다. 또 버스를 이용하는 승객이 유색인종뿐이라는 사실도 발견하게 될 것이다.

미국의 대중교통이 항상 무시된 것은 아니다. 1920년대와 1930년대 이 나라의 거의 모든 마을에는 경전철과 철도 서비스가 있었다. 대중교통은 값싸고 사용하기 편했다.

하지만 1936년에서 1950년 사이에 이 나라 역사상 가장 서글픈 사건인 '미국 최대 전차 스캔들'이 일어났다. 제너럴모터스, 파이어스톤 타이어, 스탠더드 오일, 필립스 석유 같은 대기업 이름이 등장했는데 이들은 비밀리에 조용히 움직이며 디트로이트, 뉴욕, 오클랜드, 필라델피아, 피닉스, 세인트루이스, 솔트레이크 시티, 털사, 볼티모어, 시카고, 미니아폴리스, 로스앤젤레스를 포함한 45개 도시의 전차 운영업체를 사들이는 데에 공모했다. 이 컨소시엄은 노면전차인 트롤리의 붕괴에도 적극 나서서 철로를 뜯어내고 전선을 걷어버렸다.

제너럴모터스와 다른 기업의 연합은 1947년 반트러스트 연방법에 따라 기소되었다. 2년 동안 이 공모의 전모와 감춰진 의도는 연방법원에서 완전히 공개되었다. 결국 돈으로 구할 수 있는 최고 변호사들이 동원되었지만 피고들은 연방법원에서 유죄선고를 받았다.

놀랍게도 미국의 경전철망 붕괴를 비밀스럽게 모의하고 시도한 중역들은 각각 1달러밖에 벌금을 내지 않았다. 자신들의 경쟁자가 될 수도 있을 대중교통 체계를 망쳐놓은 자동차 회사와 정유회사는 이 나라 교통 정책의 지배권을 재빨리 획득했다. 자동차 문화가 발전하고 대중교통을 포기한 결과는 이 나라의 경철도 서비스를 파괴하기 위해 공모한 거대 정유회사와 거대 자동차 제조사들에게 일련의 혜택으로 나타났다.

가장 중요한 사례를 살펴보자. 정유회사와 자동차 제조업체가 고용한 로비스트들은 도로를 건설하고 유지하는 데 필요한 엄청난 비용을 책임져야 하는 주정부와 연방정부의 관리들을 설득했다. 이 과정에서 자가용 운전이 대중교통보다 비용이 훨씬 싸게 먹힌다는 환상을 만들어냈다. 노면전차 회사가 선로를 놓고 유지하는 비용을 내야 했던 것처럼 자동차회사와 정유회사들이 도로 건설 비용의 일부라도 떠안았다면 자가용의 진짜 비용이 좀 더 확실해지고 대중교통을 그토록 억압하지 않았을 것이다.

또 다른 사례를 살펴보자. 모든 차원에서 정부는 사업체에 주차 공간을 충분히 확보했다는 인허가를 요구한다. 그 대신 대중교통을 이용할 수 있는 가까운 거리에 직장이 자리하도록 지역 법령을 선포한다면 어떻게 될까?

마지막 사례를 하나 더 생각해보자. 일부러 해를 끼치도록 물건을 만들었다면 제조업체는 법적 책임을 져야 한다고 여겨졌다. 스모그가 많은 도시에서는 암과 천식, 폐기종과 다른 폐질환의 발생률이 훨씬 높고 교통량이 많은 고속도로 인근에서는 훨씬 더 심각하다. 자동차회사나 정유회사는 왜 자신들이 만들어낸 상품이 야기한 질병에 필요한 의료비용을 한 푼도 내지 않을까? 퓰리처상을 받은 작가 에드워드 흄즈Edward Humes는 "결국 소비자와 납세자들이 몇 조 달러에 이르는 자동차회사와 정유회사의 보조금을 지불한다"라고 말했다.

지난 50년 동안 1조 달러에 이르는 연방정부의 비용이 자동차가 지배하는 교통 시스템에 투자되었고, 각 주정부는 이보다 더 많은 돈을 교통 시스템에 사용했다. 오늘날 고속도로 1.6킬로미터를 건설하는 데에는 1억 1,300만 달러나 되는 비용이 든다.

옛날 방식의 멋진 인생에서는 자동차와 고속도로가 가장 높은 자리를 차지했다. 100여 년 넘게 제너럴모터스는 옛날 멋진 삶을 대표하는 기업이었고 2009년 파산으로 치닫기 전까지는 누구도 넘볼 수 없는 최고 자리를 자랑했다. 회사의 몰락은 한 시대의 몰락이기도 했다.

우리는 승용차와 트럭에 대한 과도한 의존이 교통 정체와 대기 오염, 원유 수입을 불러오는 것을 목격했다. 역사상 전환점을 맞이해 대답하기 힘든 질문을 받고 있다. 어떻게 하면 환경과 대중 보건을 위해 더 나은 교통수단을 만들어낼까? 어떻게 하면 기후 문제와 지역사회에 도움이 되는 교통수단을 만들어낼까?

플러그를 꽂아 충전하는 하이브리드차와 전기자동차가 보편화되는 대중교통 정책을 수립한다면 어떨까? 연료를 덜 쓰고 오염도 덜 시키면서 비행기보다 절반 속도를 내는 자기부상열차 등 고속열차 시스템을 만들면 어떨까?

걸어 다니기 쉽고 자전거 타기 좋으며 전기자동차를 사용할 수 있는 도시를 만들고, 효율적이며 즐거운 대중교통 시스템을 만들 수 있다. 더는 온실가스를 만들어내지 않고 대중교통을 무시하는 산업국가로 끝나지 않는 그런 사회를 만들 수 있다. 건강한 지역사회와 깨끗한 대기, 안정된 기후에 기여하며 경제는 번성하고 삶의 질은 올려주는 교통 정책과 행동 강령을 만들어낼 수 있다.

앞으로 나아가기

브라질 쿠리치바의 버스 시스템은 정부가 대중교통을 우선시할 때 어떤 결과가 나타날지 보여주는 멋진 사례다. 쿠리치바 주민들은 버스 시스템이 도시를 활기 넘치게 하고 즐겁게 만드는 데 중요한 역할을 했다고 강조한다. 이곳의 버스는 정해진 시간에 맞춰 다니는데, 어떤 때에는 90초 간격으로 오고 간다. 역은 이용하기 편하고 안전하며 매력적으로 디자인되었다. 그 결과 인구 200만 명의 쿠리치바는 세계에서 대중교통 이용자가 가장 많고 비용은 가장 덜 드는 도시가 되었다. 도시 통근자의 4분의 3은 출퇴근할 때 버스를 이용한다. 이 도시의 거리에서 교통 체증을 찾아볼 수 없고 대기는 오염의 흔적을 찾기 힘들다.

또 다른 사례로는 홍콩의 지하철이 있다. 세심하게 고안된 지하철은 도시 교통의 90퍼센트 이상을 책임진다. 매일 이용자 700만 명은 깨끗한 도시 곳곳을 빠르게 경제적으로 돌아다닌다.

일본에서는 고속열차인 신칸센이 시속 305킬로미터로 달리며 매일 100만 명의 승객을 실어 나른다. 가장 붐비는 노선의 경우 3분 간격으로 기차가 떠난다. 연착은 거의 없고 설령 연착된다 해도 고작 6초 정도. 지난 40여 년 동안 일본의 열차는 수십 억 명을 단 한 명의 인명사고 없이 편안하게 실어 날랐다.

영국 런던에서는 교통 체증과 대기 오염에 대한 우려가 커지자 2003년 도심에 진입하는 차량에 통행료를 부과하기로 했다. 2007년 도심에 진입하는 차량은 36퍼센트 줄어들었다. 그 대신 버스 이용자는 31퍼센트 늘어났다. 자전거로 도심에 진입하는 경우는 66퍼센트 늘어났다.

　미국은 어떨까? 미국에서는 대중교통이 그토록 무시되지만 여전히 나아질 여지는 있다. 현재 15개 미국 도시에 지하철 시스템이 갖춰져 있고 32개 도시는 경철도를 운영하며 수천 개 도시에서는 버스를 운행한다. 그레이하운드 버스는 3,700개 도시를 연결하고 암트렉은 1,000개 역을 운행한다. 휘발유 가격 상승으로 본격화된 대중교통 활용은 이제 막 시작 단계다. 2008년 자가용 운전자는 3.6퍼센트 줄어들었고 대중교통을 이용하는 사람은 4퍼센트 늘어나 100억 2,000만 건에 이르게 되었다. 이 수치는 지난 52년 만에 최고라 할 수 있다.

　대중교통을 이용하면 자가용을 이용할 때보다 시간이 훨씬 더 많이 걸린다는 것은 불행히도 사실이다. 특별히 대중교통을 정책적으로 먼저 고려하지 않은 지역이라면 더욱 그렇다. 내가 아는 한 가족은 전적으로 대중교통, 특히 버스에 의존한다. 어머니는 버스를 타고 가는 동안 아이들과 충분히 대화할 수 있다고 말했다. 버스를 타고 가는 동안 만나거나 본 사람 등 온갖 주제에 관해 이야기한다. 주의가 분산되지 않기에 운전할 때보다 훨씬 더 대화에 집중하고 즐기게 된다는 것이다. 이렇게 자신에게 관심이 집중되었다는 사실에 신나 하는 아이들을 보며 자가용 대신 버스를 타기 잘했다는 생각이 든다고 했다.

　우리가 생각하는 것 이상으로 대중교통을 더 적극적으로 활용할 수 있다. 구글 서비스로 31개국 400개 도시에서 대중교통은 그 어떤 때보다 접근가능성이 높아졌다. 구글 맵에 접속하면 '방향'을 클릭할 수 있는데, '자동차'를 클릭해 스크롤하면 '대중교통'이라는 항목이 나온다. 여기서 출발지와 목적지를 입력하고 '옵션 보기'를 눌러 출발 시간이나 도착 시간을 입력하면 그 지역의 다양한 대중교통 정보와 정확한 시간 자료를 얻을 수 있다. 또 이동에 드는 비용이 직접 운전할 때와 대비해 얼마나 차이 나는지 킬로미터당 연료비를 기반으로 보여준다. 대중교통을 활용하면 대부분 직접 운전할 때보다 비용이 훨씬 덜 든다는 사실을 알 수 있다.

자동차에 대한 미국의 집착은 엄청난 비용을 초래했지만 새롭고 멋진 인생에서는 더욱 만족스럽고 아름다운 삶을 누릴 기회가 있다. 걷거나 자전거를 타거나 대중교통을 활용하거나 카풀을 하거나 연료효율성이 높은 대안적인 자동차를 활용하거나 덜 운전해도 되는 방향으로 삶을 바꾸면 놀라운 혜택을 경험할 수 있는데, 그중 어떤 것은 깜짝 놀랄 정도다. 돈을 절약하고 운동을 더 많이 하고 긍정적인 연대를 맺을 수 있다. 사람들과 자연, 지역사회와 생생한 연계를 회복할 수 있다. 동시에 더욱 커다란 그 무언가에 동참할 수 있다. 수입 원유에 대한 의존을 줄이고 대기 오염을 낮추며 지구온난화도 막을 수 있다.

40여 년 전 마틴 루터 킹 목사는 예전의 멋진 인생이 지닌 가장 중요한 문제를 제기했다.

"우리는 인류를 위한 봉사나 관계 대신 연봉이나 자동차 크기라는 지수로 성공을 특정하려는 경향이 있다."

잘못 사고한 대가로 우리는 휘청대고 있다. 하지만 지금 역사의 전환점에 서 있음을 기억하자. 자기 수입 안에서, 자연이 허락하는 한에서 현명하게 사는 것이 우리에게 주어진 책임이자 모험이다. 지구상에서 걷고 자전거 타는 법을 배우는 것이 우리 소명이다.

Part 6

더 잘 먹고
덜 쓰며
잘사는 법

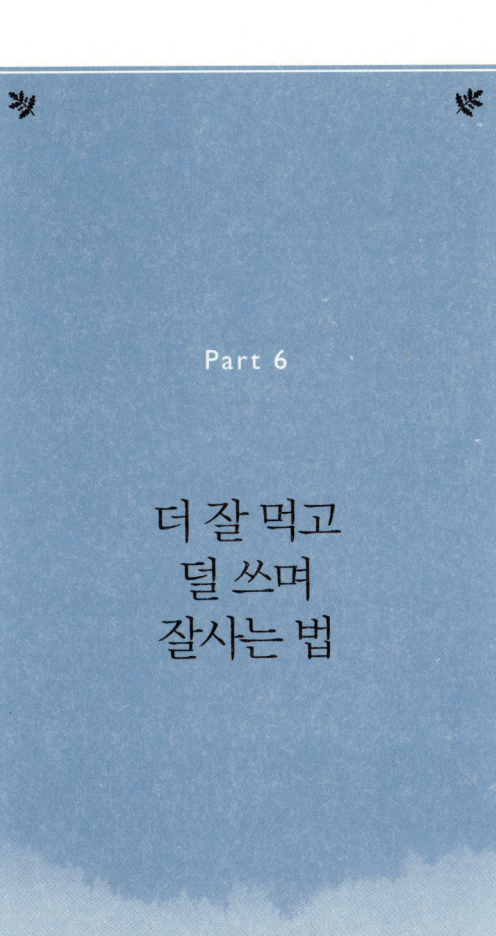

식비는 사람들에게 주거비와 교통비 다음으로 비중이 크다. 앞으로 살펴보겠지만 음식은 사람들이 생각하는 것보다 훨씬 더 환경과 관련이 깊다.

나날이 올라가는 식비 앞에서 음식에 지불하는 돈을 줄일 방법이 있을까? 물론 그렇다. 식비를 절반 정도로 줄일 수 있다. 앞으로 그 방법을 소개하겠다. 가장 놀라운 것은 맛이나 즐거움을 포기할 필요 없이, 훨씬 더 건강하게 식생활을 누리며 식비를 절반으로 줄일 수 있다는 것이다. 잘 먹기 위해 반드시 부자여야 할 필요는 없다.

어떤 음식이 몸에 좋은지 궁금해 하는 사람은 셀 수 없이 많다. 더는 대안이 없다고 자랑하는 '이 달의 인기 다이어트 제안'이 우리 생활에 무차별 폭격을 가한다. 자기 회사 제품을 더 많이 팔고 싶어 하는 식품회사들이 만들어낸 광고에 둘러싸인다. 그 결과 여러 면에서 비싼 대가를 치르게 된다. 허리는 더 굵어지고 심장병과 암, 고혈압과 당뇨병 발생 확률도 높아진다. 엄청난 고통과 경제적 부담을 주는 이런 만성 질환은 왜 예전의 멋진 인생이 더는 멋지지 않은지 보여주는 고전적 사례라 할 수 있다.

가난한 사람들이 영양 부족과 위생 문제로 여러 가지 질병에 시달린다는 사실을 잘 알고 있다. 하지만 잘못된 음식을 너무 많이 먹어 건강을 해치는 부유한 사람들의 질병에 관해서는 인식이 부족한 편이다. 여기에는 비만과 암, 심장병과 당뇨병 등이 포함되는데 이런 질환은 식습관과 관계가 밀접하고 여러 가지 과학적 문헌에 '영양 과잉으로 생기는 질병'이라고 기록되어 있다.

어느 선을 넘어서면 음식과 건강관리를 위해 쓰는 돈 사이에 반비례 관계가 나타난다. 돈이면 다 된다고 주장하지만 사실 돈 때문에 불건전한 생활습관이 나타난다는 사실을 보여준다. 여기에는 풍성한 디저트, 가공식품, 포화지방이 많은 육류 등이 포함된다. 경제적으로 풍족하다 보니 고지방, 고당분 식사에 중독되고 필요한 것보다 칼로리를 더 많이 저장하게 되어 비만으로 이어진다.

친척 가운데 한 명이 그 좋은 예다. 지나치게 과체중인 그는 건강에 도움이 되지 않는 음식에 돈을 엄청나게 썼다. 이런 문제를 지적했더니 회사에서 최고의 건강보험을 들어주었으므로 별 문제가 없다고 했다. 그렇다면 다행이고 또 앞으로 계속 일할 수 있어서 여러 가지 혜택을 누린다면 그 역시 다행이다. 하지만 건강에 문제가 생기고 그러다 병이라도 걸리면 의사가 알아서 해결해줄 거라고는 생각하지 않는 것이 좋다. 내 친척처럼 생각한다면, 의사와 현대 의학은 우리가 아플 때를 대비해 모든 준비를 해놓고 있어야 한다. 하지만 현실은 고통스럽고 당황스럽다. 모든 병을 치유해주는 해결책은 없다. 의사는 모든 건강 문제를 해결해주는 신이 아니다.

어떤 사람들은 신문 광고나 다른 방식으로 쿠폰을 모아 식비를 줄이려 애쓴다. 나는 이렇게는 하지 않을뿐더러 이렇게 하라고 권하고 싶지도 않다. 이런 쿠폰은 대부분 너무 많이 가공해서 만든 식재료나 식품을 사는 데 쓸 수 있으므로 건강에는 도움이 되지 않는다. 음식에 쓰는 돈을 아끼는 방법은 따로 있다. 현실과 대충 타협하는 대신 건강에 좋은 음식을 골라 먹는 것이다.

앞으로 소개하는 내용 가운데 어떤 것은 익숙한 반면 어떤 것은 새롭다. 어떤 것은 따라 하기 쉬워 보이지만 어떤 것은 노력해야 한다. 식비와 의료비를 줄이려고 모든 것을 한 번에 시도하지 않아도 된다. 먼저 할 수 있는 것만 해보자. 중요한 것은 첫 번째 시도가 얼마나 대단하냐가 아니다. 올바른 방향으로 계속 움직이는 것이 더 중요하다.

건전하고 비용도 적게 드는 식습관 원칙

다음 원칙을 따라 한다면 식비를 절반 정도 줄이고 맛과 영양은 최대한 좋게 하며 더 오래, 더 건강하게 살 수 있다.

먹이사슬의 아래쪽에 자리한 것들을 먹어라: 먹이사슬 아래쪽에 자리한 것을 먹는 일은 새롭고 멋진 인생에서 가장 중요한 요소라 할 수 있다. 식물성 음식에 기반을 둔 채소와 과일, 통곡물 등을 먹으면 육류를 위주로 한 식사보다 비용을 25퍼센트 줄일 수 있다. 식물성 음식을 더 먹고 동물성 음식을 덜 먹는다면 혈중 포화지방도 줄어든다. 이렇게 하면 동맥이 훨씬 더 깨끗해지고 심혈관계가 편안해지며 뇌와 다른 신체 기관에 전해지는 영양과 산소도 더 풍부해지고 심장병 발생 확률은 낮아진다. 또 동물성 음식을 적게 먹으면 환경독소에 대한 노출도 줄어들게 된다. 먹이사슬 위로 갈수록 독성의 농축도가 높아진다. 식물성 음식을 주로 먹는 사람은 평균보다 더 날씬하고 건강하다. 음식에 쓰는 돈도 절약하고 의료비도 상당 부분 줄일 수 있다.

수입한 음식물을 피하라: 가까운 지역에서 재배한 채소나 과일을 제철에 먹어야 가장 맛있고 신선하며, 영양분도 가장 풍부하고 값도 싸다. 사는 곳에 따라 1월에 체리를 먹을 수 없고 2월에 수박을 먹을 수 없다. 하지만 제철도 아니고 익지도 않았는데 수확한 것들은 가격은 비싼 반면 맛은 별로다. 그렇다면 이런 과일을 먹지 못하는 것은 별로 대수롭지 않은 일이다. 몇 천 킬로미터를 날아온 과일이나 채소는 엄청난 가격표와 함께 탄소발자국을 남긴다.

식료품점 가장자리 통로에서 물건을 사라: 그렇게 하면 가장 신선하고 건강에 좋은 식품을 고를 수 있다. 가공식품은 주로 식료품점 중간 통로에 몰려 있는데, 이런 음식은 피해야 한다.

지나치게 다양한 재료로 만들어진 음식은 피하라: 포장지에 적혀 있는 성분표가 길수록 값은 비싸고 건강에는 좋지 않다. 어떻게 발음하는지 모르는 화학물이 성분표에 들어 있다면 더욱 그렇다.

광고하는 식품은 사지 마라: 식품회사는 영업 이익이 가장 많이 나는 식품을 제일 많이 광고하는데, 그럴 경우 복잡한 과정을 거쳐 가공한 식품일 확률이 높다.

가짜 '건강'식품에 주의하라: 건강에 좋은 음식을 먹으려는 운동이 활발해지면서 복잡한 가공과정을 거친 건강에 좋지 않은 식품이 나오고 있다. 콩으로 만들어졌다거나 건강식품 매장에서 팔린다거나 '자연식품'이라고 주장한다고 해서 건강에 좋은 식품은 아니다. 이런 가공식품은 지갑을 텅 비게 하고 건강에 문제를 일으키는 가장 중요한 원인이다.

대용량 묶음을 사는 것이 최선이다: 자연식품 매장과 슈퍼마켓 대부분에서 대용량 제품을 파는데, 소용량 포장보다 30퍼센트 정도 절약할 수 있다. 곡류나 씨앗류, 견과류나 말린 과일, 영양 이스트 등은 대용량으로 구매할 수 있다. 이렇게 많이 사는 것이 이상해 보일지 모르지만, 역사적으로 이런 식료품은 대부분 대용량으로 구매했다. 소용량 포장은 비교적 최근에 나왔는데, 환경은 물론 은행계좌에 좋지 않은 영향을 미친다.

통로 끝과 계산대 앞 디스플레이를 주의하라: 슈퍼마켓 임원들은 충동구매가 전체 구매의 60퍼센트에 이른다는 사실을 알고 있다. 통로 끝에 자리한 제품들은 충동구매를 부르기에 가장 효과적이다. 계산대 앞의 사탕이나 잡지는 그보다 더 높은 충동구매율을 기록한다. 이런 매대를 더 자주 지나갈수록 생각했던 것보다 물건을 더 많이 구매하게 된다는 사실을 슈퍼마켓 경영자들은 잘 알고 있다. 구매 습관과 구매 목록을 분석한 업주들은 별 필요 없는 것들을 사도록 유혹하는 방법을 과학적으로 만들어냈다. 이런 경영자들의 의도를 알고 있다면, 물건을 사러 가기 전에 배를 어느 정도 채우고 간다면 그들의 의도를 무시할 수 있다. 배가 고플 때 쇼핑하면 슈퍼마켓 경영자들의 희생양이 되기 쉽다. 물건을 사기 전에 미리 필요한 품목을 적어가는 것도 충동구매를 막는 방법이다. 신제품을 테스트해보고 싶다면 쇼핑할 때 하나나 두 가지 정도로 미리 제한해놓는다. 이런 방식은 아이들에게도 마찬가지로 적용할 수 있다. 한 번에 사용할 수 있는 돈이 몇 달러인지 안다면 눈에 보이는 알록달록한 것들을 모두 달라고 조르지 않는다. 부모들은 그저 간단히 이렇게 말하면 된다. "이걸 사면 다른 걸 살 수 없다는 사실을 알아야 해."

장 보는 횟수를 줄이자: 어떤 가족은 거의 매일 식료품점에 장을 보러 간다. 이것이 가계에 얼마나 부담이 되는지 모른다. 줄을 지어 기다리는 시간, 차를 몰고 가는 데 드는 연료, 충동구매 횟수 등을 생각해보자. 미리 계획을 세우고 냉장고나 냉동고를 잘 이용하면 일주일에 한두 번 정도로 장 보는 횟수를 줄일 수 있다. 장 보는 횟수가 줄어들수록 식료품비도 줄어든다. 다른 한편, 걸어서 갈 수 있는 거리에 식료품점이 자리한다면 그날 먹을 것을 그날 조금만 사는 유럽 스타일을 도입해보자. 이렇게 하면 가장 신선한 것들을 먹을 수 있다. 물론 유럽인은 걷거나 자전거를 타거나 대중교통을 이용해 매일 장을 본다는 사실을 기억하자.

생산자 장터에서 장을 보자: 생산자에게 직접 식료품을 사면 돈을 아낄 수 있고 가장 신선하고 맛도 좋고 영양도 높은 식재료를 구할 수 있다. 돈을 더 많이 절약하려면 농부들이 팔고 남은 농산물을 싸게 떨이하는 오후에 가는 것이 좋다(팔고 남은 물건을 다시 가져가려고 하지 않기 때문). '폐점 특별 할인'이 있는지 살펴보자.

외식하지 말고 집에서 식사하자: 새롭고 멋진 삶의 중요한 초석은 집에서 식사하기다. 비용을 줄이는 것은 물론 자기 확신을 위한 방법이기도 하다. 미국인은 식비 평균의 3분의 1 이상을 레스토랑이나 패스트푸드에 지출한다. 집에서 식사하게 되면 외식을 자주 하는 사람들보다 40퍼센트 이상 식비를 줄일 수 있다. 이에 덧붙여 의미 있는 식탁 대화를 하게 되고 가족과 더 깊은 관계를 맺게 되며 아이들은 더 건강하고 영리해진다. 작가 바버라 킹솔버Barbara Kingsolver는 이렇게 말했다. "내셔널 메리트 학자들이 인종과 성별, 지역과 계급에 상관없이 놀랍도록 뛰어난 성취를 보여주는 18세 학생들을 조사한 결과 공통점이 발견되었다. 온 가족이 둘러앉아 함께 저녁식사를 하는 것이었다."

물론 레스토랑 테이블에서도 의미 있는 대화를 나누고 가족과 유대감을 쌓을 수 있다. 하지만 음식을 준비하고 가족과 함께 음식을 차리고 집이 주는 편안한 분위기 속에서 보내는 것은 온 가족을 하나로 엮어주는 데 도움이 된다.

남은 음식을 활용하자: 남은 음식에 대해 문화적으로 꺼리는 경우가 많다. 냉장고가 발달하기 전 남은 음식은 쉽게 상해 건강을 심각하게 위협했다. 하지만 오늘날에는 음식을 낭비하고 버리는 것을 합리화할 수 없다. 먹고 남은 것을 버리기보다 재활용해 무언가 만들어 먹는다면 시간과 돈을 절약할 수 있다. 사실 음식을 준비할 때 남을 만큼 일부러 충분히 만들기도 한다. 우리 가족은 필요한 양의 세 배 정도를 만들어 미리 준비해둔다. 냉장고에 넣어둔 재료를 모아 맛있고 영양이 풍부한 스튜를 만들어둘 때도 있다. 이렇게 해서 냉장고에 넣어두면 며칠 동안 먹을 수 있다. 필요할 때 먹을 수 있도록 미리 만들어 냉동해두기도 한다. 과일이 지나치게 익었다면 스무디를 만들고 오래된 빵은 네모나게 썰어 수프나 카세롤에 넣어 먹으며 지나치게 익은 토마토는 소스로 만들어두자.

무료 점심을 즐기자: 세상에 무료 점심은 없다고 말하지만 공짜나 마찬가지인 점심은 있다. 가장 싼 패스트푸드도 5달러 정도 하는데 저녁식사 때 남은 음식을 잘 담아 가져가면 다음 날 거의 공짜에 가까운 점심을 먹을 수 있다.

양념의 미학: 허브와 향신료는 음식에 맛과 향을 더해주는 좋은 양념이다. 많은 문화권에서 향신료는 가장 기본적이고 값싼 재료를 색다르게 변화시키는 근사한 방법이다. 서양식 식습관에서는 지방과 설탕을 중요한 향신료로 여겼다. 하지만 그 결과 건강에 어떤 문제가 생겼는지 살펴보자! 허브와 향신료는 이와 반대로 놀라운 약효를 자랑한다. 터메릭(커리에 대부분 사용하는)은 이부프로펜과 아스피린에 필적하는 항염 효과를 자랑한다. 어떤 허브와 향신료는 가격이 비싸지만 극히 적은 양을 사용하기 때문에 큰 문제가 되지 않는다(사프란은 상상할 수 없을 정도로 비싸지만 나는 거의 사용하지 않는다).

계획을 세우자: 도시락을 가져가지 않는 한 출근하고 몇 시간 지나면 점심에는 외식을 하게 된다. 저녁 약속이 있다면 점심에는 간단하고 먹기 편하지만 영양소는 별로 없고 가격은 비싼 음식을 선택할 확률이 높다. 쌀을 익히거나 감자를 오븐에 굽는 데에는 시간이 많이 걸리지 않지만 원하는 때에 먹으려면 한 시간 전에는 준비해야 한다. 오븐이나 밥솥, 슬로 쿠커 등은 타이머가 달려 있어서 미리 조리 시간을 조정할 수 있다. 하루 전에 미리 조리해서 냉장고에 넣어둔다면 점심에 몇 분 동안 데워서 먹을 수 있다.

외식할 때에는 특별히 신경 쓰자: 음식을 직접 준비하며 돈을 상당히 아끼는 사람이라 해도 가끔 외식을 한다. 그럴 때에는 애피타이저와 풍성한 디저트, 비싼 와인은 건너뛰자. 저녁식사 값을 반 정도 줄여주는 동시에 재능 있는 주방장이 준비하고 친절한 직원들이 서비스해주는 외식의 즐거움은 충분히 누릴 수 있다. 체인점보다는 한 가족이 함께 운영하는 동네 가족 식당을 찾아가 내가 사용하는 돈이 지역사회 경제에 도움이 되게 하자. 신선하고 영양이 충분하며 지역에서 나는 식재료를 쓰는 레스토랑을 선택하자.

패스트푸드는 생각보다 값이 비싸다: 생각보다 값이 비싼 패스트푸드가 건강에 좋지 않다는 사실은 사람들이 대부분 알지만 몸에 얼마나 나쁜지 제대로 모르고 있다. 〈슈퍼사이즈 미〉라는 다큐멘터리 영화에서 모건 스펄록Morgan Spurlock은 한 달 동안 모든 식사를 맥도날드에서 해결했다. 실험 전, 실험 도중, 실험 후 철저히 건강 검진을 했는데 그 결과는 끔찍했다. 3주 정도 진행한 뒤 담당 의사는 당장 실험을 그만두라고 명령했다. 계속하다가는 간과 심장에 돌이킬 수 없는 위험을 초래하기 때문이었다. 패스트푸드는 가격이 싸다고 생각하는데, 그것은 단기적으로 볼 때에나 해당하는 말이다. 장기적으로 볼 때에는 비싼 정도를 훨씬 넘어선다. 하버드대학 연구에 따르면 패스트푸드로 생긴 문제를 치료하느라 파산 직전까지 갈 수 있다고 한다.

다른 나라 미식가들이 먹는 방식을 살펴보자: 다른 문화의 특색 있는 음식을 경험하는 일은 모험일 수도 있다. 하지만 이는 가격은 싸면서도 건강에는 좋은 음식을 먹는 방법이기도 하다. 전 세계 사람들은 대부분 건강을 망가뜨리는 미국식 식습관을 받아들일 경제적 여력이 없다. 미국인처럼 먹이사슬 가장 위에 자리한 것들만 먹는 사람들은 없다. 미국이 다른 나라보다 의료비 지출이 훨씬 많은 것도 그런 이유 때문이다.

술을 조심하라: 유타대학 연구팀이 미국인 1만 명을 대상으로 음식에 어떻게 돈을 쓰는지 조사했다. 그 결과 7퍼센트에 이르는 사람들이 식비의 3분의 1을 술에 소비하는 것으로 나타났다. 나 역시 다른 사람들처럼 맥주 한잔이나 와인 한잔을 좋아하지만 지나친 음주는 지갑은 물론 간에도 좋지 않은 영향을 준다. 내 친한 친구는 알코올중독 가족

력이 있어서 스스로 적절한 규칙을 정했다. 절대 혼자서는 술을 마시지 않고 슬프거나 우울할 때에도 술을 마시지 않는다는 것이다!

탄산음료를 주의하자: 보통의 미국인은 일 년에 55갤런의 탄산음료를 마시는 것으로 나타났는데, 이를 돈으로 환산하면 연간 500달러에 이른다. 이는 확실하게 겉으로 드러난 비용만을 말한다. 그렇다면 감춰진 비용은 얼마나 될까? 340그램짜리 탄산음료 한 캔에는 설탕 12티스푼이 들어 있다(그것도 고과당 옥수수 시럽 형태). 미국인 평균 소비량인 일 년 3.7리터에는 설탕이 31.7킬로그램이나 들어 있다. 이는 건강에 얼마나 위협이 될까? 청량음료에 들어 있는 당분은 미국인이 소모하는 전체 칼로리의 7퍼센트에 해당한다. 채소에서 얻는 것보다 칼로리가 훨씬 많다.

생수병은 위험하다: 병에 든 생수는 지난 100년 동안 마케팅 활동이 만들어낸 놀라운 결과물이다. 순간적인 갈증을 해결하기 위해 2달러짜리 생수를 사고 싶어진다면, 이 사실을 기억하자. 생수(아쿠아피나, 다사니 등 생수 브랜드 대부분)는 대부분 필터로 정수한 물을 병에 넣어놓은 것에 지나지 않는다.

수돗물에서 이상한 냄새가 나거나 좋지 않은 맛이 느껴진다면, 정수 필터에 투자하는 편이 낫다. 이 장치는 수도꼭지나 싱크에 연결해 사용하면 된다. 병에 든 생수를 마시는 것보다 이렇게 직접 정수해 물통에 담아 다니는 편이 환경보호에 더 도움이 된다. 그 혜택을 경제적으로 환산해보자. 미국의 평균적인 수도 비용에 기반을 두고 매일 물을 8잔 마신다면 일 년에 49센트에 이른다. 에비앙이나 피지 워터를 사서 마시면 일 년에 1,400달러에 이른다(다음번에 에비앙 생수를 사 마시고 싶어진다면, 그 철자를 거꾸로 읽어보자. 'naïve' 어리석고 순진하다는 생각이 들 것이다).

여러 가지 병에 든 생수는 오래전의 멋진 인생과 그런 삶의 방식과 작별해야 하는 이유를 보여주는 상징이다. 예전의 멋진 인생처럼, 병에 든 생수도 비싸고, 환경에 큰 해를 끼치는(세상 곳곳으로 자연분해되지 않는 플라스틱 물병이 수십 억 개나 선적된다고 생각해보자) 허세와 거품에 불과하다. 생수 회사들은 순수함, 정화 등의 이미지를 팔지만 2008년 미국 비영리 환경단체 환경실무그룹Environmental Working Group, EWG은 이런 생수의 화학적 오염 문제를 조사해 발표했다. 발암물질, 살균 부산물, 비료 잔여물, 진통제 등이 조사 대상 생수에서 발견되었다.

식재료를 직접 키워보자: 파슬리나 양파를 작은 화분에 키워 양지바른 창가에 놓아두거나 정원을 만들 듯이 직접 자신이 먹을 각종 식재료를 키워보자. 공간이 충분하다면 근대나 케일, 양배추처럼 녹색 채소를 키우면 좋다. 이런 식물들은 잘 자라고 비료도 많이 필요하지 않으며 면적당 놀라운 영양소를 자랑한다.

제2차 세계대전 동안 미국에서는 20만 명이 '승리의 정원'이라는 이름으로 직접 채소 정원을 가꾸었다. 여기서 키운 채소는 미국 전역에서 소비되는 채소의 40퍼센트를 차지했다. 잔디밭을 갈아엎고 채소를 심었으며 뒷마당과 공터에도 각종 농작물을 키웠다. 2009년 워싱턴 DC 초등학생의 도움을 받아 미셸 오바마 여사는 제2차 세계대전 이후 최초로 백악관 안에 채소 정원을 만들었다. 퍼스트레이디의 지시에 따라 이 정원은 유기농으로 경작된다.

멋진 인생을 위해 지구 환경을 지키자

절약하며 검소하게 사는 일은 중요하다. 하지만 정말 만족스럽고 의미 있는 삶은 검약 정신 이상을 요구한다. 나 자신보다 더 크고 위대한 존재와 연결되어 있다는 의식이 필요하다. 나 역시 모든 생명체에 감사와 존중을 표현하고 다른 사람들을 배려하며 이 지구상의 의미 있는 일부가 되고 싶다.

10년 동안 아내 데오와 나는 브리티시컬럼비아주 바닷가의 외딴 섬에서 살며 필요한 식량의 90퍼센트를 직접 재배했다. 우리는 농작물을 모두 유기농으로 키웠다. '탄소발자국'이란 단어는 그때 없었지만 우리가 남긴 탄소발자국은 극히 적었을 거라고 생각한다.

먹기 위해 동물을 죽이고 싶지 않았기에 가축은 키우지 않았다. 우리에게 필요한 영양소를 공급해주는 다른 작물을 재배하거나 살 수 있었기 때문이다. 어떤 사람들은 우리가 지나치게 감상적이라고 생각하겠지만 나에겐 가족처럼 느껴지는 동물이 너무 많았기에 어쩔 수 없었다. 산새가 날아갈 때 총을 들고 겨냥하는 것은 내 스타일이 아니었다. 나는 그저 자연의 아름다움을 감상하고 그 새가 생명계에서 어떤 자리를 차지하는지 이해하는 사람이었다.

섬에서 보낸 뒤 나는 현대적인 농장과 목장에서 동물들이 어떤 대우를 받는지 알게 되었다. 그리고 이런 사실들이 나를 다시 바꿔놓았다. 동물들이 포로수용소에 감금된 죄수처럼 얼마나 끔찍한 대우를 받는지 이미 많은 사람이 사진을 보거나 이야기를 들어 알고 있으니 그 끔찍한 장면을 세세하게 설명하고 싶지는 않다. 실제는 이처럼, 아니 이보다 훨씬 더 심하다.

소와 돼지, 닭과 칠면조 등 오늘날 정육산업에 이용되는 모든 동물은 기본 습성에 완전히 반하는 상황에서 가장 기본적인 요구도 무시된 채 사육되며 엄청난 고통을 겪는다. 현대 정육산업의 잔인함에 놀라서 채식주의자가 될 필요는 없다. 유명한 요리사이자 작가, 텔레비전 프로그램 진행자인 줄리아 차일드Julia Child는 채식주의자를 '감상적'이라고 말하곤 했다. 하지만 나이 든 그녀를 쇠고기 가공 시설에 데려갔더니 그 광경에 너무 놀라 '이렇게까지 끔찍할 줄은 몰랐다'고 했다.

이런 일을 보며 우리는 자신에게 질문해야 한다고 느낀다. 어떤 동물은 '애완동물'이라 부르며 그토록 많은 사랑을 쏟으면서 또 다른 동물은 '식사거리'라며 무게당 가격을 낮추려고 그토록 참혹하게 대한다. 그 구분은 왜 정당화할까?

현대 정육산업의 잠재된 잔인함은 너무나 심각해서 이런 고기들을 먹으면서 자비심을 이야기하기가 힘들 정도다. 고기를 먹게 된다면 홀 푸드 마켓Whole Food Market의 동물 보호 로고가 찍힌, 방목해 키운 유기농 육류를 사고 싶어질 것이다.

동물에게 가해지는 잔인함에 슬픈 나머지 나는 현대 정육산업의 조직적인 잔인함을 대중에게 알리는 일을 시작했다. 사람들은 윤리적인 이유 때문에 고기를 먹지 않느냐고 묻는다. 나는 그렇다고 대답한다. 이와 함께 내 결정에 큰 영향을 준 또 다른 이유가 있다. 우리 다음 세대와 그다음 세대가 더 밝은 미래를 누릴 근본이 되는 이 깨어지기 쉬운 생태계를 보호하는 데 힘을 더하고 싶었다.

고기를 먹는다는 것은 어떤 의미일까? 우리 생각을 훨씬 뛰어넘는 일이다. 2006년 유엔 식량농업기구FAO는 〈가축에 드리워진 긴 그림자〉라는 제목의 리포트를 발간했다. 이 리포트에 따르면 정육사업은 모든 단계에서, 모든 수준에서, 전 세계적으로는 물론 지역적으로 환경문제를 야기하는 두 번째 또는 세 번째 원인이다. 토양 오염, 대기

오염, 물 부족, 수질 오염, 생물 멸종, 생물 다양성 상실, 기후 변화 등에서 가장 심각한 원인 제공자다. 보고서의 주요 저자인 헤닝 스타인펠드Henning Steinfeld는 "오늘날 심각한 환경오염의 가장 중요한 원인은 바로 가축이다. 이 상황을 해결하기 위해 긴급하게 대응 방안을 마련해야 한다"라고 말했다.

에즈라 클라인Ezra Klein은 2009년 〈워싱턴포스트〉에 이렇게 적었다. "그 증거는 확실하다. 가축이 지구온난화의 원인이라고 말하는 것이 아니다. 가장 중요한 원인이라고 말하는 것이다. 교통수단으로 일어나는 오염보다 훨씬 더 심각한 오염을 만들어내니 말이다."

앨 고어는 자신이 만든 영향력 있는 다큐멘터리 〈불편한 진실〉에서 인간이 야기한 지구온난화의 심각성에 의미심장한 논제를 던졌다. 하지만 왜 그런지 그는 식습관을 바꾸자고 제안하는 대신 전구를 바꾸자고 이야기한다. 이런 일을 겪으며 우리가 부에 대한 보상으로 육식을 당연하게 여기는 것과 이에 의문을 품는 것이 얼마나 어려운지를 깨닫게 되었다. 육식은 예전 멋진 인생에서 중심적인 위치를 차지해 왔고 이에 의문을 품는 사람도 없었다.

하지만 지구에 대한 우리의 책임을 심각하게 받아들이려면 반드시 의문을 품어야 한다. 온실가스를 만들어내는 네 가지 주요 원인 가운데 하나인 메탄을 발생시키는 것이 바로 가축이다. 소떼들이 내뱉는 트림과 가스를 심각하게 받아들이기가 어렵겠지만, 각종 가축의 배설물은 농담으로 받아들이기 힘들 정도다. 소는 양쪽으로 메탄을 뿜어내는데, 과학자들은 그 엄청난 메탄가스가 심각한 기후 문제를 가져올 것이라고 말한다.

그러나 이것이 전부는 아니다. 유엔식량농업기구 리포트에 따르면

더 잘 먹고 덜 쓰며 잘사는 법 227

육가공품 제조 공정에서 발생하는 아산화질소(온실가스의 또 다른 주범)는 인간 활동으로 발생하는 아질산 산화물의 65퍼센트에 이르는 것으로 나타났다. 유엔식량농업기구는 가축이 전체 온실가스의 18퍼센트를 발생시키며 이는 SUV, 자동차, 트럭, 버스, 기차, 배, 비행기를 모두 합한 것보다 많은 양이라고 결론 내렸다.

이와 유사하게 2009년 〈사이언티픽 아메리칸〉에서 출간한 리포트에서는 "식탁에 쇠고기를 올리기 위해서는 놀라운 환경 비용을 지불해야 한다. 가공 과정에서 온실가스가 엄청나게 발생하기 때문이다"라고 했다. 쇠고기 450그램을 만들 때 방출되는 온실가스는 감자 450그램을 만들 때 발생하는 온실가스의 58배에 이른다.

"고기를 먹지 않는 것이 이 지구상에 남기는 탄소발자국을 줄이는 가장 효과적인 방법이다." 라이브 어스 콘서트의 핸드북에 적힌 글은 결코 과장이 아니다. 비교적 덜 과격한 방식을 택해 조지 부시 전 대통령이 선호한 환경운동 그룹 '환경보호Environmental Defense'조차도 미국의 모든 육식주의자가 일주일에 한 끼만 닭고기 대신 채소를 먹는다면 도로 위의 자동차 50만 대를 줄인 것과 같은 탄소 절약 효과를 낸다고 추산했다. 사람들은 이제 프리우스를 모는 것과 육식을 줄이는 것 또는 금하는 것을 비교하기 시작했고('채식주의가 바로 새로운 프리우스다') 연료를 많이 소모하는 허머를 모는 것에 육식을 비유하기 시작했다. 놀라운 비유이긴 하지만 여전히 육식과 관련해 발생하는 온실가스 양을 과소평가했다고 할 수 있다. 시카고대학의 2006년 연구에 따르면 탄소 발자국을 줄이는 데 채식이 하이브리드차를 모는 것보다 훨씬 더 효과적이라고 한다. 이와 관련해 계산해본 과학자들은 육식을 위주로 하는 프리우스 운전자들이 먹이사슬 아래쪽에 있는 채소를 주로 먹는 허머

운전자보다 지구온난화에 책임이 훨씬 더 크다고 말한다.

2009년 후반 월드워치연구소는 세미나 리포트를 발표했다. 세계은행에서 23년 동안 환경문제를 자문해온 농학자 로버트 굿랜드Robert Goodland와 세계은행의 환경 전문가 제프 안항Jeff Anhang이 준비한 사려 깊은 연구에 따르면, 식용으로 키운 가축은 인간이 만들어내는 온실가스의 절반 이상을 만들어낸다고 한다. 그렇기에 육식 대신 채식을 하는 것은 기후 변화를 방지하는 가장 효율적인 방법이다.

"화석연료를 재활용 에너지로 대체하려는 노력보다 가축이 만들어내는 문제를 해결하려는 노력이 온실가스 배출과 온난화에 훨씬 큰 영향을 준다."

친환경적인 라이프스타일을 실천하려는 사람들은 많지만 정작 가장 효과적인 방법은 잘 몰라서 아쉬울 때가 있다. 환경을 보호하려면 어디에 중점을 두어야 할지 알아야 한다. 가장 큰 효과를 얻을 곳에 집중해야 할 테니 말이다. 먹이사슬 아래쪽에 자리한 채소나 과일을 먹는 것이 지구 전체를 위해 의미가 크다. 인생을 멋지게 살기 위해 지구를 망칠 필요까지는 없지 않을까.

앞으로 우리 삶에 관해 각자 대답해야 하는 질문은 이렇다. 지구의 요청을 고려해야 할까 아니면 지구에 미치는 영향을 전혀 고려하지 않고 그저 우리 욕심에만 탐닉해야 할까. 어느 것이 옳을까.

2007년 말 발표된 기후 변화에 관한 4차 정부 간 평가 보고서는 지금껏 발표된 그 어떤 조사보다 대규모로 세세하게 진행되었다. 저자로 수십 개국에서 과학자 몇 천 명이 참가했다. 지구온난화를 막기 위해 적극적으로 대응하지 않는다면 미래에 각 생물체와 환경생태계와 인간과 사회가 심각한 위험에 처할 거라는 내용이 실려 있다.

이런 예견을 종합해 월드와치연구소는 우리가 급진적으로 노선을 변경하지 않는다면 큰 문제가 일어날 거라고 경고했다. "앞으로 태어날 아이들은 점점 더워지는 세상이 만들어내는 온갖 문제로 고생할 것이다. 식량은 줄어들고 삼림은 대부분 파괴될 것이다. 어류의 먹이가 되는 산호초는 대양이 화학물질에 오염되면서 심각한 문제를 겪게 될 것이다."

모든 사람이 무언가 먹어야 하지만 고기를 먹기 위해 가축에게 곡물 사료를 먹이는 사이클은 효율적이지 못하다. 사육장에서 쇠고기 453그램을 만들어내려면 옥수수와 콩이 7.2킬로그램 필요하다. 작가 프란시스 무어 라프Francis Moore Lappe는 오늘날 정육사업을 일컬어 '거꾸로 가는 단백질 공장'이라고 했다. 전 세계를 괴롭히는 기아 문제를 생각해볼 때, 가축에게 옥수수와 콩을 먹인다면 우리가 재배한 단백질과 다른 영양소를 낭비하는 셈이 된다. 굶주리는 수많은 사람을 생각하면 오늘날 미국에서 재배되는 옥수수와 콩의 80퍼센트를 가축에게 먹이는 것은 반인류적인 범죄로 느껴진다. 그런데 오늘 우리가 바로 그런 일을 저지르고 있다. 이렇게 해서 값싼 고기를 먹는다. 지구온난화로 고통받는 사람들, 수십억 마리 동물에게 행해지는 잔인함과 수억 명이 겪는 배고픔을 고려하지 않는다면 값싸다고 느낄 것이다.

건강에 좋으면서 가장 싼 음식과 사회적·환경적으로 책임 있는 음식 사이에는 중요한 상관관계가 있다는 사실이 놀랍지 않은가. 먹이사슬 아래쪽에 자리한 것들을 먹는 것, 즉 채소와 과일을 더 많이 먹고 고기는 덜 먹는 것이 긍정적인 방식으로 이런 목적에 부합한다는 점은 의미가 크다.

사회 변화를 일으키려고 정부의 힘을 빌리려는 노력은 좋은 결과를 내지 못했지만, 이런 접근법이 소용 있는 경우도 있다. 시민으로서 세금을 내니, 세상에 좋지 않은 문제를 일으키는 것들에 세금을 부과하고 그 돈으로 혜택을 주는 것의 가격을 내릴 수 있지 않을까? 더 나은 세상을 만들어주는 중화적인 방법이라 할 수 있다. 예를 들어 농약에 세금을 높게 부과하고 그 세수를 유기농작물과 다른 안전 식품을 재배하는 데 들이는 것이다. 정크푸드에 세금을 매기고 그 세금을 신선한 과일과 채소를 재배하는 데 보조금으로 사용할 수도 있다. 흰 빵에 세금을 매기고 통밀 빵에는 보조금을 지원한다면? 육류처럼 온실가스를 많이 방출하는 음식에 세금을 매기고 많은 학교와 가정의 채소 정원과 과수원에 후원금을 준다면?

이렇게 하면 상당히 인상적인 결과가 나온다. 더 좋은 음식을 싸게 먹을 수 있게 되니 식사시간이 훨씬 더 행복해진다. 해결하기 힘든 의료 위기 속에서 의료비를 절약할 수 있어서 행복해진다. 배출되는 온실가스 양이 줄어들어 지구의 기온이 훨씬 더 안정된다.

영양이 풍부하고 가격도 비싸지 않은 식품 12

건강에 좋은 식품 목록에는 야생 연어나 블루베리 같은 것들이 자주 올라간다. 우리가 알래스카 곰이어서 이런 것들을 찾아낼 수 있다면 좋겠지만, 이런 식품을 섭취하려면 비용을 상당히 들여야 한다.

여기서 소개하는 12가지 식품은 먹기에 즐겁고 활기를 불어넣어 주며 동물에게 잔인한 행위를 하지 않아도 되고 지구에 해를 적게 준다. 자원도 지나치게 낭비하지 않고 엄청나게 비싸지도 않다.

많은 사람이 이런 훌륭한 식품들을 어떻게 준비하고 즐길지 제대로 배운 적이 없기에 몇 가지 조리법을 제안한다. 각 조리법에 나오는 식재료는 영양은 충분하고 가격은 그리 비싸지 않은 것들이다.

팝콘: 놀라울 정도로 건강에 좋다

팝콘은 미국 인디언이 처음 발견했지만 대공황 시대가 되면서 대중적인 간식이 되었다. 가격이 저렴하고 영양은 높아서 금세 인기를 누리게 되었다. 1930년대 많은 사업이 어려움을 겪었지만 팝콘 산업만은 번창해 힘든 삶을 꾸려야 하는 농가에게 중요한 수입원이 되었다.

가격이 싼 통곡물을 진공 상태에서 튀기는 팝콘은 칼로리는 낮고 섬유소는 풍부하다. 또 단백질과 비타민 B_1, B_2, 아연도 풍부하다. 웨이트워처스에서도 체중 관리가 필요한 사람에게 좋은 간식으로 팝콘을 선정했고 미국 치과협회에서는 당분 없는 간식으로 팝콘을 인증했으며 미국 암협회에서는 팝콘에 들어 있는 풍부한 섬유소가 여러 가지 암을 예방한다고 밝혔다.

팝콘은 건강에 좋지만 시판하는 팝콘에 들어 있는 지방과 설탕, 염분은 주의해야 한다. 1990년대 중반, 건강로비단체Center for Science in the Public Internet, CSIPI에서 극장에서 판매하는 팝콘을 조사했다. 그 결과 팝콘은 대부분 튀길 때 코코넛 오일을 사용하고 그 위에 버터와 마가린을 얹는다는 사실을 확인했다. "중간 크기 버터 팝콘에서 아침식사 때 먹는 베이컨과 달걀, 빅맥과 프렌치프라이, 스테이크에 들어 있는 것을 다 합친 것보다 많은 지방이 검출되었다."

시판하는 팝콘은 그 뒤 나아졌을까? 그렇지 않다. 오늘날 미국 최대 극장 체인인 리걸 시네마 그룹에서 판매하는 크기가 작은 팝콘에는 빅맥 세 개에 해당하는 포화지방이 들어 있다.

팝콘과 관련해 두 가지 또 다른 우려가 있다. 기도가 막힐 우려가 있어 네 살 미만 아이에게는 그리 좋지 않다. 전자레인지에 넣고 만드는 팝콘에는 버터맛을 내기 위해 사용하는 화학물질인 디아세틸을 포함한 인공감미료가 들어 있다. 디아세틸은 호흡계 질환을 초래하고 폐질환을 일으키는 것으로 알려져 있다. 물론 집에서 직접 옥수수를 튀겨 팝콘을 만든다면 큰 문제가 아니다. 무엇을 더할지 자기가 선택하니까 말이다. 지방을 더하지 않아도 다른 방법은 많다. 영양 이스트나 고추, 커민씨 분말, 다른 향신료를 소금과 함께 넣어 튀기자마자 바로 먹는다면 재미있고 맛있고 건강에 좋은 통곡물 간식거리가 된다.

퀴노아: 모든 곡물의 어머니

퀴노아는 모든 통곡물 가운데 소화가 가장 쉽게 되며 조리하는 데 시간도 적게 걸린다(25분가량). 조리한 퀴노아 한 컵에는 우유 1.1리터에 해당하는 칼슘이 들어 있는데, 소화가 더 쉬운 형태의 칼슘이라는 점이 특징적이다.

퀴노아는 밀이나 보리, 옥수수나 쌀보다 단백질 함유량이 훨씬 많다. 곡물 중 퀴노아와 비슷하게 단백질 함유량이 높은 것은 귀리밖에 없다. 식물로는 드물게 특정 아미노산이 특히 많이 들어 있다. 예를 들면 리신은 물론 메티오닌과 시스틴 같은 황함유 아미노산의 좋은 공급원이다. 퀴노아에는 인, 비타민 E, 몇 가지 비타민 B와 각종 무기질이 들어 있다. 빵을 만드는 데에 도움이 되는 글루텐은 들어 있지 않아서 글루텐에 민감한 사람에게는 도움이 된다.

이런 퀴노아가 왜 서양에는 잘 알려지지 않았는지 궁금할 것이다.

잉카에서 퀴노아는 신성한 것으로 여겨졌다. 잉카 사람들은 퀴노아를 '치사야 마마' '모든 곡물의 어머니'라고 했고 종교 의식에 주로 사용했다. 스페인에서 남아메리카 지배에 나섰을 때 이들은 원주민의 영적 의미를 말살하고 기독교를 퍼뜨리기 위해 퀴노아를 적극적으로 억제했다. 하지만 이제 다시 퀴노아가 사랑을 받게 되었다.

카세롤이나 수프, 스튜, 프라이는 물론 차갑게 해서 샐러드에 사용할 수도 있다. 말려서 프라이팬이나 오븐에 살짝 구운 퀴노아는 맛이 좋고 향이 풍부하다.

퀴노아는 냉장고에 보관하는 것이 좋은데, 퀴노아의 지방성분은 영양에 좋지만 따뜻한 곳에 너무 오래두면 상할 수 있기 때문이다. 위급할 때 단 하나의 식품만 골라야 한다면, 나는 퀴노아를 선택한다.

아마씨: '새로운' 원더푸드

최근 원더푸드로 새롭게 언론의 각광을 받는 것이 아마씨다. 하지만 지난 몇 천 년 동안 수많은 사람이 아마씨를 먹어왔다. 사실 아마는 히포크라테스 시대부터 '치료약'으로 사용되었다. 아마를 먹는다는 것은 위험스러운 경험이라기보다 세상에서 가장 오래되고 건강하고 가격도 비싸지 않은 식품을 먹는 것이다.

아마가 그토록 놀라운 식품인데 서양에서는 왜 오랫동안 잊었을까? 바로 영양분이 풍부하다는 점 때문이다. 아마를 유명하게 만든 영양분인 독특한 필수지방산 때문에 보관하기가 어렵기 때문이다. 정유업자들은 더 오래 보관할 수 있는 다른 기름이 이윤이 훨씬 높다는 사실을 알고 있다.

아마씨는 리그난이라 불리는 피토에스트로겐의 보고로, 유방암은 물론 전립선암, 자궁암, 난소암 예방에 도움이 된다고 알려져 있다.

수많은 식물성 식재료 가운데 하나인 아마씨는 오메가 3가 가장 풍부한데, 이 사실이 왜 중요할까? 사람들이 대부분 이 중요한 영양소를 충분히 섭취하지 않기 때문이다.

지방산에는 오메가 3와 오메가 6 두 종류가 있다. 이 지방산은 건강을 유지하기 위해 적절히 균형을 유지해야 한다. 가공식품에 지나치게 의존하게 되기 전, 사람들은 이 두 가지 지방산을 균형 있게 섭취했다. 하지만 많은 사람이 오늘날과 같은 서구식 식사를 하게 되면서 오메가 6 섭취량은 지나치게 높아졌지만 오메가 3는 충분히 섭취하지 못하게 되었다. 전문가들은 이런 불균형이 천식, 관상동맥과 심혈관 질환, 여러 가지 암, 면역체계 질환과 뇌신경퇴행 등을 포함한 많은 질환의 근원이 된다고 밝혔다. 오메가 3와 오메가 6의 불균형은 비만과 우울증, 실독증, 과잉행동장애, 폭력 지향 등을 유발하기도 한다. 이 두 가지 지방산이 적절한 비율을 유지하면 여러 가지 문제를 완화할 수 있다.

453그램에 15달러 하는 야생연어를 먹으면 필요한 오메가 3를 얻을 수 있다. 또 다른 방법은 453그램에 2달러 하는 아마씨를 먹는 것이다.

아마씨는 냉장하거나 냉동하는 것이 좋다. 잘 보관하기만 한다면 일 년 정도 신선하게 먹을 수 있다. 전용 그라인더로 아마씨를 갈아서 냉장 보관했다가 식사에 활용한다(아마씨는 가는 순간 산패하기 시작한다). 시리얼이나 샐러드, 카세롤 등에 이렇게 간 아마씨를 적당히 뿌려먹으면 된다.

영양 효모: 영양 가득한 발전소

모든 사람이 음식에 첨가해 먹으면 좋은 영양 효모는 단백질의 탁월한 보고다. 단백질 함량이 높고(다른 어떤 육류보다 단백질이 많다) 여러 가지 필수 아미노산을 함유하고 있다. 특히 대부분의 곡물에 부족한 리신과 트립토판이 풍부하다.

영양 효모는 '우선 재배 효모'라고도 하는데, 이는 영양적인 가치를 고려해 특별히 만들어졌다는 의미다. 또 '불활성 이스트'라고도 하는데, 이는 발효제 역할을 하지 않는다는 의미다. 효모가 들었거나 발효된 음식물을 소화하는 데 고생하는 사람이라도 이런 영양 효모에는 아무런 문제가 없다. 글루텐이 들어 있지 않고 칸디다 진균류와 관련해 밀 알레르기가 있거나 효모 감염에 신경 쓰는 사람에게도 안전하다는 이야기다.

영양 효모는 빵을 부풀리기 위해 사용하는 일반 효모와 다르다. 맥주 만들 때 부산물인 효모와도 다르다. 맥주 만들 때 사용하는 효모에도 여러 가지 영양소가 들어 있지만 맥주를 만드는 데 사용하는 홉의 쓴맛을 지니고 있다. 영양 효모는 향이 강하고 진한 갈색 반죽 같은 효모 추출물과도 다르다.

영양 효모는 비타민 B군의 보고다. 혈당을 조절하는 크롬도 풍부하게 들어 있다. 이런 이유로 영양 효모는 당뇨병 환자와 저혈당 문제가 있는 환자에게 도움이 많이 된다.

영양 효모는 오랫동안 건강에 관심 있는 사람들에게 인기를 끌었는데 이제는 더 많은 사람에게 널리 알려질 때가 되었다. 사람들이 선호하는 특별한 맛을 지니고 있기 때문이다. 견과류나 치즈 같은 맛이라고 할까?

영양 효모는 노란색 덩어리 형태나 옥수수가루와 비슷한 노란색 분말 형태로 되어 있는데, 대부분 자연식품전문점에서 대용량으로 판다. 영양 효모는 서늘하고 건조한 곳에 보관하면 된다. 사용법은 다양한데 수프나 소스의 맛을 더하거나 묽은 수프를 진하게 만들 때, 샐러드드레싱과 치즈 스프레드로, 카세롤을 비롯한 다양한 요리에 사용할 수 있다.

고구마: 영양계의 올스타

고구마는 여름철 간식이라고 생각하는 사람이 많지만, 일 년 내내 먹을 수 있는 달콤한 식사 대용품이다. 성분을 살펴보면 영양계의 올스타에 들어가기에 부족함이 없다.

1992년 소비자단체인 공익과학단체CSPI에서는 다양한 채소들의 영양 가치를 비교·분석했다. 섬유소는 물론이고 복합탄수화물, 단백질, 비타민 A, 비타민 C, 아연, 칼슘 함량에서 고구마는 영양이 높은 축에 들어간다. 이런 기준을 점수로 매겨보면 고구마는 184점을 얻었는데, 이는 100점을 얻은 감자보다 월등히 높은 수치다.

이에 덧붙여 고구마는 항산화 효과가 뛰어난 단백질을 함유하고 있다. 한 연구에 따르면 이런 단백질은 인체에서 가장 활성화된 내재적 항산화물질인 글루타토인glutathione의 3분의 1에 해당하는 항산화 능력이 있다.

고구마에는 비타민 A가 특히 풍부하며 비타민 C와 망간이 풍부하고 식물성 섬유와 비타민 B6, 칼륨, 아연, 구리 등도 들어 있다. 비타민 A 함유량은 특히 뛰어나다. 담배를 피우고 있거나 예전에 담배를 피웠다면, 간접흡연의 위험에 노출되는 사람이라면 고구마처럼 비타민 A가 풍부한 식품을 먹어 말 그대로 생명을 건질 수 있다. 자색 고구마에 함유되어 있는 베타카로틴(프로비타민 A)의 생물학적 이용가능성은 녹색잎채소보다 훨씬 높은 것으로 나타났다. 자색 고구마도 영양 덩어리다. 최상의 항산화제인 안토시아닌이 풍부하기 때문이다. 다른 연구에 따르면 자색 고구마는 다른 어떤 식품보다 항산화 성분이 높다고 한다.

고구마의 또 다른 장점은 다양한 환경에서 잘 자라고 천적이 거의 없다는 것이다. 그렇기에 살충제를 거의 사용하지 않는다.

고구마는 익혀서 바로 먹을 수 있고 도시락으로 이용하기에도 편하다. 굽거나 찔 때 미리 표면에 구멍을 내지 않으면 '폭발'할 수도 있다는 사실을 기억하자.

완두콩: 작지만 강한 건강식품

완두콩 수프를 좋아하는 사람도 비싸지 않은 완두콩에 들어 있는 다양한 영양소의 가치를 모를지도 모른다. 작지만 영양학적으로 뛰어난 완두콩은 단백질의 보고다.

완두콩은 중요한 무기물과 비타민 B는 풍부하게 들어 있지만 지방은 거의 들어 있지 않다. 변통은 도와주고 변비는 막아주는 불용성 섬유소의 중요한 공급원으로 과민성 대장증상과 게실증 같은 소화기 질환을 완화해준다. 완두콩 한 컵이면 하루에 필요한 섬유소의 65퍼센트를 섭취할 수 있다.

완두콩은 혈당을 조절하는 데 도움이 된다고 알려져 있다. 식후 혈당이 급속도로 높아지지 않도록 예방해주는 특정 섬유소가 충분히 들어 있다.

한 연구에서 다양한 나라의 남성 1만 6,000명을 대상으로 식품 섭취 패턴과 관상동맥이나 심장 질환으로 사망할 위험을 조사했다. 이 연구에 따르면 완두콩을 비롯한 채소들이 이런 위험을 82퍼센트가량 낮춰준다고 나타났다.

와인을 제조하거나 과일을 말릴 때 쓰이고 식료품점의 시판용 샐러드와 샐러드바에 사용하는 방부제 아황산염에 민감한 사람들이 있다. 아황산염에 민감한 사람들은 이런 음식을 먹으면 심장 박동이 빨라지고 두통과 의식장애를 겪게 된다. 이렇게 아황산염에 반응하는 원인은 몰리브덴이 부족하기 때문이다. 미량 무기질인 몰리브덴은 우리 몸이 아황산염을 분해할 때 사용하는 아황산옥시다아제라는 효소의 중요한 구성 요소다. 완두콩은 뛰어난 몰리브덴 공급원이다. 완두콩 한 컵에는 매일 필요한 몰리브덴이 200퍼센트 들어 있다.

완두콩은 밀폐용기에 넣어 선선하고 건조하며 어두운 곳에 보관하면 몇 달이라도 간다. 더 오래 보관하고 싶다면 냉동해두면 된다.

렌즈콩: 단백질 덩어리

인류는 신석기시대 이후 렌즈콩을 먹었는데, 렌즈콩은 아마도 인간이 가장 처음 재배한 작물일 것이다. 전통적으로 렌즈콩은 경배의 대상이었고 수많은 문화권에서 종교 행사에 자주 사용했다. 26퍼센트가 단백질인 렌즈콩은 식물성 식품 중에서 대두와 대마 다음으로 단백질 함량이 높은데 필수아미노산인 이솔루신과 리신의 좋은 공급원이다.

렌즈콩에는 단백질 외에 다른 영양소도 풍부하게 들어 있다. 아연을 월등히 많이 함유하고 있고 식이섬유, 엽산, 비타민 B군과 다른 무기질을 공급해준다. 2006년 〈헬스〉에서는 렌즈콩을 건강에 좋은 다섯 가지 식품 가운데 하나로 선정했다.

렌즈콩은 조리하기도 쉽다. 모든 렌즈콩이 그렇지만 자주 보는 붉은 렌즈콩처럼 껍질을 깐 작은 종은 더욱 그렇다. 슬로 쿠커에는 잘 어울리지만 압력솥은 그리 권하지 않는다. 압력 분사 밸브를 작은 콩이 막을 수 있기 때문이다.

고대 그리스에는 저녁으로 빵과 렌즈콩을 먹은 철학자 이야기가 있다. 왕에게 아첨하는 사람이 철학자에게 다가와 이렇게 말했다. "왕에게 잘 보이는 법을 배우면 렌즈콩만 먹을 필요가 없습니다." 철학자는 이렇게 대답했다. "렌즈콩 먹으며 사는 법을 배운다면 왕에게 고분고분 순종하느라 자존심을 버릴 일은 없습니다."

해바라기 씨: 간식 이상의 식품

해바라기 씨는 많은 미국 인디언 부족에게는 주요 식품이다. 식물계에서 우리 몸을 위한 최선의 지용성 항산화제인 비타민 E가 가장 풍부하게 들어 있다. 또 비타민 B_1, 마그네슘, 구리, 셀레늄, 비타민 B_5, 엽산이 풍부하게 들어 있다.

해바라기 씨에 함유된 비타민 E가 몸 안에 들어오면 프리래디컬을 중화해 뇌세포와 세포막을 보호해준다. 해바라기 씨에 포함된 비타민 E는 천식, 류머티즘성 관절염 등을 완화해주는 항염작용을 하고 프리래디컬과 염증으로 일어나는 다른 증상도 완화해준다. 해바라기 씨에는 비타민 E가 많이 들어 있어 2온스(약 57그램)만 먹어도 하루 필요한 비타민 E를 전부 섭취하게 된다.

해바라기 씨는 간식으로 많이 애용되지는 않지만, 어떤 음식에도 넣어 먹을 수 있고 어떤 조리법에도 재료나 장식으로 활용할 수 있다.

해바라기 씨의 싹을 내서 샐러드로 먹을 수도 있다. 수프에 기본으로 사용할 수 있고 갈아 넣어서 해바라기 버터를 만들 수 있으며 날로 먹거나 살짝 구워서 먹을 수도 있다. 우리 집에서는 살짝 볶은 다음 아침식사 때 시리얼에 넣거나 카세롤이나 샐러드에 넣거나 그저 손으로 한 줌 집어 먹는다.

귀리: 점잖고 만족스러운 곡물

사람들은 대부분 귀리를 말이나 소가 먹는다고 생각하지만 이는 귀리가 얼마나 좋은 곡물인지 모르기 때문이다. 퀴노아를 제외하곤 단백질 함량이 그 어떤 곡물보다 높은데다가 필수비타민(B_1, B_5, 엽산, 비오틴)과 무기질(마그네슘, 칼슘, 셀레늄, 망간, 아연, 구리 등)도 충분히 들어 있다.

귀리는 다른 곡물보다 저밀도 지방 단백질LDL, 즉 나쁜 콜레스테롤을 낮춰주고 심장 질환의 위험을 줄여주는 수용성 섬유소 베타 D-글루칸 함유량이 높다. 1980년대 한 연구에 따르면 귀리의 겨가 심장 건강에 도움이 많이 되어 '귀리 겨 열풍'이라는 현상이 일어나기도 했다. 귀리 겨는 감자 칩을 포함해 모든 음식에 활용할 수 있다. 귀리 겨가 더해진 감자칩은 건강식품이라 불려도 무방하다. 하지만 슬프게도 오늘날 사람들이 먹는 귀리 겨는 캡틴 크런치, 프루츠 루프, 럭키 참스 등 바로 먹을 수 있는 시리얼 형태로 시판되고 있다.

몸에 좋지 않은 음식에 귀리 겨를 더한다고 해서 그 음식이 좋아지지는 않는다. 하지만 귀리의 수용성 섬유소를 규칙적으로 먹고 포화지방과 콜레스테롤이 낮은 음식을 먹는다면 심장 질환의 위험을 크게 줄일 수 있다.

귀리는 유방암처럼 호르몬과 연관된 질병의 위험을 줄여주는 식물성 에스트로겐의 주요 공급원이기도 하다.

양배추: 흔하지만 영양소가 풍부한 식품

어떤 사람을 '멍청이'라고 할 때 영어권 국가에서는 '양배추머리 CABBAGE HEAD'라고 표현한다. 하지만 프랑스에서는 좋아하는 남성이나 여성을 '나의 사랑스러운 양배추mon petit(e) chou'라고 한다.

양배추를 그저 시시한 식품으로 무시하는 것은 일종의 우월의식 때문이겠지만 사실 양배추에는 다른 십자화과 식물처럼 건강에 좋은 식물성 영양소가 놀랍도록 풍부하게 들어 있다. 잘 자라고 쉽게 구할 수 있으며 가격도 비싸지 않은 양배추는 세계 곳곳에서 식단을 풍요롭게 만들어준다.

양배추에는 특히 비타민 C가 풍부하다. 또 항염 효과가 뛰어난 아미노산 글루타민을 상당히 함유하고 있다.

많은 연구에 따르면 양배추와 다른 십자화가 채소를 많이 먹는 사람은 암 발생 확률이 낮았는데 다른 채소를 많이 먹는 사람들보다 확률이 훨씬 낮았다. 미국 워싱턴주 시애틀에 있는 프래드 허친슨 암연구센터에서 남성 1,000명을 대상으로 실시한 연구에 따르면 일주일에 28회(매일 4번 정도) 채소를 먹은 사람은 전립선암 발생 확률이 35퍼센트 낮다고 한다. 하지만 양배추나 다른 십자화과 채소를 일주일에 3번 정도 먹는 사람은 전립선암 발생 확률이 44퍼센트 낮았다.

십자화과 채소가 폐암, 대장암, 유방암, 난소암, 방광암 등의 발병을 낮춰줄 수 있다는 수많은 연구결과가 나왔다. 싱가포르에서 흡연자를 대상으로 연구한 결과에 따르면 양배추나 다른 십자화과 채소를 규칙적으로 먹은 사람은 폐암 발병 위험이 69퍼센트나 줄었다고 한다. 암 발생 위험을 줄이려면 양배추와 다른 십자화과 채소를 얼마나 먹어야 할까? 하루 한 컵 정도 먹으면 된다.

당근: 땅이 준 오렌지색 선물

당근은 모든 곳에서 널리 재배되고 사랑받는다. 용도가 다양하고 가격도 비싸지 않지만 당근의 영양적인 가치는 잘 모른다.

당근은 여러 가지 식품 가운데 카로티노이드를 가장 많이 함유하고 있다. 당근과 다른 채소를 먹음으로써 흡수되는 카로티노이드는 폐암, 방광암, 자궁경부암, 전립선암, 대장암, 후두암, 식도암 등의 발병 확률을 50퍼센트가량 줄여준다고 한다.

1990년대에는 장기 흡연자들에게 합성 베타카로틴을 투여했는데 폐암을 예방하지 못한 것은 물론 상황을 더 나쁘게 만들었다는 연구결과가 있다. 그렇다면 당근이 암 예방, 특히 폐암 예방에 중요한 역할을 한다는 그간의 연구는 어떻게 된 걸까? 알파 카로틴을 포함해 당근에 들어 있는 다양한 카로티노이드가 시너지 효과를 내야 비로소 그 효력이 발휘된다. 이 연구에서는 카로티노이드를 다양하게 제공하거나 알파 카로틴을 제공하지 않고 오직 베타카로틴만 사용했으므로 이런 결과가 나왔다. 하지만 당근을 먹으면 카로티노이드를 다양하게 섭취하게 되므로 그 효과는 확실하다.

할머니들은 항상 당근을 먹어야 눈이 좋아진다고 했는데, 정말 옳은 말이었다. 당근에 함유된 카로티노이드는 간에서 비타민 A로 바뀌어 망막으로 전달돼 밤에 사물을 볼 때 반드시 필요한 보라색 색소인 로돕신으로 변한다. 당근이 노인기 실명의 주요 원인인 황반변성과 노인성 백내장을 방지해주는 것도 이런 이유에서다.

매사추세츠주에 사는 노인 1,300명을 대상으로 연구한 결과 매일 당근이나 호박을 한 번 이상 먹은 사람은 한 번도 잘 안 먹은 사람보다 심장병 발병 확률이 60퍼센트 정도 낮았다.

두부: 완벽한 한 끼 식사

두부는 우유로 치즈를 만드는 것과 비슷한 과정을 거쳐 만들어지지만 영양 면에서는 치즈보다 한 수 위다. 치즈와 달리 칼로리가 낮고 아연 등 무기질도 함유되어 있으며 포화지방이나 콜레스테롤도 없다. 단백질 함량에서도 치즈보다 월등하다. 치즈와 다른 유제품이 칼슘의 주공급원이 되는데 두부는 사용하는 응고제에 따라 칼슘과 마그네슘 함량이 높아진다.

치즈를 많이 섭취하면 심장병 발병 확률이 높아지지만 콩 단백질을 섭취하면 심장병 발병 확률이 낮아진다.

식품으로 두부는 상당히 다양한 면이 있다. 포장용기에 담긴 그대로 먹고 싶은 사람은 없겠지만 그냥 먹기 힘든 통밀가루와 마찬가지로 두부도 식재료로 사용하는 것이 좋다. 두부로는 여러 가지 다양한 음식을 만들 수 있다. 몇 년 전만 해도 두부를 구하려면 건강식품 전문점에 가야 했지만 이제는 어디서나 쉽게 구할 수 있다. 전형적인 아시안 스타일로 조리하면 지방 성분이 높은 유제품이나 고기, 생선 대용으로 콜레스테롤 없는 한 끼 식사가 된다.

오늘날 미국에서 대두는 대부분 유전자조작으로 만들어진다. 유전자조작 식품을 피하고 싶다면 유기농 두부인지 확인해야 한다.

Part 7

자녀, 인생 최대의 재무 계획

"무한한 지혜를 지닌 대자연은 번식하려는 강력한 생물적 본능을 모든 생명체에 심었다. 이는 어떤 상황에서도 사람들이 가처분소득을 마음대로 활용하지 못하게 하기 위해서다."

-데이브 베리

　많은 사람에게 자녀나 손자손녀, 가족은 엄청난 행복을 가져다주는 근원이다. 가족 때문에 힘든 일도 있겠지만 영적 성장의 근원이 되기에 의미가 크다. 새롭고 멋진 인생에서는 인간관계가 핵심인데 인간관계를 통해 다른 사람을 소유하는 대신 교류하는 법을 배우는 것이 가족과 친구, 연애와 인생을 찬미하는 중요한 열쇠가 되기 때문이다.
　우리는 살아가면서 수많은 선택을 한다. 어떤 것은 논리적인 분석을 거쳐 결정하고 다른 것은 직관으로 결정하며 또 어떤 것은 감정에 따라 결정한다. 어떤 결정은 너무 중요한 나머지 한 번이 아니라 1,000번 가까이 그 결정 안에서 살면서 남은 인생 내내 그 결정을 기억하고 영향력을 경험한다.

자녀를 둘지 두지 않을지, 몇 명을 둘지는 인간이 내릴 수 있는 가장 의미 있는 결정이다. 자신의 인생은 물론이고 지구상에 있는 생명계에게 커다란 영향을 미치는 단 하나의 결정이라고 해도 지나친 말이 아니다. 영적·감정적·실질적 차원에서 선택해야 하는 사항이다. 재정적 의미를 사소하게 만들어버릴 정도로 너무나 심오하고 다층적인 인간의 경험이 아닐까.

하지만 여전히 재정적인 문제도 있다. 주거, 음식, 교통은 대부분의 가정에서 지출 비중이 큰 영역이다. 하지만 인생의 장기적인 재정 안정에 가장 크게 영향을 미치는 것은 살고 있는 집도 아니고 자가용을 몰지 안 몰지도 아니며 어떤 음식을 먹을지 안 먹을지도 아니다.

그것은 자녀를 낳을지, 낳을 거라면 몇 명이나 낳을지 하는 것이다. 아이들은 말로 표현할 수 있는 것 이상으로 소중한 존재다. 아이들이 이 세상에 가져다주는 기쁨과 사랑은 가치를 따질 수 없다. 현명하고 건강한 아이를 키우는 것은 영적인 행위이며 부모 노릇을 하는 것은 신성한 책무다. 하지만 아이가 말을 잘 듣는다고 해도 무조건적인 사랑 그 이상이 필요하다. 관련 비용을 냉정하게 살피는 일은 부모로서 지녀야 할 성숙함의 한 부분이다.

지금 아이를 낳아 기르고 있건 그렇지 않건 아이를 키우는 데에 돈이 얼마나 많이 필요한지 알면 깜짝 놀랄 것이다. 이런 비용을 어떻게 정확히 살펴볼 수 있을까? 해마다 미국 농무부가 이와 관련한 비용을 분석하고 자동으로 업데이트하므로 자료를 얻을 수 있다. 연방정부에서는 주거비, 식비, 교통비, 의료비, 자녀부양과 교육비 등에 관해 해마다 〈가구당 자녀 양육비용〉이라는 제목으로 보고서를 낸다.

이 분석에서는 아이가 태어날 때부터 일곱 살에 이르기까지 드는 비용을 추정한다. 여기에는 임신 관련 비용은 물론 17세가 될 때까지 드는 교육비가 포함되어 있지 않다. 이 비용은 당연히 상당한 금액에 이른다. 임신과 교육비를 포함시키지 않는다 해도 이미 사람들이 생각하는 액수 이상으로 비용이 많이 필요하다. 자녀 양육에 드는 비용은 소득 수준에 따라 차이가 상당하고 각 지역의 물가나 생활비에 따라 다르다. 미국 정부가 2008년 발표한 공식 지표를 기준으로 각기 다른 지역과 경제적 상황에 놓인 세 아이를 가상 사례로 들어 살펴보자.

- 모니카는 앨라배마주 셀마에 사는 싱글 마더가 낳은 아기다. 모니카의 어머니는 수입이 적은데다가 모니카 아버지에게서 양육비를 충분히 받지 못하므로 아이를 기르는 데 드는 비용을 줄여야 한다. 모니카가 17세 될 때까지 모니카 어머니는 주거비, 음식, 옷, 장난감, 탁아소, 의료비, 교통비 등을 포함해 14만 9,000달러를 마련해야 한다. 아기 낳는 것도 쉽지 않았다. 모니카 어머니는 건강보험에 들지 않았으므로 출산할 때 병원비 7,600달러와 임신 중 각종 검사 비용을 내야 한다. 모니카의 대학 학비를 대기는 어렵지만 모니카는 열심히 공부해 지역의 단기 대학이라도 가고 싶어 한다. 그 비용은 학점당 121달러에 이르는데 일 년이면 3,000달러, 2년이면 6,000달러가 필요하다는 계산이 나온다. 공부에만 집중한다면 어머니는 이 기간에 필요한 학비를 2년간 지불해야 한다(일 년에 8,000달러 정도).

모니카가 2년간 공부를 마치고 자립할 때쯤이면 모니카 어머니가 딸 양육에 쓴 비용은 17만 8,600달러에 이른다. 이 돈을 교육비에 쓰지 않고 5퍼센트 이자로 은퇴 연금에 든다면 30만 달러에 이르는 돈을 모을 수 있다.

- 윌리는 미주리주 세인트루이스의 중산층 가정에서 태어났다. 부모의 연간 수입은 5만 5,000달러다. 음식, 옷, 주거, 다른 직접 비용을 포함해 윌리가 태어나 17세가 될 때까지 필요한 양육비는 20만 4,000달러에 이른다. 출생할 때 병원비와 임신 관련 비용을 합하면 8,000달러에 이른다. 4년제 지역 대학에 입학해 기숙사에서 산다면 8만 5,000달러가 더 필요하다. 윌리가 21세에 대학을 졸업하면 부모가 지불해야 할 양육비는 29만 7,000달러에 이른다. 이 돈을 5퍼센트 이자로 그 기간 은행에 넣어둔다면 53만 달러가 된다.

- 줄리는 메릴랜드주 볼티모어의 유복한 가정에서 태어났다. 부모의 소득은 연 9만 달러로 딸이 자라는 동안 약간 더 신경 써줄 여유가 있다. 건강보험을 들어둔 덕에 출산 비용을 절약했지만 줄리가 17세가 될 때까지는 음식, 옷, 다른 비용으로 29만 8,000달러를 쓰게 된다.

줄리는 학업에 뜻을 두어 워싱턴 DC에 자리한 조지 워싱턴대학에 입학하기로 결심했다. 대학 학비는 기숙사비를 포함해 일 년에 5만 3,600달러가 든다. 줄리가 대학을 졸업할 때에는 총 51만 2,400달러를 투자한 셈이 된다. 이 돈을 같은 기간 5퍼센트 이자로 은행에 저금하면 91만 5,128달러가 된다.

엄마 세금

아이를 낳아 키우는 데에는 또 다른 재정비용이 든다. 지금까지 설명한 것에서 한 발 더 나아가 상당한 비용을 추가해야 한다. 지금까지는 지갑에서 나가는 직접적인 양육비용을 말했다. 하지만 앤 크리텐던Ann Crittenden의 책 《모성의 대가The Price of Motherhood》를 보면 미국의 여성들은 아이를 낳아 키우면서 상당한 소득 감소를 경험하게 되어 '엄마 세금'을 국가에 내는 셈이라 한다.

기업은 대부분 '방해받지 않는' 사람을 이상적인 노동자 또는 직원이라고 생각한다. 미국은 가족에게 책임을 져야 하는 직원들에게 그리 친절하지 않다. 어떤 경영자는 사무실 밖에서 일어나는 여러 가지 문제가 일에 대한 충성도를 떨어뜨린다고 생각한다. 크리텐던에 따르면 오늘날 기업 문화에서는 아주 짧게라도 일을 쉬면 커리어에 심각한 영향을 미친다는 사실을 여러 연구에서 확인할 수 있었다고 한다.

그렇다면 '엄마 세금'은 얼마나 될까? 경제학자 셜리 버그라프Shireley Burggraf는 각가 5만 5,750달러를 벌던 부부가 아이를 낳게 되면 평생 135만 달러를 손해 본다고 주장했다. 이는 아이가 없을 경우 벌 수 있는 돈과 비교해 부모 역할을 하느라(항상 여성만이 책임지는 것은 아니다) 45년간(일반적인 근무 연한) 발생하는 손실을 산정한 수치다.

이 가정의 가장이 연간 5만 5,750달러를 계속 번다고 할 때, 다른 한쪽도 '방해받지 않는다면' 같은 금액을 번다. 하지만 아이를 낳아 키우게 되면 부인(또는 남편)은 45년간 평균 5만 5,750달러 대신 2만 5,750달러를 받게 된다. 버그라프는 45년에 3만 달러를 곱했고(부부가 해마다 벌 수 있는 금액의 차이) 그 결과 소득이 135만 달러 줄어든다는 결과를 얻었다. 이 액수는 부모 중 한 사람이 시간제 근무로 벌어들이는 소득과 맞먹는데, 가족을 보살피기 위해 일을 그만두지 않고 종일제 근무를 할 때 벌어들이는 소득에 비하면 한참 부족하다.

중산층 가정이라면 그만큼 심각하지는 않겠지만, 그래도 여전히 부담스럽다. 한쪽은 영업책임자로 종일 근무하며 일 년에 3만 달러를 벌고, 다른 한쪽은 시간제 컴퓨터 컨설턴트로 일하며 1만 5,000달러를 번다면, 평생 일하면서 줄어드는 금액은 60만 달러 정도에 이른다.

'엄마 세금'을 가장 많이 내야 하는 사람은 고등교육을 받고 고소득을 올리는 이들인데, 교육 수준이 낮고 임금도 적다면 소득 손실분이 그리 크지 않기 때문이다. 물론 저소득층에게도 무서운 영향을 미친다. '엄마 세금'으로 가족이 흩어지거나 가난에 내몰릴 수도 있기 때문이다. 혼자 아이를 키워야 하는 싱글 마더의 경우, 아이 잘 키우기는 불가능한 도전이 된다.

'동종 근무에는 동일한 임금'이라는 말은 여성 운동에서 가장 중요한 과제였다. 같은 일을 하는 남성과 여성에게 임금을 다르게 주는 것은 불법이라고 명기한 연방규정이 있는데도 그 차이는 점차 심화되고 있다. 왜 그럴까? 바로 이 '엄마 세금' 때문이다.

자녀가 없는 여성은 대부분 일을 할 때 남성의 90퍼센트 정도에 해당하는 임금을 받는다. 하지만 자녀가 있는 여성은 같은 일을 하는 남성의 73퍼센트에 해당하는 임금을 받는다. 싱글 마더는 더욱 심해서 61퍼센트에 지나지 않는다. 놀랍게도 자녀가 있는 여성은 자녀가 없는 여성과 남성의 임금 격차보다 훨씬 더 큰 차이를 경험하게 된다.

이것이 오늘날 미국의 현실이다. 크리텐던은 스웨덴이나 프랑스 같은 나라들은 전혀 다른 가족 정책을 폈고 그 결과도 미국과는 상이하다고 강조한다. 예를 들어 프랑스에서는 자녀가 있는 모든 여성은 부유하건 가난하건, 결혼했건 안 했건 무료 의료 혜택은 물론이고 자녀 보조금까지 받는다. 이 수당은 여성이 원하는 방식으로 사용할 수 있는데, 이 돈으로 보모를 구할 수도 있다. 싱글 마더는 아이가 태어나고 첫 3년 동안은 일 년에 6,000달러에 이르는 주거비 보조를 포함한 부수적인 혜택을 받는다. 이런 혜택이 상당 부분 줄어든 뒤에도 아이가 세 살이 되면 탁월한 수준을 자랑하는 공립 탁아소를 무료로 활용할 수 있다. 이런 프로그램은 일 년 동안의 유급 휴가와 더불어 프랑스 여성들이 아이를 잘 돌보고 경제적으로도 버텨낼 수 있도록 도움을 준다.

프랑스의 모든 제도가 이상적이라는 것은 아니지만 프랑스 제도에서도 '엄마 세금'을 경감하는 해결책을 찾고 있다. 프랑스의 빈곤아동 비율이 7.5퍼센트(스웨덴 4.2퍼센트, 덴마크 2.4퍼센트)에 지나지 않는 것도 그 때문이다. 슬프게도 미국의 빈곤아동 비율은 24개 선진국 가운데 가장 높은 21.9퍼센트에 이른다.

'가족의 가치'라는 말은 사람에게마다 다른 의미로 다가간다. 나에게 가족의 가치는 서로 사랑하고 응원하고 보살피는 것을 의미한다. 그러니 가난에 시달리는 미국의 어린아이가 2,500만 명에 이르는 현실(미국 흑인 아동 중 3분의 1 이상을 포함해)을 설명하며 마음이 아플 수밖에 없다.

이런 고통을 줄이기 위해 감격스럽게도 각 종교 교단과 다양한 정치 집단이 노력하고 있다. 2006년 이래 맘스라이징momsrising.org이라는 단체는 미국이 훨씬 더 가족친화적인 나라가 되어야 한다는 공통 관심사를 가지고 있는 회원들이 모여 있다. 이제 회원이 100만 명 이상 가입한 이 단체는 아이들, 부모, 사업체가 함께 번성하는 나라를 세우고 가족경제를 발전시키는 것이 목표다.

이 단체에서 펴낸 《모성의 선언The Motherhood Manifesto》에서 맘스라이징의 설립자 조안 블레이드Joan Blades와 크리스탄 로우 핑크베이너

Christine Rowe-Finkbeiner는 이렇게 말했다.

"무상 아동 건강보험, 가족 휴가, 유연근무제, 자녀 양육 보조금 지원 등 다른 나라에서는 성공을 거두었다고 평가받는 국가 정책이나 프로그램이 미국에는 매우 부족하다. 가족 휴가를 쓸 수 없는 부모들은 비용이 상당히 드는 탁아소나 수준에 못 미치는 시설에 어린아이를 맡겨야 한다. 그래서 아이가 아프거나 건강보험 혜택을 받지 못하거나 유연근무제를 활용할 수 없는 가족은 파산 지경에 몰리게 된다."

유급 모성휴가의 강력한 옹호자인 맘스라이징에서는 미국이 어린아이가 있는 여성에게 유급휴가를 허용하지 않는 전 세계 단 4개국 가운데 하나라고 지적했다. 유급 가족휴가는 영아사망률을 20퍼센트가량 낮춰준다. 이런 제도가 없는 미국은 전 세계 국가 가운데 영아사망률 37위에 오르는 불명예를 얻고 말았다.

이것이 바로 옛날 방식의 멋진 인생이 초래한 결과다. 어린아이들이 이렇게 힘든 일을 겪는다면 그것은 곧 우리 모두 힘든 삶을 산다는 것과 같은 의미다.

자녀의 수와 탄소발자국

나도 아버지로서 부모가 된다는 것은 인간의 삶에서 가장 가치 있고 성숙한 경험이라고 믿는다. 누군가 말했듯이, 아이를 갖게 되면 우리가 아이들에게 인생을 가르치는 것이 아니라 아이들이 우리에게 인생이 무엇인지 가르쳐준다.

자녀를 두는 이유에는 여러 가지가 있다. 양육비가 비싸다는 것은 당신이나 당신이 사랑하는 사람을 위한 합당한 변명이 되지 못한다. 새롭고 멋진 인생이 작은 집, 작은 차, 줄어든 허리둘레 등을 의미한다고 한다. 하지만 여기에 자기주장을 덜하는 것도 포함해 어떤 경우에는 가족도 규모가 작아야 좋다는 사실을 고려할 필요는 있다.

평균수명이 짧고 영아사망률은 높던 시절, 농장을 일구는 가정에서는 일꾼이 필요하기 때문에 아이를 많이 낳았다. 하지만 오늘날 선진국에서는 이런 일이 일어날 확률이 극히 낮아졌다. 또 외동아이를 선호해 형제자매가 없다 보니 함께 놀며 무언가를 가르치고 배울 다른 아이를 만나기가 힘들어진 때도 있다. 그런데 오늘날처럼 확대가족의 역할이 중요해지고 인터넷을 포함해 사회 네트워킹 기술이 놀랍게 발전하면서 이런 요인도 구식이 되었다.

나는 대가족 출신 또는 소가족 출신을 다양하게 보았고 나름대로 장단점이 있다고 생각한다. 하지만 여전히 의문을 감출 수 없다. 지구는 점점 더 늘어나는 인구를 감당해낼 수 있을까? 지금과 같은 삶의 방식을 더 많은 사람이 계속한다면 지구에 살고 있는 인간의 운명은 어떻게 될까?

2009년 과학저널 〈지구 환경 변화Global Environmental Change〉에 오리건 주립대학의 보고서 '자녀 출생과 개인의 탄소 자취'가 실렸다. 이 보고서의 주요 논지는 무엇일까? 아이를 많이 낳을수록 탄소발자국도 더 늘어난다는 것이다. 예를 들어, 프리우스를 모는 미국 여성이 가능한 한 운전을 적게 하고 열심히 재활용하고 가장 효율적인 조명 등을 사용하고 냉장고와 창틀을 에너지 효율이 높은 제품으로 바꾼다고 생각해보자. 이런 노력은 고맙게도 분명 탄소발자국을 줄여준다. 그녀가 전형적인 미국인으로 성장할 자녀를 둘 낳는다면 이런 노력으로 줄여놓은 것의 40배가 넘는 탄소발자국을 남기게 된다고 연구자들은 추정한다.

전 세계 인구의 5퍼센트를 차지하는 미국인이 전 세계 자원의 30퍼센트를 소모하고 전 세계 유독물 쓰레기에 관해서는 그보다 훨씬 더 강한 책임을 진다는 사실을 기억하자. 전 세계 210개국 쓰레기 배출량을 합한 것의 90퍼센트나 되는 쓰레기를 미국이 배출한다. 우리가 아이를 많이 낳으면 심각한 환경문제가 발생한다. 지금과 같은 삶의 방식이 후손의 생명을 위협할 것이다.

이런 이유로, 또 다른 여러 가지 이유로 아이를 두기 전에 그것이 어떤 의미인지 훨씬 더 심각하고 진지하게 고려해야 한다. 하지만 나는 중국에서 실시하는 것 같은 강제적인 인구 억제 정책에는 찬성하지 않는다. 전체주의적 억압을 동원해 도시 거주자들에게는 대부분 한 자녀만 허락된다. 이런 가혹한 방식은 인권에 반하고 강제 불임, 유산과 영아살해 등을 불러온다. 한 커플이 낳을 수 있는 아이 수를 임의로 결정하려는 노력에는 반대한다.

동시에 아이를 낳을지, 낳지 않을지, 몇 명이나 낳을지는 한 여성 또는 커플이 내릴 수 있는 가장 근원적이고 의미심장한 결정이라고 생각한다. 이렇게 자녀를 출산한 결과가 중요하기 때문에 여기에는 심사숙고와 책임이 필요하다는 사실을 알아야 한다.

친구이자 동료 마티스 워커나갈Mathis Wackernagel은 '생태학적 발자국'이라는 개념을 만들었다. 그는 글로벌 풋프린트 네트워크Global Footprint Network의 대표이기도 한데, 이 단체에서는 지금과 같은 속도로 인구가 늘어나고 자원이 고갈된다면 2030년대에는 인간의 요구를 충족시키기 위해 지구가 하나 더 필요하게 될 거라고 발표했다. 이미

하나밖에 없는 지구는 감당할 수 있는 것 이상으로 짐을 지고 있다.

지금 지구에는 엄청나게 많은 인간이 살면서 정말 대단한 발자국을 남기고 있다.

이런 문제와 관련해 균형을 맞출 수 있도록 해주는 수학 공식이 있다. 지구에 미치는 인간의 영향을 지구에 있는 인구수와 곱한 수치는 지구가 감당해낼 수 있는 능력과 같아야 한다. 하지만 지금은 균형점을 훨씬 넘어서 있다. 현재 인구를 고려할 때, 지구가 더 견딜 수 없는 속도로 소비하고 오염시키고 있다. 건전하고 윤리적이며 인간적인 방식으로 소비와 오염과 인구수를 줄이지 못한다면 자연은 이 문제를 스스로 해결할 방법을 찾을 텐데 그 방법은 결코 아름답지는 않을 것이다. 인류 역사상 유례없이 널리 퍼지는 엄청난 재앙이나 참사, 고통을 동반하게 될 것이다.

아이를 갖게 될 때 미래의 수많은 재정적인 문제, 환경적인 영향이라는 그림자가 드리워진다니 슬픈 일이다. 오늘날과 같은 소비 위주 사회에서는 상상할 수 없을 정도로 비싼 대가를 치러야 하기에 아이를 낳지 않는 젊은이도 많다. 단순하고 비용도 덜 드는 생활방식으로 옮겨갈 때 재정적·시간적 이점을 발견해 아이를 낳거나 입양하는 방식으로 부모가 되는 다양한 방법을 찾는 사람도 늘고 있다.

왜 하나만 낳아야 하나

아내와 나는 '오션'이라는 멋진 아들을 하나 낳았다. 아이를 하나만 낳은 이유는 많은데 그중 하나는 우리 자원을 희석하고 싶지 않았기 때문이다. 단지 돈만 의미하는 것이 아니다. 돈은 중요한 역할을 했고 아이를 낳을 때 수중에 돈이 거의 없었지만 말이다.

하지만 돈 말고도 우리는 시간은 물론 감정적 에너지와 물리적 에너지를 보호하고 싶었다. 아이에게, 사랑하는 배우자에게, 친구와 일에 모두 관심을 갖고 집중하고 싶었다. 아이들이 더 생기면 그런 관심과 집중이 어려울 거라고 생각했다. 부모는 둘째, 셋째, 넷째 또는 다섯째 아이에 이르도록 가능한 한 가장 집중하기를 원하지만 아이가 많아질수록 그렇게 하기는 점점 더 힘들어진다. 하루는 24시간으로 정해져 있다. 우리는 직관적으로 아이를 하나만 낳아 키우며 세상에 더 좋은 영향을 미치고 사랑을 더 많이 가져올 수 있다고 생각했다.

아이를 하나만 낳는다는 사실은 아들과 함께 집에 있으면서 시간을 더 많이 보낼 수 있다는 것을 의미한다. 아이가 더 많으면 아이를 부양할 돈을 벌기 위해 밖에서 더 오래, 더 많이 일해야 한다. 나에게도 그러했고 다른 사람들에게도 아마 그러했을 것이다. 아이를 포함해 관계를 풍요롭게 즐기는 것은 새롭고 멋진 삶이 주는 최고 선물이다. 대개 적게 일하고 단순히 살면서 사랑하는 사람들과 가정에서 시간을 더 많이 보내는 것은 상당한 보상이다. 이렇게 하면 아이는 부모와 더 오랜 시간을 보내게 되는데, 그것이 바로 아이가 가장 원하면서 아이에게 필요한 것이다.

물론 아이를 하나만 두는 데에는 단점도 있다. 모든 기대와 희망과 두려움이 오직 한 아이에게 집중되기 때문에 부모는 아이를 지나치게 보호하고 신경 쓰게 된다. 그렇게 하면 아이는 부모와 떨어져 있는 더 넓은 세상을 두려워하게 되고 또래 아이들과 관계를 맺는데도 어려움을 겪게 된다. 우리는 이런 위험을 알아차려 아들이 내적인 자신감과 지혜를 갖도록 돕는 일을 최우선 과제로 삼았다. 또 아들에게 현실적인 기대를 하려고 노력했다. 때로는 실수도 했지만 감사하게도 노력한 덕분에 아들의 성장을 도울 수 있었다. 아들 오션이 열두 살 무렵일 때 내가 아빠로서 잘하고 있는지 물어보았다. "꽤 잘하고 있어요. 하지만 나에 대한 기대는 조금만 낮춰주세요." 아들은 자신에 대한 관심과 애정이 아니라 기대를 낮춰달라 부탁했다. 아들의 말을 존중해 그 뒤 이런 요청을 진지하게 받아들이려고 노력했다.

오션이 믿을 만한 어른들과 친해지게 했다. 다른 가족과 그룹 활동을 해서 어울릴 수 있게 했고, 다른 아이들과 함께 놀 기회를 마련해주기도 했다.

이제 35세가 된 아들을 나는 존경하고 존중한다. 미셸과 결혼해 15년 동안 사랑과 이해가 가득한 삶을 살았고 특별한 도움이 필요한 두 아이를 키워야 하는 도전을 잘 이겨내고 있다. 이런 상황에서 놀라운 인내심을 발휘했고 확신과 열정을 잃지 않았다. 또 비영리단체의 책임자로 세상을 위해 훌륭한 일을 하고 있다.

무엇이 아이를 진짜로 망칠까?

외동아이여서 혹시 아들의 버릇이 나빠지지 않을까 걱정했다. 어떤 부모도 아이를 망나니로 키우고 싶어 하지 않는다. 이기적이고 지나치게 많은 것을 요구하고 다른 사람에게 무관심한 아이로 키우고 싶어 하지 않는다. 부모들은 형제자매가 없어서 버릇 나쁜 악동으로 크지는 않을까 우려하기도 한다.

하지만 정말 아이를 망치는 것이 무엇일까? 사랑과 사려 깊은 관심이 아이를 망치는 일은 없다. 진정한 사랑을 물질적인 것으로 대체하려 들 때, 아이가 원하는 것을 모두 해주려 들 때, 아이의 요구를 모두 채워주려 할 때, 장난감을 잔뜩 안겨주고 아이가 늘 행복해하지 않으면 뭔가 문제가 있다고 생각할 때 아이가 잘못될 확률이 높다. 진짜 영양소가 담긴 음식 대신 당장 기쁨을 주는 정크푸드를 먹일 때 아이가 잘못될 확률이 높다.

환경주의자 빌 매키벤Bill McKibben이 말하듯이 "이 문화의 거의 모든 사람이 조금씩 잘못되어 있다. 버릇없는 아이들은 이런 경제의 한 부분을 강조한다."

아이의 요구가 너무 거세서 부모가 모든 것을 희생하려 한다면 아이들은 삶에서 확신을 배우지 못해 불안감을 느낀다. 부모들이 아이의 불편함을 견디지 못하거나 아이에게 '안 된다'고 말하지 못한다면 아이들은 자라며 두려움을 느낀다. 부모들이 자녀 말고는 기쁨을 찾지 못한다면 아이들은 자신이 우주의 중심이라고 느낀다.

제대로 선택하고 남을 배려하며 창의력을 발휘하고 안에서부터 스스로 채워가는 법을 알려주기보다 물건이나 각종 서비스를 제공해 공허함을 외부에서 채우게 하는 것이 아이를 망치는 길이다. 아이들을 망치는 것은 사랑이 아니다. 아이들에게 장난감을 너무 많이 안겨주고 지나치게 자극을 주며 잘못된 관심을 쏟는 바람에 아이들을 망치게 된다. 어른들의 사례를 거울삼아 자신의 가치를 다른 사람의 인정 여부로 평가하고 자신이 어떻게 보이는지, 얼마나 많은 것을 가졌는지, 얼마나 비싼 옷을 입었는지, 집이 얼마나 큰지에 신경 쓰면서 아이들은 점점 비뚤어진다. 영적·감정적 필요를 물질적인 것으로 채우도록 가르치는 부모들은 아이들을 잘못된 길로 이끌게 된다. 실망이나 실패에 어떻게 대처하는지 알려주지 않고 다른 사람을 돕는 즐거움을 알려주지 않아 아이들을 잘못된 길로 이끈다.

형제자매가 적어서 아이를 망치는 것이 아니라 따뜻한 마음과 배려가 부족해서 아이를 망치게 된다. 아이가 자신의 내적 아름다움을 이해하는 법을 배우지 못한다면, 자신이 오직 외모와 재산, 성적으로만 평가받는다고 느낀다면 버릇없이 제멋대로 자란다. 자신을 있는 그대로 아끼지 않고 가면을 쓰며, 자신의 가장 깊은 욕구와 진실을 무시하도록 요구받는다면 그 아이는 버릇없이 제멋대로 자란다. 자신의 내적 가치와 친절함과 웃음과 열정과 삶에 대한 정열을 인정받지 못한다면 아이는 버릇없이 제멋대로 자란다.

생육하고 번성하라

성경의 첫 번째 책, 첫 번째 페이지, 창세기 처음에 나온 '생육하고 번성하라……. 땅에 충만하라'는 말을 기억할 것이다. 우리가 정말 이 말대로 했다는 생각이 든다. 오늘날 지구상 어느 곳을 가더라도 인간의 자취가 느껴지지 않는 곳이 없지 않은가? 사람들이 살지 않는 곳이 있던가?

1950년대 이후 태어난 사람들이 그 이전에 태어난 사람들보다 훨씬 많다. 이 사실은 정말 의미심장하다. 나와 비슷한 시기에 태어난 사람들이 인류의 조상이 처음으로 똑바로 서서 걷기 시작한 이래 400만 년 동안 태어난 사람들보다 더 많다. 생육하고 번성해 이 땅을 가득 채우라는 말을 완수하려고 그랬는지도 모르겠다. 그렇다면 이제 우리가 해야 할 일 목록에서 이 항목을 지워버리면 어떨까.

매키벤은 이렇게 말했다.

"목록에서 무언가를 지우고 나서 그냥 던져버리면 안 된다. 이 목록을 살펴보고 그다음 무엇을 해야 할지 살펴보자. 목록은 분명 길고 길 것이다. 성경, 토라, 코란 등 신성한 교본 수천 종은 물론 세속적인 교본은 전통적으로 대가족을 부양하는 데 써온 에너지를 지금까지 시도한 적이 없는 데에 쓰라고 이야기한다. 배고픈 사람을 먹이고 헐벗은 사람을 입히며 억압받는 사람을 어루만지는 일, 이웃을 내 몸처럼 사랑하고, 아픈 지구를 치유하는 일 말이다. 30억 명이 깨끗한 물을 마실 수 없는 이 땅, 매일 수십 종이 사라져가는 이 땅, 아이들이 아버지 없이 자라나야 하는 이 땅, 폭력이 인간을 압도하는 이 땅, 피부색으로 사람을 평가하는 이 땅, 섹스에 대한 지나친 관심이 사춘기 소녀들을 병들게 하는 이 땅, 노인과 젊은이가 서로 도움이 필요한 이 땅의 문제를 해결하라는 것이다. 가족수가 줄어들면서 남는 에너지는 다른 도전에 사용할 수 있다. 문제가 심각하다고 이야기하는 것으로는 충분하지 않다. 문제의 중요성을 제대로 인식하고 그저 수표를 보내거나 관련 기사를 읽는 데서 한 발 더 나아가 그 문제를 우리 삶의 중심으로 만들어야 한다."

많을수록 좋다는 생각, 자녀를 많이 낳아서 자아를 확장하는 것은 예전의 멋진 삶이었다. 하지만 자녀수로 가족의 가치를 측정하려 든다면 어리석은 일 아닐까? 은행 잔고로 사람의 삶을 측정하는 것과 마찬가지로 말이다.

소비문화에서 아이를 행복하고 창의적으로 키우는 법

아이가 있다면 어떨까? 아이를 키우느라 파산선고를 당하지 않는 방법은? 아무 생각 없는 소비지상주의의 미끼가 되지 않고 지구에 해를 끼치지 않으며 아이를 잘 키우려면 어떻게 해야 할까? '장난감 천국'은 진짜 '천국'이 아님을 아이에게 어떻게 알려줄 수 있을까?

바비 인형과 브라츠 인형이 세 살 아이들을 겨냥해 만들어지던 시절, 최악의 정크푸드가 아무렇지 않게 팔리는 것은 말할 것도 없고 공공연히 학교에서 광고까지 하던 시절에는 아이를 어떻게 보호했을까? 직접적으로 또 간접적으로 아이들을 소비자로 만들어버리는 상업문화로부터 아이를 어떻게 보호할까?

좋은 환경에서도 성장하는 것은 결코 쉬운 일이 아니다. 아마 모든 세대의 성인들은 영원히 이런 질문을 던질 것이다. "도대체 요즘 애들은 왜 이러는 거지?" 하지만 오늘날의 아이들이나 청소년은 잘못된 가치를 중시하도록 만드는 세련되고 집요한 마케팅의 표적이 되고 있다.

바버라 에렌라이히Barbara Ehrenreich가 썼다시피 "약물, 섹스, 따돌림 등 아이들을 위협하는 많은 것에 관해 걱정하지만 그중 가장 심각한 문제에 대해서는 정작 무관심하다. 지나치게 성에 집착하고 지위에 집착하는, 집중력 부족한 어린 소비자들을 만들어내느라 수백만 달러를 퍼붓는 기업의 마케팅에 대해 이젠 다시 생각해야 한다."

기업의 노력 덕에 오늘날 미국의 청소년은 역사상 브랜드에 가장 집착하고 소비지향적이며 물질주의적인 세대로 기록될 것이다. 15개국 70여 개 도시의 청소년을 대상으로 한 조사에서 부자가 되고 싶고 유명해지고 싶다고 응답한 청소년의 비율은 그 어떤 나라보다 높았다. 자신이 입는 옷과 사들이는 물건이 자아를 규명하고 사회적 지위를 말해준다고 대답한 미국 청소년의 수 역시 다른 나라보다 훨씬 많았다.

이에 대해 부모들은 무엇을 할 수 있을까? 가족은 모두 나름대로 고민과 기회를 갖고 있기에 독특하다. 여기 도움이 되는 몇 가지 아이디어를 소개한다.

커뮤니케이션: 소통의 열쇠

자녀들과 함께 충만한 삶을 누릴 수 있는 가장 중요한 열쇠는 바로 커뮤니케이션이다. 이미 단순하고 소박하게 살고 있는 가정에서 태어났거나 지속가능한 생활로 옮겨가려는 가정에서 태어났거나 관계없이 아이들은 자신의 삶에 영향을 줄 이런 논의와 선택에 참여할 수 있어야 한다. 아이들을 포함시키려면 부모가 먼저 자신이 무엇을 소중하게 여기는지, 왜 그런 삶을 선택하고 어떻게 운영할지, 이런 결정을 어떻게 이야기할지 명확하게 알아야 한다.

물론 아이들과 대화하려면 나이와 성숙도를 고려해야 한다. 하지만 어려서부터 부모에게서 왜 이런 선택을 하는지 설명을 들은 아이들은 이 사실을 고마워한다.

아주 어린아이들조차도 지나친 포장이 지구의 자원을 낭비하고 쓰레기를 만들어낸다는 사실을 이해할 수 있다. 아이들은 왜 부모가 공정하게 대접받는 노동자가 만든 제품을 사려 하는지 이해할 수 있다. 아이들은 몸을 튼튼히 만들어주고 건강에 도움이 되는 음식을 즐겁게 고른다. 물건을 사느라 돈을 적게 쓰는 대신 아이들과 함께 보내는 시간을 늘리는 부모를 아이들은 고맙게 생각한다.

조금 더 큰 아이들은 시간과 돈을 어떻게 쓸지 가족의 결정에 참여함으로써 많은 것을 배운다. 가족의 가치관과 우선순위를 함께 토론하고 확인하며 나름대로 공헌한다. 그 과정에서 아이들은 건강한 습관을 키우고 평생 자신에게 도움이 될 사고방식을 수립한다.

아이들은 친구들의 압력, 부적응, 따돌림 등의 문제에 대면해야 한다. 주변에는 자기 가치와 행복이 최신 유행을 사들이는 데 있다고 믿는 친구도 있다. 아이들에게 방향을 제시하고 싶겠지만 친구들과 삶의 방식이 다른 것을 걱정하고 고민하는 아이들의 이야기에 그저 귀를 기울이는 것도 도움이 많이 된다.

미디어와 광고의 교활한 영향력에 관해 아이들과 이야기를 나누면 아이들이 진짜 원하고 정말 중시하는 것이 무엇인지 알 수 있다. 정말 중요한 것은 최신 유행품인가, 아니면 우정과 사랑, 소속감인가? 아이들의 만족과 기쁨을 위해 무언가 사들이고 소비하는 것 말고 대안은 없을까? 이런 종류의 대화는 아이들이 어렸을 때 시작할수록 훨씬 더 쉬워진다. 하지만 지나치게 물질적인 문화와 가치관에 의문을 품는 것은 시기와 상관없이 의미 있는 일이다.

어떤 부모는 십대들이 스스로 번 돈을 마음대로 쓰도록(한도 내에서) 허락한다. 또 어떤 부모는 적절한 선에서 용돈을 준다.

어떤 가족은 가족 사명서를 만들려고 함께 힘을 모은다. 문서를 만들어내는 것이 목적은 아니다. 커뮤니케이션, 집중, 우선순위, 가치관 확립에 관해 배우는 것이 목적이다. 《성공하는 가족들의 7가지 습관》이라는 베스트셀러를 쓴 스티븐 코비는 이런 사명서는 그 가족의 역사상 가장 놀라운 이벤트가 될 것이라고 말했다.

공헌: 모든 사람이 변화를 원한다

아이들은 대부분 다른 사람을 도우려는 천성을 지니고 있다. 가족과 친구, 더 넓게는 지역사회에 무언가 도움이 될 일을 할 기회를 찾게 해줌으로써 이런 마음을 격려하고 응원할 수 있다. 내가 아는 한 가족은 가족 사명서를 만들면서 매일 누군가를 위해 무언가를 대가 없이 베푸는 것을 원칙으로 삼았다.

다른 사람을 위해 공헌할 수 있다는 사실을 확인한 아이는 자신의 가치가 소비에 달려 있지 않음을 알게 된다. 가족과 다른 사람을 위해 한 일을 인정하고 고맙게 여기면 아이들은 남을 돕는 일에서 기쁨을 느끼고 자신감을 느낀다.

가족이 함께 수프 배급소나 푸드뱅크에서 자원봉사를 하거나 강변이나 해안을 청소하는 자원봉사를 할 수도 있다. 지역사회의 다른 청소년 봉사 모임에 참가할 수도 있다. 루츠 앤 슈츠(Roots & Shoots)는 제인 구달이 설립한 국제 청소년 자원봉사 단체다. 여러 곳에 지부를 두고 변화를 만들어내는 프로젝트와 제안을 다양하게 진행하고 있다.

생일 선물과 다른 기념일 선물을 사는 대신, 적절한 곳을 선택해 아이들 이름으로 기부하라고 제안할 수도 있다. 수많은 비영리단체의 일을 배우면서 봉사하는 세상으로 이끄는 귀한 계기가 된다. 좋은 일을 하는 비영리단체에 기부하려고 선물을 포기하는 아이는 자존감과 관대함을 배울 수 있다.

물론 아이들이 생일과 다른 기념일 선물에 익숙해져 있다면 희생에 큰 관심이 없을지도 모른다. 억지로 하라고 한다면 아이들은 관대함을 박탈감과 후회로 연관시키게 된다. 작은 일부터 서서히, 아이들을 배려하고 교육하고 열정을 불어넣는 기술을 발휘해야 한다.

함께 일하기: 가치를 공유하다

집안일도 온 가족이 함께하면 부담스럽지 않고 덜 지루하다. 아이들에게는 살아가는 데 필요한 기술을 배우고 연습하는 좋은 기회가 된다. 시간이 약간 필요한데 집안일을 끝내는 것만큼 함께 즐거운 경험을 나누는 과정이 중요하다. 물론 시간은 더 걸리겠지만 무언가 배우고 의미 있는 대화를 할 기회는 많아진다.

나이에 따라 아이들은 가사를 나눠 맡을 수 있다. 재활용품을 분리하고 정리해 재활용하는 날 밖에 내다놓는 일, 집 안을 청소하고 빨래를 정리하는 일, 애완동물을 돌보고 정원 일을 하고 요리하는 일 등이 여기에 포함된다.

더 어린아이들은 집안일을 도우며 음식재료를 따르고 양을 측정하고 잘 젓는 법을 배운다. 조금 더 큰 아이는 계획을 세우고 예산을 정리하고 장을 보고 가족을 위한 식사나 간식 만들기를 도울 수 있다.

창의력과 관심만 약간 있다면 집안일은 대부분 아이들이 무언가 배우고 성장하고 즐길 수 있는 기분 좋은 기회가 된다.

상점이나 생산자가 직접 판매하는 시장에서 함께 장을 본다면 아이들이 새로운 것을 배우고 자신을 표현하는 소중한 기회가 된다. 어린아이들은 특정 철자로 시작하는 채소나 오렌지 또는 보라색 채소를 찾으려고 시장 곳곳을 돌아다니며 즐거워한다. 조금 나이 들어서는 표지판을 읽고 장바구니에 물건을 담고 저울에 무게를 달며 가격을 비교하고 계산할 수 있다.

왜 이 식료품을 사야 하는지 아이와 토론하는 것도 좋다. 먼 곳에서 오랫동안 배를 타고 왔기에 12월에 딸기를 사는 것이 좋지 않은 이유를 설명할 수 있고 건강에 좋은 식료품 고르는 법을 상의할 수도 있다. 유기농 식품을 살피며 살충제가 농작물은 물론 농부에게 어떤 영향을 미치는지 알려줄 수도 있다.

세상의 고통에서 아이를 보호하는 것은 너무나 당연하겠지만 아이들이 어느 정도 성숙하면 세상 많은 사람이 겪는 배고픔에 관해 이야기를 나눠야 한다. 모든 사람이 배불리 먹지 못한다는 사실을 알려주고 도울 방법을 함께 생각해볼 수 있다. 아들이 여덟 살일 때 이런 이야기를 나누었는데, 그 뒤 아들은 배고픈 사람에게 음식을 가져다주는 모임에 자기 용돈을 기부했다. 장기적인 안목에서 의미 있는 일이었다. 아들은 자신이 기부한 용돈을 가장 잘 활용할 것 같은 단체를 직접 찾는 일에 즐겁게 참여했다.

텔레비전을 끄고 인생을 켜자

아이들을 위해 해줄 수 있는 좋은 일 가운데 하나가 바로 텔레비전을 없애거나 시청 시간을 줄이는 일이다. 오늘날 미국에서는 아이들의 방에 대부분 텔레비전이 놓여 있다. 그 결과 어떤 일이 일어날까?

- 텔레비전은 아이들을 소비자로 만든다. 2001년 〈소아과 발달행동 저널〉의 발표에 따르면 텔레비전 보는 시간이 길수록 장난감을 사달라고 조르는 경향이 심해진다는 너무나 당연한 결과가 나왔다. 또 다른 연구에서는 주당 텔레비전 보는 시간이 길어질 때마다 일 년에 208달러를 더 소비하게 된다고 주장했다.
- 텔레비전은 아이들의 두뇌에 좋지 않은 영향을 미친다. 텔레비전을 많이 볼수록 아이들은 텔레비전이 만들어내는 수동적인 최면 상태에 놓인다. 텔레비전을 많이 보는 아이들은 약물에 중독될 확률도

높은 것으로 나타났다.
- 텔레비전은 폭력을 조장한다. 미국 청소년은 18세에 이르면 텔레비전을 보면서 4만 회의 가상 살인을 포함해 20만 회의 가상 폭력 상황을 경험한다.
- 텔레비전은 잘못된 가치를 가르친다. 비폭력적인 프로그램이라 해도 잘난 척하고 이기적인 태도를 강조하는 상업적인 메시지를 담고 있다. 이런 상업광고는 '쿨해 보이는 것이 인생에서 가장 중요하다'는 메시지를 아이들에게 전하며 쿨해 보이려면 광고에 등장하는 제품을 사라고 강조한다.
- 텔레비전은 아이들을 뚱뚱하게 만든다. 텔레비전을 많이 볼수록 뚱뚱해지기 쉽다. 또 광고에 나오는 패스트푸드, 편의식품, 사탕과 탄산음료 등을 더 많이 먹게 된다.

텔레비전 없이 살면 아이들이 상업 광고와 기업 위주의 가치관, 폭력에 노출되는 일을 대폭 줄일 수 있다. 텔레비전을 덜 보는 아이들은 운동을 더 많이 하고 건강하다. 텔레비전 없이 살면 현실을 경험할 시간이 많아지고 창의력과 지능, 사회적 기술을 발전시킬 기회도 많아진다.

텔레비전을 적게 보는 아이들은 정크푸드 광고를 보는 시간도 줄어든다. 기업의 상술이 아이들에게 무한정 전해지도록 허용해서는 안 된다. 아이들을 먹이로 삼으려는 기업에 아이들이 마음을 빼앗기도록 내버려둬도 안 된다.

집에 텔레비전을 들여놓을 생각이라면 이 야수를 제대로 통제할 방법을 몇 가지 소개한다.
- 어떤 부모들은 텔레비전을 완전히 없애지는 않지만 텔레비전 시

청을 제한하려 든다. 왜 시청 시간에 제한을 두는지, 어떤 제한을 둘지 아이들과 대화하면 아이들은 자신이 희생자라는 생각은 덜하면서 자기 발견이라는 모험에 직접 참여하게 된다.

- 텔레비전이 있을 경우, 벽장에 넣거나 찬장 안에 넣거나 보기 좋게 가리는 것이 도움이 된다. 눈에 보이지 않으면 습관적으로 텔레비전을 켜려는 유혹을 줄일 수 있다.
- 식사시간에 텔레비전을 보지 않는 것으로 텔레비전 덜 보기 운동을 시작해보자. 이렇게 하면 음식을 먹는 데 좀 더 신경 쓰게 되고 준비된 음식에 더 감사하게 되며 가족과 식사하는 것을 훨씬 더 즐기게 된다.
- 어떤 가족은 주중 특정 프로그램만 보는 것으로 제한을 두기도 한다. 이렇게 하면 주당 시청 시간을 제한할 수 있다. 아이들이 집안일을 도와주면 그 대신 원하는 텔레비전 프로그램을 볼 수 있도록 약속할 수 있다.
- 광고가 나올 때 소리를 줄이면 유독성 메시지에 압도되는 것을 막을 수 있고 프로그램마다 얼마나 많은 광고가 포함되는지 인식할 수 있다.
- 어떤 가정에서는 텔레비전이 있어도 세심하게 선택한 비디오와 DVD만 시청한다. 온 가족이 모여 좋은 영화를 보면 긴장을 푸는 기회가 된다. 베개와 쿠션을 잔뜩 쌓아놓고 편하게 뒹굴며 영화를 본 뒤 아이들과 함께 그 영화의 가장 마음에 드는 부분과 무서운 부분, 가장 흥미로운 부분과 슬픈 부분에 관해 이야기하자. 부모들도 자기 감상을 이야기하면 더 좋다. 아이들은 등장인물을 연기하기도 하고 가장

좋아하는 장면을 재현하기도 한다. 영화를 본 뒤 가족이 또 한 번 연결되는 좋은 기회가 된다.

- 아이들이 조금 더 크다면 교육적이고 영감을 불러일으키며 정신을 고양하는 다큐멘터리나 영화를 소개해주자. 감정 강도가 높거나 새로운 정보를 담은 영화를 본 다음 그 감상을 공유하는 시간을 갖자.

아이들의 미디어 이해를 돕는 방법

잡지나 제품 포장, 광고판은 물론 여러 가지 미디어에 등장하는 광고에 관해 아이들에게 이야기해야 한다. 이런 광고는 특정 상품을 사람들에게 팔기 위해 만들어진 것이라고 설명하고 그 이면에 어떤 메시지가 자리하는지 의문을 품는 것이 좋은 시작점이 된다.

"이 광고는 우리에게 무얼 원할까? 광고를 보면서 어떻게 느꼈니?" 하고 물어볼 수 있다. 광고가 우리 생각을 조작한다는 사실을 알면 아이들은 광고에 저항할 능력을 키우게 된다.

또 아이들의 관심을 끌고 제품을 좀 더 매력적으로 보이게 하는 광고의 톤과 소리, 색상, 음악, 오락 요소를 깨달을 수 있게 도울 수 있다. 텔레비전 프로그램과 영화에 나오는 삶과 인간관계에 대해 아이들과 토론할 수 있다(나이가 어리다면, 텔레비전이나 영화에 등장하는 제품은 이를 위해 대가를 지불한 것임을 알려주어야 한다).

비판적인 시각을 갖게 된 아이들은 오늘날 광고와 미디어가 만들어 놓은 지뢰밭을 제대로 피해갈 수 있다. 소비 만능의 문화에서 깨어나 자기 나름대로 가치관을 확립할 수 있다. 의미 있는 삶을 만들고 타인을 위한 관심과 배려, 창의력을 키울 힘을 얻는다.

자연과 교감: 즐거움과 건강을 위한 열쇠

예전에 어린아이들은 밖에서 자유롭게 뛰어놀며 시간을 보냈다. 하지만 오늘날 아이들은 자동차 사고의 위험을 피할 수 없어서 거리에서 뛰어놀 수 없는 도심이나 근교에서 산다. 아이들을 실내에서만 지내게 만드는 또 다른 이유도 있다. 마약 거래, 강도, 총격을 포함한 여러 가지 범죄 때문에 아이들은 집 밖에서 놀지 못한다. 이보다 더한 비극은 없다. 아이들이 밖에서 마음껏 뛰어놀 수 있는 사회를 만드는 것이 이 사회의 목표다.

실내에서 지내야 하는 아이들은 대가를 치르게 된다. 활동량과 운동량이 줄어들고 자율성이 떨어지며 다른 사람들과 사회적 관계 능력도 줄어든다. 대부분 실내에서 보내는 아이들은 소비주의에 노출되기도 쉽다.

연구에 따르면 밖에서 잘 노는 아이들은 학교에서 잘 지내고 주의력이 뛰어나며 건강하고 스트레스와 불안도는 낮으면서 더 행복하고 활발하게 지내는 것으로 나타났다.

자연을 경험하게 되면 아이들의 행복감과 소속감이 커지고 모험심도 커진다. 하이킹, 자전거 타기, 카누 타기, 스케이트보드 타기, 썰매 타기, 조류 탐사, 호수와 바다에서 수영하기, 운동을 비롯해 돈이 많이 들지 않는 실외 활동은 온 가족을 위한 즐거운 경험이자 아이들에게 신체적 강건함과 자신감을 키워준다.

가족만의 건전한 의식을 만들자

저녁식사는 온 가족이 서로 유대감을 나누는 가장 완벽한 기회다. 사람은 누구나 밥을 먹어야 하니 함께 영양분을 섭취하는 이 시간을 긍정적인 경험의 장으로 만들면 어떨까. 밥을 먹기 전 식사 기도를 하거나 축복을 나누거나 노래를 함께 부르는 것도 좋다. 아니면 돌아가며 그날 있었던 감사해야 할 일을 이야기하는 것도 좋다.

밥을 먹으며 그날 있었던 즐거운 경험을 이야기하는 것도 좋다. 그날 있었던 최고의 순간, 최악의 순간을 이야기할 수도 있다. 수줍음이 많은 사람도 모두 참여할 수 있도록 돌아가며 이야기하면 좋은데, 이로써 남 앞에서 이야기하고 남의 관심을 받는 연습을 할 수 있다.

아이에게 책을 읽어주는 것은 의미 있는 일이다. 악기를 연주하거나 게임을 하거나 미술 작업을 같이하는 것도 좋다. 중요한 것은 아이들과 어른 모두를 위한 안전하고 즐겁고 지적 자극이 넘치는 가족문화를 만드는 일이다. 이 속에서 아이들은 자기 확신과 배려를 갖춘 창조적이고 성공적인 어른으로 자라나게 된다.

잠들기 전에, 이미 잠들었다 하더라도 아이에게 잘 자라는 뽀뽀를 해주자.

귀중한 가족 경험

줄리엣 B. 쇼어Juliet B. Schor는 경제학과 가족학에서 인정받는 전문가다. 그녀는 가족이 기업 위주의 문화에 적절히 대응하는 방법을 이야기하며 이렇게 썼다.

"한 여성이 모녀 북 클럽을 시작했다. 한 가정은 나란히 앉아 팝콘을 먹으며 영화를 보는 가족 영화 감상의 밤 행사를 열었다. 또 다른 가족은 적은 비용으로 그리스 신화, 곤충, 피터 팬, 에스키모(커다란 이글루를 만들어서) 등의 주제로 가족 파티를 열었다. 목공, 방과 후 보드 게임, 격식 없는 스포츠 등도 가족 활동으로 인기가 있다. 이런 활동들은 부모와 가족이 함께 참여할 수 있다. 어떤 가족은 암석을 채집하기 위해 광산으로 순례 여행을 떠나기도 하고 또 다른 가족은 거의 일 년 동안 온 가족이 함께 여행을 갔으며 또 어떤 가족은 카누와 캠핑을 즐기곤 한다."

우리 가족이 아이들과 함께 즐기는 활동, 특히 손님이 있을 때 자주 하는 것은 '두 개의 진실과 하나의 거짓말'이다. 참여자들은 자신에 관해 세 가지를 설명해야 한다. 두 개는 진실이어야 하고 하나는 거짓이어야 한다. 한 사람이 나가서 설명하면 나머지 사람들은 질문한 뒤 세 가지 가운데 거짓이 무엇인지 맞혀야 한다. 문제를 내는 사람은 듣는 사람들을 속이기 위해 진실은 진실처럼 보이지 않게, 거짓은 진실처럼 보이게 해야 한다. 이 게임은 서로 새롭고 재미난 사실을 아는 기회가 된다. 어린아이들도 약간 도움을 받으면 얼마든지 참여할 수 있다.

상업적 이용에서 자유로워져라

최근 들어 마케터들은 엄청난 돈과 노력을 투자해 집단에 받아들여지고 인기를 얻으려면 최신 제품들을 사야 한다고 설득하며 젊은 세대의 소속감을 자극하고 있다. 광고 회사 중역을 지냈고 《크리에이팅 에버 쿨Creating Ever-Cool : 아이들을 사로잡는 마케터의 가이드북》이라는 책을 쓴 진 델 베키오Gene Del Vecchio는 젊은 세대가 새로운 물건을 사게 하는 방법을 이렇게 말했다. "남들이 갖지 못한 것을 갖고 있으면 멋져 보인다. 이런 소유로 자신이 특별하다고 느낀다. 다음번 인기 아이템이 무엇인지 찾아내도록 아이들을 이끄는 도화선이 되기도 한다."

　책이나 장난감, 게임, 옷 등을 아이에게 사줄 때마다 이런 생각을 강화하고 강조하게 되고 만다. 예전의 멋진 인생에서 좋은 부모는 새로운 옷과 장난감을 끊임없이 사주며 해마다 또는 2년마다 신체적·발달적으로 이런 것들이 적합한지 살피면 되었다. 하지만 이제는 많은 가정에서 '물려 쓰기'의 가치를 재발견하고 있다. 이는 다른 형태의 나눔이라 볼 수 있는데, 돈과 자원을 절약하는 또 다른 방법이기도 하다. 쇼핑보다 인간관계를 중시하도록, 진정한 부의 의미가 무엇인지 이해하도록 도와준다.

　지금 이 순간 아이들 수백만 명은 물려 쓰기를 경험하며 예전 세대와 다른 삶을 느낀다. 이런 상황을 긍정적으로 활용하는 방법은 다양한데, 내 아이에게 더는 필요하지 않은 물건은 다른 가족에게 나눠주면 된다.

- 필요한 것을 받아오는 법: 조금 더 자란 아이를 키우는 가족을 알고 있다면, 라이프스타일이나 관심사가 비슷하다면, 그 집 아이들이 더는 쓰지 않는 물건 가운데 물려주거나 나눠줄 것이 있는지 물어보자. 필요하지 않은 것들을 치우는 수고를 하지 않도록 그 집을 찾아가 필요한 것을 가지고 올 수도 있다.
- 아이용품 중고 상점을 알아둔다: 도시에는 대부분 아이들을 위한 중고품 상점이 한두 곳쯤 있다. 이런 상점은 품질 좋은 중고 물건을 시가의 25퍼센트에 사들여서 50퍼센트에 팔곤 한다. 아들과 며느리는 가까운 친척에게서 필요한 것을 얻어다 아이들을 키운다. 쌍둥이에게 무언가 필요한데 다른 곳에서 구하기 어려우면 더는 필요하지

않은 것들을 처분하고 얻은 돈으로 필요한 것을 산다. 그러다 보니 쌍둥이의 일 년 의류비와 장난감 구입 비용은 50달러에 지나지 않는다. 어떤 해에는 아예 한 푼도 쓰지 않은 적도 있다. 집에 옷이나 장난감이 부족한 적은 물론 결코 없었다.

- **책을 물려주고 물려받자**: 많은 지역사회에서 도서관은 아이들을 위한 훌륭한 무료 자원 공급처 구실을 한다. 최근에는 온라인 도서 공동 모임이 많아져서 책을 나눠주고 싶어 하는 사람과 책이 필요한 사람을 연결해준다.

내가 하는 말에 아이들이 별로 귀를 기울이지 않는 것처럼 보일 때가 있다. 하지만 아이들은 항상 어른들을 지켜보고 있다. 별 관심을 보이지 않는 듯하지만 사실은 주위 어른을 모델로 삼아 상당히 주의를 기울인다. 아이들은 어른을 흉내 내기 마련이다. 그러니 흉내 낼 거리를 제공해주는 어른이 항상 조심해야 한다.

우리가 아이들에게 보여줄 가장 좋은 모범은 바로 내가 살아가는 그 모습임을 기억하자.

Part 8

청소의
진정한 목적

화창한 날, 집을 청소하는 것 말고 할 수 있는 일을 말하라면 300만 개라도 댈 수 있다. 청소를 할 때 도와주는 것이라곤 고작 누워 있다가 다리나 드는 것뿐이고 집안일이라고 하면 눈으로 집안이나 한번 휙 훑는 것이 전부인 통상적인 남자의 말로 들리겠지만 말이다.

전적으로 인정하지만, 아침에 일어나자마자 리놀륨 바닥을 왁스로 깨끗이 닦고 싶다는 열정에 휩싸이는 일은 없다. 하지만 동시에 가사에서 내 몫을 맡기 위해 기꺼이 가장 쉽고 비용이 저렴하며 유해물질에도 가장 적게 노출되는 일을 찾아내느라 노력하기도 한다.

이런 문제를 생각할 때, 청소의 진정한 목적은 무엇일까?

세상에서 모든 박테리아를 없애는 것이 청소의 목적은 아니다. 그렇게 하는 것은 불가능하고, 가능하다 해도 인간에게 해가 된다. 그림에서나 보듯이 얼룩 하나 없는 집을 만드는 것이 우리 삶의 목표는 아니니 말이다.

우리가 할 수 있는 한 건강하고 편안한 환경을 만드는 것이 중요하다. 그래서 우리 집은 건강하게 지낼 만큼 깨끗하고 행복하게 지낼 만큼 지저분하다.

기업의 마케팅 때문에 사람들은 대부분 집을 깨끗하게 유지하고 가치 있게 살려면 새로운 청소용구가 반드시 있어야 한다고 믿는다. 여기에는 세 가지 문제가 있다. 첫째, 이 말은 사실이 아니다. 대부분 청소도구 없이도 깨끗하게 청소할 수 있다. 둘째, 이런 청소도구는 가격이 상당히 비싸다. 미국인은 해마다 갖가지 청소도구에 200억 달러를 사용한다. 셋째, 이런 청소용품은 온갖 화학물질로 가득하고 그중 상당수는 건강과 환경에 좋지 않은 것으로 나타났다.

2005년, 미국 적십자는 사람들의 혈액을 두 가지 채취해 독립 연구기관에 화학물질 분석을 의뢰했다. 그 결과 사람에게서 살충제와 200여 가지 화학물질과 얼룩제거제, 반응지연제, 가소제, 청소용품과 화장품에서 발견되는 온갖 화학품이 발견되었다. 이런 연구들은 예전에도 진행되었다. 하지만 이 연구가 놀랍고 당황스러운 것은 신생아 혈액까지 연구 대상으로 삼은 첫 시도였기 때문이다. 신생아 혈액은 갓 태어난 아기에게서 바로 분리해낸 탯줄에서 무작위로 추출했다.

갓 태어난 아기를 포함해 우리는 모두 50년 전에는 존재하지 않았던 화학물질에 뒤덮여 있다. 몸에 쌓여 있는 독성 화학물질을 줄이려면, 집과 몸을 깨끗하고 아름답게 만들기 위해 사용하는 물건에 들어 있는 유해 화학물질을 줄여야 한다.

생활환경을 건강하게 가꾸려고 노력하는 것이 아니라 깔끔하고 티끌 하나 없는 외모를 가꾸려고 신경 쓴다면 어떤 일이 일어날까?《그린 하우스키핑Green Housekeeping》의 저자 엘렌 샌드벡Ellen Sandbeck의 이야기를 들어보자.

"건강을 위해서가 아니라 그저 겉모습을 위해 청소한다면 온통 반짝이지만 엄청난 화학물질로 우리를 기절시키기에 충분한 공간에서 부드럽고 향기 나지만 독성물질이 잔뜩 묻은 옷을 입은 채 뻑뻑한 눈을 비비며 눈물을 흘리고, 거칠어지고 붉어진 피부를 긁으며 천식으로 고통받게 될 것이다."

청소용품과 뷰티 용품이 사실은 환경과 우리 몸을 더럽히고 있다니 이상한 일 아닌가. 이것이 바로 유독물질의 패러독스다. 건강을 도와주는 것이 아니라 오히려 위협한다.

다행히 자연소재로 만들어 안전하고 독성이 덜하며 덜 비싸지만 사용하기에는 더 기분 좋은 대안이 많이 있음을 기억하자.

절대 사서는 안 되는 것

표백제와 암모니아 성분의 가정용 세제

수십 년 동안 청소용품 제조업체들은 화학무기 중에서도 가장 강력한 무기를 사용해왔다. 이 약품들이 환경과 우리 몸에 어떤 영향을 주는지 아무런 관심을 기울이지 않으면서 말이다. 그 결과 많은 사람은 화장실과 욕실을 청소하는 데 표백제와 암모니아 기반 세제를 사용한다. 박테리아와 곰팡이를 없애는 데에 탁월한 이런 세제는 그만큼 위험하다. 올바르게 사용할 때에도 눈과 코, 목에 불편함을 느끼는데 칸막이 샤워실처럼 밀폐된 공간에서 사용하면 유독가스가 농축되어 심각한 폐 손상은 물론 피부와 눈에 화상을 입게 된다.

배수구 전용 세제, 변기 세척제, 오븐용 세제, 살균 스프레이 등은 화학물질을 많이 포함하고 있다. 염소와 암모니아는 산업용으로 활용되는데, 특히 염소는 수질 정화에 중요한 역할을 한다. 하지만 가정용으로 사용하기에는 심각한 문제가 있다.

많은 사람이 염소표백제 특유의 '수영장에서 나는 냄새'를 알아차린다. 강하고 자극적인 냄새로 아이들의 장난을 막을 수 있겠지만 염소를 함유한 제품은 어린아이에게 중독을 일으킬 수도 있다. 미국 독극물 제어 센터의 발표에 따르면 해마다 다섯 살 미만 아이들 12만 명이 가정용 표백제 때문에 여러 가지 사고를 겪는다.

세탁소에서 쓰는 상업용 표백제에는 염소가 들어 있다. 이런 표백제는 인간의 건강과 환경은 물론 섬유에도 영향을 미치고 섬유가 빨리 닳게 한다. '눈보다 더 흰' 옷과 타월은 지구상에서 가장 위험한 활성 화학물질을 함유하고 있다. 암모니아와 염소표백제를 함유한 제품이 서로 뒤섞이면 놀랄 정도로 강한 독성이 만들어진다. 이들은 서로 섞이면 염소가스와 클로라인을 발생시키는데, 이는 폐에 심각하고 돌이킬 수 없는 손상을 가져온다. 염소가스는 화학전에서 자주 사용되어 심각한 살상효과를 내기도 한다.

염소표백제나 암모니아를 함유한 제품이 대부분 병원체 제거에 효과적이긴 하지만, 독성이 너무 심각해 위험을 무릅쓰는 의미가 없다. 청소와 관련해 훨씬 덜 위험하고 동등한 효과를 주는 대안이 있으니 더욱 그렇다. 예를 들어 설거지는 적은 양의 액체 카스티야 비누와 뜨거운 물만 있으면 충분한데 이렇게 하면 감기나 인플루엔자 바이러스가 집 안에 퍼지는 것도 막을 수 있다. 독성도 없고 가격도 비싸지 않으며 전염병균도 막아주는 세제 만드는 방법은 이 장 뒷부분을 참고하자.

카펫용 청소 세제와 얼룩 제거제

카펫용 청소 세제와 얼룩 제거제는 대부분 오염물질과 기름기를 녹여주는 강력한 화학용해제를 포함하고 있다. 여기에는 퍼클로르에틸렌PERC이나 트리클로르에틸렌TCE 등도 들어 있다. 이런 화학물질은 신경계에 심각한 영향을 미치는 유해물질인 동시에 발암물질이기도 하다. PERC는 드라이클리닝에 흔히 사용하는 화학약품이다. 많은 양에 단시간 노출되면 어지럼증, 운동신경 혼란, 시야 불명 등의 문제를 일으키기도 한다.

모든 카펫 제조업자와 카펫 섬유 제조업자들이 추천하는 독성 덜한 카펫 세탁 방법은 '온수 오염추출' 또는 '스팀 세탁' 등이다. 수증기를 거의 사용하지 않아서 '스팀 세탁'이란 용어는 오해를 불러오기 쉽다. 이 세척 방법은 온수와 세제를 고압으로 분사하는 것이다. 섬유 조직이 느슨해졌을 때 강력한 진공 흡입으로 오염돼 때, 먼지를 제거한다. 실외장치로도 해결할 수 있는데, 호스와 바닥용 도구만 실내로 들여와 사용하면 된다. 또 가정이나 사무실에서 사용할 수 있는 이동식 장치를 활용할 수 있다. 비싸지 않고 독성도 없는 카펫 청소법은 이 장 뒷부분에서 확인할 수 있다.

항균 비누와 주방용 세제

항박테리아 비누와 여러 가지 '항균' 제품은 인간의 건강과 환경에 심각한 영향을 미친다. 그런 위험을 언제까지 감수해야 할까?

비누와 세제업자 협회에서는 이런 제품이 세균 감염을 줄여주는 데 효과적이라는 2005년 FDA 전문가 자문단의 의견을 언급하며 제품 사용을 옹호했다. 하지만 바로 그 FDA 전문가 자문단은 11 대 1의 의견으로 병원이나 의료기관 밖에서 세균을 제거하는 데 이런 제품이 일반 비누나 물보다 낫지 않다고 발표했다. 대다수 전문가들 역시 업계 의견에 동의하지 않았다. 존스 홉킨스 대학 물과 건강관리 센터 공동 설립자 롤프 홀든Rolf Halden은 일반 비누로 손을 자주 씻어도 위생을 유지하는 데 충분하다고 말했다.

이와 비슷한 미국 의료협회AMA의 조언도 참고해보자. "소비재에서 항균제품 사용을 권장할 근거가 거의 없다." 사실 항균제품 과용은 '슈퍼 박테리아'라는 현상으로 확대된 느낌이 없지 않다. 이런 이유로 AMA는 2000년 "일반 소비자들의 항균제품 사용은 중단해야 한다"라고 발표했다.

항균 비누와 세제, 다른 개인 위생용품에서 발견되는 가장 일반적인 두 가지 화학물질은 트리클로카본TCC과 트리클로산TCS이다. 이 두 화학물질은 알레르기와 불임, 피부 자극, 갑상선 호르몬 문제 등을 일으키는 것으로 나타났다. TCC는 두 가지 물질로 분해되는데, 그 각각은 발암물질로 알려져 있다. TCS는 환경적으로 분해되기 어려운 다이옥신의 전구물체다. 다이옥신은 지구상에서 독성이 가장 강한 합성물질로 알려져 있다.

항박테리아 물질과 염소 함유 제품은 부패 과정을 책임지는 박테리아를 모두 제거함으로써 부패 과정에 문제를 일으킨다.

그러니 항균 설거지용 액체세제나 손비누, 치약과 핸드 로션 등에 돈을 낭비하지 말자. 전혀 불필요할뿐더러 값은 비싸고 건강에도 좋지 않다.

'방향' 또는 '살향' 스펀지는 특히 조심하자. 이는 화학소독제 처리를 했다는 말이다. 순수한 셀룰로오스 스펀지면 충분한데, 사용한 뒤 물기를 꼭 짜서 말린다. 만일 냄새가 나기 시작하면 끓는 물에 5분 정도 삶으면 된다. 식기세척기에 스펀지를 넣어 세척하는 사람도 있는데, 식기세척기에 사용하는 온수는 살균이 가능할 정도로 충분히 뜨겁지 않으니 주의해야 한다.

오븐 전용 세제

오븐 세제에는 대부분 수산화나트륨(가성 소다)이 들어 있는데 부식성 물질이라 다른 화학물질과 섞이면 심한 반응이 일어난다. 오븐용 세제는 대개 유기물질을 녹여버리도록 고안되었다. 불행히 여기에는 사람들의 피부와 눈도 포함된다. 분무기 타입의 오븐용 세제에서 나오는 미세한 용액은 폐질환과 화학적 화상을 가져온다. 증기도 심각한 독성이 있다.

열선에 직접 닿지 않게 하고 환풍구를 막지 않게 조심하며 전기 오븐 바닥에 알루미늄포일을 깔아둔다. 포일이 지저분해지면 새것으로 갈아 오븐을 청소하는 시간을 상당 부분 줄일 수 있다. 몇몇 가스 오븐의 경우, 바닥에 포일을 사용하는 것이 좋지 않은데, 이때는 음식물에서 떨어지는 국물 등을 받칠 수 있게 오븐랙 아래에 포일을 깐다. 많은 오븐에는 자가 세척 기능이 부착되어 있다. 독성도 없고 비싸지 않게 오븐을 청소할 수 있으니 참고하자.

배수구 청소

모든 화학용 배수구 청소제에는 황산이나 염산 등 강한 산성 성분이 들어 있다. 황산은 부식성이 강해 한 방울만으로 심각한 문제를 일으킬 수 있다. 이런 이유로 화학전에서 사용되었다. '황산vitriolic'이란 단어를 영어사전에서 찾아보면 '누군가 또는 다른 대상에게 극도의 분노와 미움으로 가득한 상태'라는 의미도 있다.

배수구 청소제는 부패 시스템과 하수물 처리 공정에 큰 혼란을 일으킨다. 그 대가는 엄청나고 재앙을 막을 방법은 없는 듯하다. 혹시 아이들이 실수로 배수구 청소제를 갖고 놀기라도 한다면 끔찍한 일이 일어난다. 아이가 없다고 해도 이런 물질을 집에 두면 위험하다.

그렇다면 최상의 배수구 청소제는 무엇일까? 예방이다. 기름기 있는 음식찌꺼기를 그대로 싱크대 배수구에 흘려보내서는 안 된다. 치실이나 생리대, 콘돔이나 종이 타월을 그대로 변기에 흘려보내도 안 된다. 사람들은 자주 변기에 이상한 것들을 흘려보낸다. 기저귀, 고양이 배설물, 커피 찌꺼기, 담배꽁초, 비닐봉지, 작은 장난감을 비롯해 다른 온갖 물건을 변기에 버린다. 그중 어떤 것도 변기에 넣기에는 적합하지 않은데 말이다. 우리 몸에서 나온 배설물과 화장실용 휴지를 제외하곤 그 어떤 것도 변기에 넣어서는 안 된다.

유독 물질을 사용하지 않고 막힌 배수구를 뚫는 법에 관해서는 뒷부분에서 다시 살펴보자.

섬유유연제와 종이형 섬유방향제

섬유유연제와 종이형 섬유방향제는 유독 화학물질의 부담을 안겨주는 요소다. 이런 제품에 들어 있는 활성 화학물질은 강하고 자극적인 냄새를 풍기는데, 이를 은폐하기 위해 제조업자들은 더 강한 향수를 첨가한다. 이런 향수는 호르몬 체계를 교란하는 프탈레이트와 톨루엔, 스티렌 같은 신경계 독성물질을 함유하고 있다. 유독물질이 들어 있지 않다고 광고하는 섬유유연제 역시 알파 페르피놀, 벤질아세

테이트, 장뇌, 벤질 알코올, 리모넨, 에틸 아세테이트, 펜탄, 클로로포름 등의 화학물질이 들어 있다. 제조업체들의 원료 안전 데이터 시트에 따르면 이런 화학물질에 노출될 경우 다음과 같은 문제가 발생한다고 한다.

- 두통과 중추신경 마비, 근육 조절 기능 상실
- 세포막 점액질 자극과 호흡기 손상
- 구역질, 토사, 현기증, 졸림 유발
- 간과 신장 손상
- 피부 자극과 알레르기 반응
- 암 유발

이런 옷을 입거나 피부에 이런 섬유가 닿으면, 또 공기의 방향제 분자를 호흡하면 섬유유연제에 들어 있는 화학물질에 노출된다. 섬유유연제는 정전기로 생기는 오염물이 들러붙지 않게 하기 위해 화학 잔여물을 남기도록 만들어졌다.

이런 섬유유연제에서 나오는 가스에 노출된 동물은 눈과 코, 목과 폐에 염증을 겪는다. 어떤 경우에는 천식을 일으키기도 한다.

옷감에 남아 있는 비눗기나 세제를 완전히 없애는 데 도움을 주고 섬유에 아무것도 남기지 않는 비독성 섬유유연제를 만들 수 있다.

공기청정제

오늘날 미국 가정의 4분의 3이 사용하는 공기청정제는 해마다 20억 달러의 매출을 자랑하는 제품으로 자리 잡았다. 하지만 방향 스프레이나 젤, 플러그 인 제품은 이름처럼 공기를 '청정하게' 만들어주지 못한다. 후각 신경을 마비시키는 화학물질로 공기를 채워 그저 냄새를 잠시 가려줄 뿐이다. 그러기에 공기오염제라고 하는 편이 더 낫다.

공기청정제는 성인과 유아의 호흡 곤란을 불러오고 동물을 대상으로 한 실험에서는 암 발생 위험까지 확인되었다. 공기청정제에 들어 있는 화학물질은 천식이나 호흡기 질환이 있는 사람에게 특히 위험하다. 자연자원보호위원회는 14종의 공기청정제를 분석했는데, 그중 '천연' 성분을 자랑하는 12개 제품에서 프탈레이트라는 호르몬 교란 물질이 발견되었다. 연구에 따르면 프탈레이트는 테스토스테론 생성을 방해하고 생식기 장애를 가져오며 남아의 생식기 변형을 초래한다고 한다.

집에서 나는 냄새를 해결해줄 값싸고 안전한 방법은 무엇일까? 베이킹 소다를 카펫에 뿌리고 솜뭉치에 좋아하는 에센셜 오일을 묻혀 집 곳곳에 놓아두거나 빵이나 쿠키를 집에서 구우면 좋다. 아니면 에센셜 오일을 몇 방울 떨어뜨린 물을 스프레이로 공기 중에 뿌리면 좋은데, 이때는 가구나 얼굴이 아니라 반드시 공중에 뿌려야 한다.

또 다른 대안은 집에서 화초를 키우는 것이다. 유일한 공기청정제라 할 수 있는 식물은 실내 산소 농도를 높여주고 유독물질을 제거해준다. 우주 탐사, 달 탐사 기지를 만들기 위해 대기를 깨끗하게 하는 법을 연구한 NASA 과학자들은 특정 식물이 암모니아, 포름알데히드, 벤젠 등의 오염물질을 제거하는 데 효과가 탁월하다는 사실을 알아냈다. 그 리스트에 올라 있는 식물 가운데 대표적인 것이 황야자다. 실내 환경을 잘 견뎌내는 이 식물은 대기에 습기를 충분히 방출하고 유독물질을 빨아들이며 보기에도 아름답고 별다른 관리도 필요하지 않다.

공기 중에 독성이 있어 고생하지 않으려면 실내 흡연은 절대 하지 말아야 한다.

공기청정기와 오존 발생 공기정화기

대기층의 오존은 지구상에 사는 생명체를 보호하는 데 중요하다. 오존이 지구를 둘러싸고 자외선을 흡수하는 보호층 역할을 하기 때문이다. 하지만 우리가 숨 쉬는 대기의 오존 농도가 너무 높은 것은 바람직하지 않다.

오존 발생 장치 제조업자와 판매업자들은 오존을 '활성화된 산소' '순수한 공기' '포화산소' 등으로 부르며 건강에 도움이 되는 산소의 일종이라고 강조한다. 하지만 사실은 그렇지 않다. 오존은 산소로 만들어지는 다양한 화학물질과 독성을 포함한 유독가스라 할 수 있다. 미국 환경보호국에 따르면 "오존을 흡입하면 폐에 손상을 가져올 수 있다. 비교적 낮은 정도라 해도 가슴 통증, 기침, 호흡 곤란, 인후통 등을 유발한다. 오존은 천식과 같은 호흡기 질환을 악화시키고 호흡기 감염에 대한 저항력을 떨어뜨린다."

오존발생기를 판매하는 회사는 이 기계들이 곰팡이와 진드기, 악취와 박테리아 등을 줄여준다고 말한다. 오존이 강력한 멸균제이며 수질 정화에서 중요한 역할을 한다는 것은 사실이다. 하지만 우리가 숨 쉬는 대기로 일부러 오존을 방출한다는 것은 말이 안 된다. 이런 제품들에 돈을 낭비하지 말아야 한다. 뒷부분에서 곰팡이와 진드기, 악취와 박테리아를 줄여주는 무해하고 저렴한 방법을 소개한다.

지나치게 많은 물건

온갖 잡동사니는 생각보다 우리의 귀중한 시간을 훨씬 더 많이 빼앗는다. 아무 가구도 놓여 있지 않은 마룻바닥이라면 걸레질하는 데 10분이면 충분하다. 하지만 이런저런 것들이 놓여 있다면 가구나 물건을 옮기고 청소한 뒤 다시 제자리에 놓는 일을 반복해야 한다. 그러다 보면 한 시간은 족히 걸린다. 단지 마루만 문제가 아니다. 테이블 위나 서랍장, 식탁 등 수평면(소파와 침대를 포함해) 위에 물건을 올려놓았다면 청소하는 데 큰 방해가 된다. 청소 전문가들은 평균적인 미국 가정에서 불필요한 것들을 치워버리는 것만으로도 일을 40퍼센트나 줄일 수 있다고 조언한다.

잡동사니는 다른 측면에서 시간을 잡아먹는다. 미국 인구통계학 학회에 따르면 매일 미국인이 물건을 찾느라 허비하는 시간을 모두 합하면 900만 시간에 이른다고 한다. 필요한 물건을 찾지 못한다면, 그 물건을 갖고 있는 것이 무슨 의미가 있는가? 무언가 필요해서 샀지만 나중에 보니 이미 있는데, 어디에 두었는지 잊어서 또 사들인 경험은 없는가?

잡동사니는 시간과 돈을 요구한다. 정돈과 혼란 사이의 끊임없는 싸움에서 잡동사니는 항상 혼란 쪽에 선다. 잡동사니에 삶의 에너지와 비용을 상당히 들여야 한다는 아이러니가 있다. 인생에 활력과 행복을 더해주지 않을 소유물은 결국 짐이 된다.

나는 온갖 잡동사니에 관심이 없지만 여전히 물건들을 필요한 것보다 많이 쌓아놓고 있다. 그래서 해마다 또는 2년에 한 번씩 다락방과 옷장을 살펴 다른 사람에게 나눠주거나 재활용할 것들을 찾아낸다. 나에게 필요하지 않고 보기 좋지 않은 것들, 내 인생에 의미 없는 것들은 치워버린다. 잡동사니를 없애고 단순함을 강조하며 감정적·정신적 여유를 확보하는 것은 중요하다. 다락과 옷장을 청소하는 가장 중요한 목적은 흩어진 생각과 불필요한 의무로 정신없는 삶을 깨끗이 정리하는 것이다.

값싸고 안전한 가정용 청소용품

삶의 주변부에 자리하는 것으로 여겨지던 자연주의적이고 독성이 없는 제품이 이제는 당당히 주류가 되었다. 전 세계에 걸쳐 해마다 이런 제품의 거래 규모는 점점 더 늘고 있다. 무독성 가정용 세제를 사용한다고 삶의 방향이 바뀌지는 않겠지만 인간과 환경에 해를 주는 화학물질에 의존하지 않도록 의미 있는 발걸음을 내디디려는 사람들이 점점 늘고 있다.

동시에 이렇게 함으로써 상당한 돈을 절약할 수 있다. 미국의 평균적인 가정이라면 청소도구와 관련해 일 년에 250달러를 절약할 수 있다. 액상 카스티야 비누, 희석한 식초, 베이킹 소다 등 단순한 천연제품으로 청소를 한다면 독성의 위험은 훨씬 줄이면서 해마다 100달러는 쉽게 절약할 수 있다.

카스티야 비누

비누는 전통적으로 동물성 유지와 알칼리 용액을 섞어서 만들었다. 청소라는 관점에서 볼 때, 이런 비누에는 항상 문제점이 있다. 경수에 포함된 무기질과 반응하면서 단단한 찌꺼기를 만들어내 물에 녹지 않는다는 점이다. 그래서 합성세제가 발명되기에 이르렀다. 석유와 각종 화학물질로 만들어진 합성세제는 수용성 무기물질과 반응하지 않아서 찌꺼기도 남기지 않는다.

이런 장점으로 합성세제는 전통적인 비누를 완벽하게 대체했다. 오늘날 시장에서 볼 수 있는 목욕 비누는 액상이건 고형이건 모두 합성세제라고 볼 수 있다. 문제는 이런 비누에 유독 성분이 들어 있다는 것이다.

이런 비누를 대신할 확실한 대체물이 있다. '카스티야' 비누는 식물성 유지로 만들었다. 액상은 물론 단단한 고형 카스티야 비누도 전통적인 비누보다 훨씬 부드럽고 잘 녹으며 어떤 물에서건 찌꺼기를 만들어내지 않는다.

카스티야 비누는 여러 회사에서 만드는데 가장 널리 이용되는 품질 좋은 제품은 닥터 브론너스에서 만든다. 올리브오일과 코코넛오일로 만든 닥터 브론너스 액상 비누는 다른 카스티야 비누보다 비싸지만 고농축이어서 훨씬 경제적이다. 액상이나 스프레이 타입의 닥터 브론너스 비누는 상온에서 급격히 응고되는데, 물로 충분히 희석한다면 문제되지 않는다.

닥터 브론너스 비누는 식품 수준의 유기농·공정무역 인증을 받은 재료로 만든다. 이 회사는 이익의 40~70퍼센트를 전 세계 고아 돕기 등 사회적 활동에 기부한다. 수많은 인수 합병 제안에도 이 회사는 여전히 가족 경영을 고집한다. 규모가 비슷한 다른 기업과 달리 닥터 브론너스의 최고 연봉자는 연봉이 가장 낮은 직원의 다섯 배 정도에 해당하는 연봉만 받는다.

닥터 브론너스와 마찬가지로, 유기농 성분으로 만들어 위험한 화학물질이 들어 있지 않은 카스티야 비누 브랜드가 몇 개 더 있다. 이런 제품들은 딱딱한 찌꺼기를 만들어내지 않으므로 싱크대나 다른 표면에 연마성 세척제를 사용하지 않아도 된다.

불행히도 미국에는 '카스티야 비누'를 구성하는 법적인 기준이 없어서 몇몇 제조업체에서는 성분 표시를 정확하게 하지 않고 조잡한 화학성 비누를 만든 뒤 카스티야 비누라고 이름 붙여 판매한다.

희석 식초

우리는 아주 놀라운 의료적 기적과 복잡한 화학물질로 둘러싸여 몇백 년 동안 안전하고 효과적으로 사용해온 것들의 의미를 알아차리지 못한다. 희석한 식초는 이에 해당하는 가장 확실한 사례다.

여러 가지 식초 가운데 가장 저렴한 일반 식초는 경제적이고 독성이 없으며 환경 친화적이고 다양한 용도로 확실한 효과를 낸다. 쉽게 용해되고 산도가 높아 청소할 때 쓰면 곰팡이, 박테리아, 병균을 대부분 없애준다. 식기세척기에도 사용할 수 있고, 빨래할 때에는 섬유유연제 구실을 하며, 크롬으로 만든 수도꼭지 등을 닦을 때에는 광택을 제대로 내준다. 식초 특유의 냄새는 마르면서 완전히 날아가니 걱정하지 않아도 된다.

마룻바닥을 닦을 때, 식탁이나 테이블을 닦을 때, 각종 도구와 변기를 닦을 때도 사용할 수 있다. 하지만 주의해야 할 점도 있다. 식초는 대리석과 다른 석재에는 문제가 될 수 있으니 주의해야 한다.

식초는 여러 집안일에 다양하게 쓰일 뿐 아니라 건강을 유지하는 데에도 효과가 좋다. 식초와 물, 꿀을 섞어 가글하면 목이 아플 때 도움이 많이 된다. 물에 식초를 약간 섞어 발을 씻으면 무좀을 막아준다. 희석한 식초를 두피에 살짝 발랐다 씻어낸 뒤 샴푸를 하면 비듬도 줄일 수 있다.

고양이가 가구를 긁어놓는다면 식초를 희석해 가구에 살짝 뿌려놓자. 고양이가 더는 가구를 할퀴지 않는다.

식초는 따로 냉장보관을 하지 않아도 되고 거의 영원히 보관할 수 있다. 그러므로 대용량 식초를 사면 돈을 절약할 수 있다.

베이킹 소다

베이킹 소다는 탄산수소나트륨을 말하는데, 청소, 탈취, 간단한 불끄기 등 가사에 다양하게 사용할 수 있는 값싼 무독성 재료다.

베이킹 소다는 대부분 중탄산소다석으로 만드는데, 와이오밍의 광산에서 채취한다. 5000만 년 전, 와이오밍의 그린리버 인근 지역은 1,554제곱킬로미터에 이르는 호수였다. 그런데 호수의 물이 증발하면서 사암과 이판암 사이 지층에 2,000억 톤의 중탄산소다석이 남게 되었다. 그린리버 유역의 중탄산소다석 보존량은 엄청나서 전 세계 인구가 앞으로 몇 천 년 동안 쓰고도 남을 정도다. 베이킹 소다는 고갈 위험이 없는 몇 안 되는 자원 가운데 하나다.

베이킹 소다의 발효 효과에 대해서는 아는 사람이 많지만 뛰어난 청소 효과에 대해서는 아는 사람이 적다. 먼지와 기름때는 대부분 지방산으로 이루어져 있는데, 비누나 세제로 녹일 수 있듯이 베이킹 소다로도 없앨 수 있다. 이런 지방산은 일단 중화되고 나면 물에 녹으므로 쉽게 없앨 수 있다. 베이킹 소다는 강하고 독성 있는 화학 세제를 훌륭하게 대체한다.

불유쾌한 냄새는 대부분 산에 기반을 두고 있다. 인간의 체취, 동물의 배설물 냄새, 구취 등도 여기에 포함된다. 상업적인 '탈취제'는 이런 냄새를 가리기 위해 진한 향을 사용하는 데에 지나지 않는다. 미국 국립과학원은 향수에 들어 있는 성분을 신경독소(인간의 뇌와 신경계에 문제를 일으키는 화학독소)로 규정했다. 하지만 베이킹 소다에는 독성이 없으며 불쾌한 냄새를 가리는 게 아니라 중화한다.

잘 닦아지지 않는 곳을 청소할 때 베이킹 소다를 물에 녹여 사용하는 것은 그리 좋은 방법이 아니다. 베이킹 소다는 싱크대, 욕조, 화장실 변기처럼 물로 쉽게 씻어낼 수 있는 곳에서 사용하기에 가장 좋은 청소 세제다. 부드럽고 상처나 흠집을 남기지 않으며 도자기 등에도 사용하기 편하다. 어떤 사람들은 사용하기 편하도록 설탕이나 소금 보관 용기에 넣어두기도 한다. 시판되는 용기를 사거나 단지에 망치와 정으로 구멍을 내서 만들어도 좋다.

베이킹 소다를 대용량으로 사면 돈을 훨씬 절약할 수 있다. 철물점 등에서는 킬로그램 단위로 값싸게 구할 수 있다. 요리에 사용하는 것이 아닐 경우 '중조'라는 이름으로 풀장용품 전문점에서 구할 수 있다. 레스토랑 용품 전문점이나 메가 스토어에서 구할 수도 있다. 공기가 들어가지 않게 밀봉해서 보관한다면 오랫동안 사용할 수 있으며 냉장보관할 필요는 없다.

과산화수소

과산화수소는 항박테리아, 항곰팡이, 항진드기 등의 특징으로 가정용 세제로 쓰기에 효과적이다. 대상물을 깨끗하게 닦아주고 살균해줄 뿐 아니라 스펀지나 대걸레, 솔도 더 깨끗하게 만들어준다. 사람들과 식물, 동물, 지구 환경에 독성도 없고 가격도 싸다.

과산화수소는 산업적으로 다양한 효용이 있는데, 가정용으로는 약하게 희석해 사용하는 것이 안전하다. 물 97퍼센트에 과산화수소 3퍼센트 정도를 섞어서 쓰자. 35도 과산화수소도 구할 수 있지만 이렇게 강한 농축액은 조심해야 한다. 이 책에서는 3퍼센트 용액을 기준으로 설명한다.

과산화수소는 빛에 노출되면 쉽게 변질되므로 빛에 직접 닿지 않도록 병에 넣어서 어두운 곳에 보관해야 한다. 플라스틱 스프레이 병에 담아둘 때는 방출구를 잠가서 빛을 막아준다.

3퍼센트 과산화수소는 그대로 사용할 수도 있지만 염증, 궤양 등 입 안에 질환이 있으면 같은 양의 물에 희석해서 사용해도 좋다. 이렇게 하면 치아도 더욱 희게 만들어준다.

과산화수소는 과일이나 채소를 씻을 때, 박테리아를 없앨 때 사용해도 좋다. 2003년 〈음식 과학 저널Journal of Food Science〉에 발표된 연구 결과에 따르면 과산화수소는 대장균이 묻어 있는 사과와 멜론을 세척할 때에도 도움이 많이 되었다.

세균을 없애고 신선한 향을 남기고 싶다면 마른 행주나 스펀지에 과산화수소를 살짝 묻혀 부엌 싱크대나 욕실 세면대 등을 닦아보자. 이와 비슷하게 도마에서 서식하는 살모넬라 같은 박테리아를 제거하려면 과산화수소를 약간 뿌려두어도 효과가 있다.

흰 옷이나 흰 천을 더욱 희게 표백하려면 염소계 표백제를 넣지 말고 과산화수소 한 컵을 넣어 헹구면 좋다. 옷에 피가 묻었다면 얼룩진 자리에 과산화수소를 발라 잠시 놓아두었다가 차가운 물로 헹궈낸다. 이 과정을 여러 번 되풀이해도 좋지만 너무 자주 하면 탈색될 수 있으므로 주의해야 한다. 먼저 눈에 띄지 않는 곳에 테스트해보고 사용하는 게 좋다.

세탁용 소다

가격이 매우 싼 세탁용 소다로는 스테로이드계의 베이킹 소다가 있다. 알칼리성 워싱 소다는 심하게 오염된 세탁물을 잘 빨아주며 경수 때문에 찌꺼기가 생기는 커피머신이나 욕실 타일 등을 청소하는 데도 사용할 수 있다. 유독성 가스가 나오지는 않지만 베이킹 소다보다 부식성이 강하므로 장갑을 끼고 사용하는 것이 좋다.

세탁용 소다는 세탁비누를 만들 때, 심한 기름때를 제거할 때(시판용 용해제보다 훨씬 안전하다), 얼룩을 제거하고 막힌 배수구를 뚫을 때 유용하다. 하지만 유리 섬유나 알루미늄에는 흠집이 나므로 사용하지 않는 게 좋다. 그리고 아이들이나 애완동물의 손이 미치지 않는 곳에 놓아둔다. 세탁용 소다는 슈퍼마켓이나 철물점 등에서 구할 수 있다.

붕산나트륨

인류는 붕산나트륨을 4000년 전부터 사용했다. 붕산나트륨은 1800년대 이후 캘리포니아 데스밸리 근처에서 채굴되었다. 값이 싼 붕산나트륨은 산업용으로 다양하게 활용하지만 일반 가정에서도 천연 세탁세제, 다양한 용도의 세제, 곰팡이 제거제, 살충제와 제초제, 살균제로 사용한다. 색이 희고 냄새가 없으며 알칼리 성분인 붕산나트륨은 다른 세제와 함께 사용하면 세정력이 더욱 커진다.

일부러 먹지는 않겠지만 붕산나트륨은 비교적 안전하고 독성도 거의 없다. 베이킹 소다처럼 다양하게 사용하지만 살균력은 훨씬 더 강하고 효과도 뛰어나 곰팡이와 심각한 오염을 없애는 데 효과적이다. 먼저 베이킹 소다를 사용해보고 그래도 문제가 해결되지 않으면 붕산나트륨을 사용하는 것이 좋다. 붕산나트륨을 활용하면 유독성 화학물질을 사용하지 않고도 얼룩과 오염물질을 수월하게 없앨 수 있다.

붕산나트륨은 음식과 관련해서는 사용하면 안 된다. 또 아이들과 애완동물이 만지지 않도록 주의해야 한다.

주석산 크림

식료품, 제빵용품 매장 카운터에서 주석산 크림은 비교적 비싼 가격에 팔린다. 하지만 부엌 싱크대나 욕조의 얼룩을 없애는 데는 4분의 1티스푼 정도의 아주 적은 양만 있으면 되므로 크게 문제될 것은 없다. 독성이 없는 주석산 크림을 사용하면 강력하지만 독성이 있는 표백제를 쓰지 않아도 된다. 와인을 만들 때 나오는 주석산은 싱크대나 욕조를 청소할 때 놀라운 효과를 낸다.

플라스틱 청소 스틱

2, 3달러에 지나지 않는 이 놀라운 도구는 배수구에 낀 머리카락과 온갖 찌꺼기를 청소하는 데 도움이 많이 된다. 품과 시간은 물론 배관공을 부르는 비용 수백 달러를 절약하게 해준다. 철물점이나 청소용품점에 가면 이 간단한 도구가 있다. 알루미늄이나 다른 금속보다 가격이 훨씬 싸며 다양하게 활용할 수 있다.

값싸고 안전한 세제 만들기

천연 청소제품의 문제점은 상업적인 제품보다 가격이 비싸다는 것이다. 업계에는 엄청난 과대광고와 허풍이 난무한다. '천연'이나 '유기농'이라는 용어 사용을 규제하는 법규도 없고 제조 성분을 모두 정확히 적어야 한다는 규정도 없다.

오늘날 미국의 '천연 세제' 시장을 좌우하는 것은 그린 웍스Green Works인데, 이 회사는 미국 세제 시장의 절반 이상을 차지하고 있다. 그린 웍스의 소유주는 염소계 표백제로 유명한 제품 이름에서 회사명을 따온 화학제품계의 거인 클로록스Clorox다. 또 다른 '천연 세제' 브랜드는 심플 그린Simple Green이다. 이 제품은 심각한 건강 문제를 야기하는 2-부톡시에탄올로 만든다. 제이슨의 '순수하고 자연 소재를 사용한 유기농' 액체 비누와 보디 워시, 샴푸의 주요 소재는 소듐 미레스 설페이트인데, 이는 발암물질의 일종인 석유화학물 산화에틸렌이기도 하다.

다행히 이런 화학물질을 다른 것으로 바꿀 수 있다. 앞으로 살펴보겠지만 여기에 소개하는 물질은 효과적이면서 독성도 없고 비싸지 않은 재료로 만든다. 유독성 화학물질에서부터 몸과 환경을 보호하고 돈도 상당히 절약할 수 있다. 이 제조법은 아내 데오가 몇 년 동안 집을 청소하며 찾아냈다. 아내는 '반짝반짝 빛나는 집안 청소'에서 독성 없는 천연 세제를 사용한다.

천연 세제는 액체를 담을 스프레이, 덜어 사용할 용기 몇 개, 분말과 스크럽 제품을 담아둘 밀폐용기, 여러 성분을 섞을 셰이커만 있으면 쉽게 만들 수 있다. 어떤 세제를 담아두었는지 쉽게 알 수 있도록 라벨을 붙이는 작업도 중요하다.

설거지 세제

손으로 설거지할 때에는 액상 카스티야 비누를 사용한다. 비누와 물을 1 대 3 비율로 희석해 빈 병에 넣어두고 사용하면 된다. 닥터 브론너스의 액상 카스티야 비누를 사용한다면 물을 더 많이 섞는다.

부엌과 욕실 청소

기름기를 제거하고 냄새를 중화하는 스프레이형 클리너를 만들려면 빈 병에 식초와 물을 1 대 1로 섞는다. 여기에 액상 카스티야 비누 4분의 1 티스푼을 넣은 다음 잘 흔든다. 스프레이통에 넣어 뿌린 뒤 마른 천으로 닦아내면 된다. 식초 향은 금세 사라지니 우려하지 않아도 된다(석재나 대리석에는 사용하지 말 것). 좀 더 심하게 오염된 곳에는 물을 섞지 않은 100퍼센트 식초를 뿌린다.

석재나 대리석 표면에는 물 2컵에 카스티야 비누 4분의 1티스푼을 넣어 비누용액을 만든다. 스프레이로 뿌린 다음 마른 천으로 닦아낸다.

심하게 오염된 곳에는 베이킹 소다 2분의 1티스푼, 붕산 2티스푼, 액체 카스티야 비누 2분의 1티스푼을 뜨거운 물 2컵과 잘 섞어서 쓴다. 이때 충분히 흔들어서 뿌린 뒤 마른 천으로 닦아낸다.

주방과 욕실 싱크

심하게 더럽지 않으면 베이킹 소다를 적신 스펀지에 묻혀 닦은 뒤 물로 헹구어낸다. 심하게 더러운 곳에는 베이킹 소다와 붕산, 소금을 각각 1 대 1 대 1로 섞어 사용한다.

좀 더 빨리 청소하려면 싱크대에 베이킹 소다를 뿌리고 옷이나 걸레에 3퍼센트 과산화수소를 묻혀 닦아낸 다음 물로 잘 헹군다.

도기 에나멜로 만든 싱크대나 욕조의 얼룩을 제거하려면 얼룩이 있는 자리에 물을 뿌리고 주석산 크림을 묻힌 뒤 축축한 천으로 닦아낸다. 세정력을 강화하려면 주석산 크림과 과산화수소를 얼룩에 직접 발라 닦아낸다.

오븐 청소

효과가 확실하고 가격도 싸며 독성도 없는 오븐 청소 세제를 만들어보자. 액상 카스티야 비누 2테이블스푼에 붕산나트륨 2테이블스푼, 뜨거운 물 2컵을 스프레이 병에 넣고 잘 흔들어 섞는다. 이 용액을 오븐 옆과 아래위 등에 골고루 뿌린다. 20분 정도 기다렸다가 기름기를 닦아내고 물로 다시 닦아낸다. 오븐 랙에도 사용할 수 있는데, 랙을 꺼내 신문지 위에 올려놓은 다음 이 용액을 뿌리고 문질러 닦아낸다.

더 강력한 세정제를 원한다면 이 용액에 세정용 소다를 1테이블스푼 더 넣는다. 이때 세정용 소다가 잘 녹을 수 있도록 온수로 해야 한다. 심하게 오염된 곳은 세정용 소다를 스펀지나 걸레에 묻혀(이때 꼭 장갑을 낀다) 직접 닦아낸다.

냄비나 팬, 제빵 용기에 눌어붙은 음식물

냄비나 팬에 물 1.1리터마다 베이킹 소다 2테이블스푼의 비율로 넣는다. 냄비나 팬은 불에 올려 끓인 다음 식도록 놓아둔다. 제빵용 틀은 350도 정도의 오븐에 넣었다가 식히면 눌어붙은 음식이 쉽게 떨어진다. 냄비나 팬에 베이킹 소다를 넣고 물을 부은 다음 끓였다 식히면 쉽게 닦아낼 수 있다.

주철 프라이팬은 이렇게 닦은 다음 기름을 발라놓아야 한다. 팬을 불에 올려 1, 2분 동안 달궈 완전히 말린다. 프라이팬이 뜨거울 때 기름을 얇게 바르고 몇 분 더 달군다. 불을 끈 다음 남아 있는 기름기를 닦아낸다.

음식물이 달라붙지 않는 조리도구는 표면에 홈집이 나지 않도록 플라스틱이나 다른 부드러운 재질로 만든 주걱으로 살짝 긁어내고 너무 뜨겁지 않은 정도로만 달군다.

화장실 변기

일반적으로는 베이킹 소다를 뿌린 뒤 솔로 닦아내면 된다. 스프레이 용기를 사용하고 싶다면 식초를 변기 주변에 뿌리고 솔로 깨끗하게 닦아낸다.

심하게 더러워졌다면 식초 2분의 1컵과 베이킹 소다 2분의 1컵을 섞어 변기에 뿌린다. 몇 분 기다렸다가 물로 씻어낸다.

변기 안에 침전물이 쌓여 있다면 플런저plunger를 사용해 변기 안의 물을 빼낸다. 변기에 식초를 부은 뒤 하룻밤 그대로 둔다. 아침에 변기용 브러시와 다른 청소도구로 닦아낸다. 식초는 변기 안에 붙은 각종 화학침전물을 녹여준다.

샤워기와 욕조

간단히 닦아내려면 베이킹 소다를 뿌린 다음 걸레나 스펀지로 살짝 문지르고 물로 씻어내면 된다.

오염이 심하고 비누 자국이나 때가 심하면 물을 묻히고 붕산나트륨을 뿌린 뒤 잘 문질러 닦고 물로 헹군다. 오염이 심해 강력한 항균 세정제가 필요하다면 붕산 1티스푼, 액상 카스티야 비누 2분의 1티스푼, 뜨거운 식초 반 컵, 뜨거운 물 반 컵을 잘 섞어 만든 다음 스프레이 용기에 담아 뿌린다. 스펀지로 잘 문지른 뒤 물로 닦아낸다.

회반죽 오염
이음새를 마무리하는 회반죽에 낀 때를 없애려면 3퍼센트 과산화수소를 뿌린 뒤 20여 분 기다렸다가 안 쓰는 칫솔로 살짝 문지르고 물로 닦아낸다.

살균
변기와 도마, 상판을 비롯해 살균해야 하는 곳에는 과산화수소를 뿌린 뒤 식초를 뿌린다. 20여 분 정도 두었다가 물로 닦아낸다. 과산화수소와 식초를 같은 병에 넣어 사용하지 않도록 주의한다.

곰팡이 제거(곰팡이 재발 방지)
벽이나 타일, 타일 이음새 등 곰팡이가 핀 부분에 순도 100퍼센트 식초를 뿌려둔다. 몇 분 기다렸다가 천이나 걸레로 문질러 닦아낸다. 물로 씻어내지 않아도 된다. 필요하다면 몇 번 되풀이한다. 식초 냄새는 금세 날아가니 걱정하지 않아도 된다.

강력한 세정 효과를 원한다면 3퍼센트 과산화수소를 사용한다. 과산화수소는 변색이나 탈색을 일으키므로 미리 벽에 실험해보고 사용한다.

곰팡이가 만성이라면 과산화수소를 뿌린 뒤 몇 시간 내버려둔다. 다시 과산화수소를 뿌린 다음 천이나 걸레로 닦아낸다.

수도꼭지 등 크롬 제품

100퍼센트 식초를 뿌린 뒤 마른 천으로 닦아낸다. 심각한 무기질 침전물을 없애려면 식초에 적신 천을 덮어 하룻밤 놓아둔 뒤 칫솔에 베이킹 소다를 묻혀 닦아낸다. 물을 뿌려 헹군 다음 식초를 뿌리고 다시 윤을 낸다.

막힌 배수구 뚫기

먼저 플라스틱으로 만든 청소용 스틱으로 배수구를 막고 있는 오염물질을 끄집어낸다. 이 플라스틱 스틱은 배수구의 좁은 틈새로 미끄러져 들어갈 수 있도록 가느다랗게 만들어졌다. 여기에 베이킹 소다 반 컵을 붓고 뜨겁게 데운 식초 한 컵을 흘려보낸다. 잠시 동안 부글거리며 끓는 소리가 날 텐데 이때 다시 플라스틱 스틱으로 오염물질을 끄집어낸다. 여기에 끓는 물을 충분히 흘려보낸다(시판되는 배수구 청소 세제를 사용한 뒤 바로 하면 화학작용을 일으킬 수 있으니 조심한다).

뭔가 좀 더 강력하게 대응해야 한다면 세정용 소다 한 컵을 부어 놓고 잠시 기다린다. 세정용 소다가 오염물질 속으로 천천히 스며들어 배수구가 뚫리기 시작할 것이다. 여기에 끓는 물을 부어준다. 끓는 물이 막힌 배수구를 조금 더 뚫어주는데 여기에 베이킹 소다 반 컵을 붓고 다시 뜨거운 식초 한 컵을 부어준다. 다시 한 번 끓는 물을 부어 정리한다.

배수구가 완전히 막혔다면 철물점에서 파는 뱀 모양의 나사송곳을 사용한다. 도기로 된 변기에 흠집을 내지 않으려면 변기용 오거를, 싱크와 욕조에 사용하려면 크랭크 오거를 사용한다.

배수구가 막히기 전에 관리하려면 규칙적으로 배수구에 끼어 있는 머리카락이나 이물질을 제거한다. 매달 베이킹 소다 한 컵 정도를 배수구에 붓고 뜨거운 물을 부어 배수구를 관리한다.

거울과 창문

식초와 물을 1 대 3의 비율로 섞은 용액은 거울과 창문을 청소하는 데 좋다. 식초를 대용량으로 살 경우 이 세정 용액을 만드는 데에는 돈이 별로 들지 않는다. 상점에서 파는 유리 전용 세제 바이오클린은 온스당 16센트 정도다.

창문이나 거울이 지저분하다면 식초와 물을 같은 비율로 섞어 사용한다. 예전에 왁스 성분이 든 시판용 창문 세정제를 사용했다면 식초 용액을 뿌렸을 때 얼룩이 생길 수 있다. 물 2컵, 식초 반 컵, 카스티야 비누 용액 2분의 1티스푼을 스프레이통에 넣어 청소용액을 만든다. 스프레이하고 30초쯤 기다렸다가 깨끗하게 씻어낸다. 그러고 나서는 식초용액을 계속 사용한다.

마루 청소(물로 씻어낼 필요가 없다)

식초 한 컵과 액체 카스티야 비누 2분의 1티스푼을 따뜻한 물이 든 양동이에 풀어 넣는다. 바닥을 대리석과 석재로 마무리했다면 식초를 넣지 않고 청소용액을 만든다.

세탁 세제

천연 세탁 세제의 효과를 더욱 크게 해주는 방법이 있다. 뜨거운 물에 붕산나트륨과 세정용 소다를 반 컵씩 넣는다. 독성이 있는 시판 세제보다 세정력이 훨씬 좋다.

섬유유연제

섬유를 부드럽게 만들고 남아 있는 비눗기와 세제 찌꺼기를 없애려면 물 반 컵에 식초 반 컵을 섞어 빨래 헹구는 과정에 사용한다. 식초 냄새는 빨래가 마르는 과정에서 완전히 날아간다.

세탁기에 헹굼전용 세제나 섬유유연제 전용 통이 있다면 시판 세제 대신 희석한 식초를 넣는다. 세탁기에 이런 통이 없다면 빨래를 헹구기 시작할 때 희석한 식초나 도우니 벨을 넣으면 된다.

도우니 벨은 3달러 정도 하는데, 이베이나 다른 온라인 숍에서 구할 수 있고 헹굼 기능이 진행되는 동안 지켜보지 않아도 된다. 세탁 과정상 적절한 순간에 액상 섬유유연제나 식초를 내보낼 수 있도록 디자인했다. 화학 섬유유연제 제조업체인 도우니 사에서 만들었지만 식초를 함께 사용하면 세탁효과가 더욱 좋아진다.

식초를 섬유유연제 대신 사용할 때에는 여러 가지 장점이 있다. 화학물질에 노출될 위험을 줄여주고 정전기와 주름을 줄여주어 옷을 입을 때 기분이 더욱 좋게 해준다. 수건도 더욱 보송보송해지고 폭신한 느낌을 준다. 세탁통 안에 쌓인 세제 찌꺼기를 없애고 싶다면 세탁물을 넣지 않고 뜨거운 물과 식초 한 컵을 부어 작동하면 된다.

몇몇 합성섬유가 말린 다음 정전기가 심하다면 빨랫줄에 널어 말리거나 건조기에서 부분 건조를 한다. 이때 표백제와 식초를 동시에 쓰지 않도록 주의해야 한다. 세탁기에서 이 두 가지가 섞이면 유독가스가 발생할 수 있다.

카펫 청소

카펫을 세탁하고 냄새를 없애려면 베이킹 소다를 뿌린 뒤 브러시나 빗자루로 잘 쓸어내고 몇 시간 놓아둔다. 남아 있는 베이킹 소다를 잘

털어낸 다음 마지막에는 진공청소기로 빨아들여 깨끗하게 한다.

대형 카펫을 깨끗하게 청소하려면 증기청소기를 활용하는 것이 가장 효과적이다. 청소전문점이나 공구상에서 빌리거나 시중에서 증기청소기를 살 수 있다. 증기청소를 하기 전에 진공청소기로 꼼꼼히 청소하는 것을 잊지 말자.

증기청소기에 사용하는 시판용 카펫 청소 세제에는 유독한 화학물질과 향료가 섞여 있다. 이런 시판 세제 대신 카스티야 비누와 식초를 섞어 사용해보자. 얼룩을 녹여주고 불쾌한 냄새를 중화해준다. 식초(세제 대신에)와 물을 청소기에 나와 있는 비율대로 섞는다. 물 3.7리터당 카스티야 비누 1티스푼을 넣는다. 식초 냄새는 카펫이 마르면서 자연스럽게 사라진다.

화장품에 관한 진실

'순수, 천연, 유기농'이라는 단어가 붙은 샴푸나 기타 보디 제품을 보며 그 말 그대로 만들어졌기를 기대한다. 하지만 '유기농'이라는 단어를 사용하려면 필요한 기준을 만족시켜야 하는 식품업계와 달리 미국에서 팔리는 개인 뷰티 용품이나 위생 용품에는 '유기농'이라는 표현을 사용하는 데 법적 기준이 없다. '유기농' '순수한' '천연의' '부드러운' 등의 표현은 어떤 가이드라인이나 규제 없이 마케팅 측면에서 사용된다. 미국에서 가장 많이 팔리는 샴푸인 클레이롤 허벌 에센스'는 소비자들에게 '유기농 제품을 사용하는 경험'을 선사한다고 강조한다. 상당히 효과적인 마케팅 기법이겠지만 이 제품에는 석유화학물질이 수십 가지 들어 있을 뿐 말처럼 실질적인 유기농 재료는 들어 있지 않다.

화장품 업계에서 '오가닉'이라 할 때에는 '탄소화합물이 함유되어 있다'는 의미다. '천연의'라는 단어는 '자연물질에서 얻은 재료를 사용했다'는 의미다. 이런 정의를 따른다면 모든 플라스틱과 석유화학물질을 원료로 하는 살충제는 '유기농' 제품이고, 이 세상 모든 것이 '천연의' 것이라 할 수 있다.

2008년 닥터 브론너스는 '유기농' 라벨을 붙이고 시장에서 팔리는 제품을 만드는 화장품 제조업체를 고소했다. 석유를 근간으로 하는 화학물질에서 주요 성분을 만들어내는 제품에 '유기농'이라고 이름 붙이는 것은 거짓광고이며 불공정하다고 주장했다. 회원 100여 명과 자원봉사자를 거느린 유기농 소비자 연합회에서 닥터 브론너스를 응원했는데 이 연합회에는 천연 식품 회사와 유기농 생산업체가 포함되어 있었다.

몸에 바르는 제품들이 피부를 통해 스며든다는 것은 잘 알려진 사실이다. 그렇기에 피부에 바르는 물질이 건강에 미치는 효과를 잘 살펴야 한다. 현실적으로 오늘날 식품의약청은 해마다 350억 달러에 이르는 화장품과 개인위생 관리 용품의 안전성을 확보하는 데 필요한 기본 기능을 제대로 수행하지 못한다.

- 식품의약청은 대중에게 판매되기 전 화장품의 성분을 검토하거나 승인하지 못한다.
- 식품의약청은 화장품 성분에 대한 자료나 화장품과 관련한 의학적 문제에 관한 보고서를 업체에 요구할 수 없다.

• 식품의약청은 마케팅 활동 전에 화장품의 안전성을 검사하도록 업체에 요구할 수 없다.

• 식품의약청은 문제가 있거나 해가 되는 화장품의 리콜을 명령할 수 없다.

2004년 유럽연합은 말 그대로 몇 천 건의 연구에서 나온 자료를 검토해 화장품과 보디 제품, 클렌징 제품 제조에 널리 사용하는 성분 1,100종을 사용 금지했다. 이들은 암과 기형, 불임 등을 야기할 수 있다고 의심되는 성분이다. 이와 대조적으로 미국 식품의약청이 지금껏 사용 금지 조치를 내린 성분은 9개에 지나지 않는다.

오늘날 미국에서는 화장품이나 다른 개인 위생용품을 제조할 때 넣는 성분에 아무런 제한도 가하지 않는다. 그 결과 선크림에서 네일칼라에 이르기까지, 마스카라에서 베이비 샴푸에 이르기까지, 디오도란트에서 면도 크림에 이르기까지, 립스틱에서 오데콜론에 이르기까지 제품 대부분에서 유독성 화학물질이 나왔다. 2005년 엔바이론멘털 워킹 그룹(과학의 힘을 공공 보건과 환경보호에 활용하려는 비영리단체)이 화장품 성분에 관해 발표한 보고서에 따르면 미국에서 팔리는 화장품의 절반 이상에서 에스트로겐처럼 작용하거나 호르몬 활동을 교란하는 화학물질이 나왔다.

어떤 제품이 안전한지 어떻게 알 수 있을까? 다행히 엔바이론멘털 워킹 그룹은 안전한 화장품과 위생제품을 소개하는 웹사이트(www.cosmeticsdatabase.com)를 만들어놓았다.

엔바이론멘털 워킹 그룹이 찾아낸 결과를 살펴보자. 이 단체는 2009년 1,691개 선크림과 다른 선블록 제품 가운데 60퍼센트가 햇빛으로부터 피부를 보호하지 못하거나 피부에 해로운 성분을 포함하고 있다고 발표했다. 이 단체는 웹사이트에 안전한 선블록 제품을 찾는 가이드라인을 친절하게 소개했다.

무기력감에서 벗어나다

2009년 어느 여름 날, 〈뉴욕타임스〉 1면에는 가슴 아픈 기사가 두 가지 실렸다. 이라크전 참전용사들이 빈번하게 자살한다는 기사와 실업자 150만 명이 실업 관련 혜택을 잃을 위기에 처했다는 기사였다.

신문의 몇 페이지 뒤에는 전혀 다른 어조로 향수 광고가 두 개 실려 있었다. 하나는 '장미꽃과 커피빈의 미묘하면서도 대담한 조합'이라는 문구의 존 바베이토스 향수의 전면 광고였다. 또 하나는 '피부를 관능적인 꽃향기로 감싸주고 진달래와 작약의 향으로 피어나게 해주는 자극적이고 풍부한 향'을 소개하는 마크 제이콥스의 새로운 향수 광고였다.

어떤 사람들은 이 두 병치가 힘든 삶에서도 아름다움을 찾으려는 인간의 노력이라고 말한다. 어쩌면 그럴지도 모른다. 하지만 나는 두 가지를 생각하지 않을 수 없었다.

몇 년 전 〈뉴욕타임스〉의 또 다른 전면 광고가 생각났다. 비영리 환경보호 단체인 엔바이론멘털 워킹 그룹, 커밍 클린Coming Clean, 유해성 없는 의료기관 조직기구가 후원한 이 광고는 젊고 아름다운 임산부가 향수병 뚜껑을 열고 냄새를 맡는 장면을 보여주었다. 이 사진 위에는 이렇게 쓰여 있었다. "향수는 그녀에게는 섹시함을 상징하지만 태아에게는 위험한 유독물질이다."

"유독성 화학물질이 기형아 출산과 관련이 있다는 사실이 가임 여성들에게서 놀라운 비율로 나타나고 있다. 새로운 실험 결과에 따르면 이런 화학물질이 화장품과 각종 뷰티 제품에서 발견되었다." 실험 과정에서 미국에서 선보인 화장품 가운데 72퍼센트와 거의 모든 향수에서 프탈레이트가 나왔는데, 이 물질은 간과 신장, 폐에 손상을 입혀 선천성 기형과 연관이 있다고 한다.

그 뒤 비슷한 연구결과가 속속 발표되었다. 한 연구에 따르면 오데콜론이나 애프터셰이브 제품을 사용한 남성을 24시간 이내에 소변검사했더니 위험한 종류의 프탈레이트(디에틸 프탈레이트)가 이런 제품을 사용하지 않는 남성보다 거의 두 배 이상 발견되었다.

외모를 멋지게 꾸미고 근사한 향기를 풍기기 위해 사용하는 제품이 몸속에서는 병을 일으킨다는 사실을 어떻게 받아들여야 할까? 신문에서 인간의 고난과 비싸지만 유독성분이 들어 있을지도 모를 향수 광고의 병치를 보며 이런 생각이 들었다.

이와 함께 또 다른 생각이 들었다. 우리는 얼마나 열심히 현실을 부정해왔는가. 참는 방법을 모르기에, 우리 자신이 얼마나 강하고 능력 있는지 모르기에 고통으로부터 얼마나 자주 고개를 돌렸던가. 생활에서 오는 압박과 고난 때문에 사람들은 무기력해지고 혼란과 탐닉 속으로 숨어들고 만다. 하지만 나 자신이 정말 무기력하지 않다는 사실을 알게 된다면 어떻게 될까? 내 몸과 지역사회와 온 세상의 건강을 위해 살 수 있다는 사실을 알게 된다면 어떨까? 세상에 오염이나 해악을 미치지 않고, 의미 있고 지속가능한 삶의 방식을 스스로 선택할 수 있다는 사실을 알게 되면 어떨까?

〈뉴욕타임스〉의 화려한 광고에서 향수는 아름다운 병에 담겨 있었다. 향수는 비싸지만 매혹적이었는데, 오늘날 팔리는 향수에는 대부분 유독성분이 들어 있다. 이런 향수는 특유의 매력이 있어서 지구상의 더 의미 있는 문제들과 아무런 연관이 없는 듯 보인다. 하지만 단순하고 가격도 비싸지 않고 독성도 없는 수많은 선택이 가득한 삶을 산다면 어떨까? 더 오래 지속되는 가치에 근간을 두게 되지 않을까? 긍정적인 변화를 만들어내는 자신의 능력에 더 확신을 갖게 되지 않을까? 세상을 치유하고 아름답게 만드는 더 많은 기회를 갖게 되지 않을까? 혼자라는 생각을 덜하게 되고 덜 두려워하며 현실에서 주의를 덜 분산하고 도망갈 궁리도 덜하게 되지 않을까? 경제 위기 때도 훨씬 더 풍요롭게 살 수 있다고 확신할 수 있지 않을까?

나 또한 다른 사람들처럼 아름다운 냄새와 향기를 좋아하기에 에센셜 오일이나 자연 향에서 즐거움을 느낀다. 계피 냄새, 막 볶은 커피 냄새, 바닐라와 재스민 냄새, 장미와 방금 자른 풀에서 나는 냄새는 나를 기쁘게 하고 행복하게 만들어준다. 하지만 우리 감각을 파괴하고 살아 있는 것들을 가리는 건강에 좋지 않은 물건들을 사는 과정에서 얼마나 심각한 문제가 일어날까?

새롭고 멋진 인생은 그럴싸한 가면이나 번지르르한 외형으로 진정한 내적 의미를 감추는 눈속임을 의미하지 않는다. 진실한 아름다움을 중시하고 올바로 선택하는 능력을 중시하며 고통을 완화하는 삶을 의미한다. 우리 자신과 미래를 독극물로 중독되지 않게 하려는 노력을 말한다. 가능한 한 많이 사랑하고 그 사랑이 가져다주는 많은 혜택에 응답하는 능력을 바탕으로 해서 내적으로 빛나는 삶을 의미한다.

아름다움은 영혼의 차이

50대에 들어선 친구이자 동료 빅토리아 모란Victoria Moran은 아름답고 활기 넘치며 유쾌한 여성이다. 젊어서 뚱뚱하고 둔했다는 그녀는 어느 날 밤부터 신에게 날씬하고 멋지게 만들어달라고 기도하지 않는 대신 강하고 남을 도울 수 있는 사람이 되게 해달라고 기도했다. 자신의 책 《안에서부터 빛나는Lit from Within》에서 어떻게 하면 진정 아름다워질 수 있는지를 감동적으로 적었다.

"외면이 당신 존재의 전부는 아니다. 우리 몸은 아름답고 중요하며 독특한 영적 존재인 당신이 누구인지를 잘 반영한다. 이런 사실을 이해하고 이런 방식으로 자신을 살핀다면 자기 몸을 영혼을 담은 집으로 인식하고 자기 삶을 위대한 섭리의 일부분으로 여기며 살 수 있다. 내부에서 나오는 놓치기 힘든 광채를 받으며 그 광채가 외부로 자연스럽게 빛날 것이다.

잡지에 등장하는 여성(또는 남성)처럼 보일 이유가 없다. 그들은 아름다움에 관한 한 가지 생각만 반영한다. 젊음으로 대표되는 아름다움, 각종 화장술과 조명과 사진 조작으로 만들어진 아름다움에 지나지 않는다. 우리가 갖춰야 하는 아름다움은 돈으로 살 수도, 화장품 병에 담을 수도 없는 내면의 빛이다.

최근까지도 우리 문화에서는 영혼의 아름다움을 중시하지 않는다. 아름다운 영혼에서 어떤 이윤을 만들어낼지 아무도 모르기 때문이 아닐까. 이유가 어떻건 내면 깊은 곳에서 나오는 아름다움에 대한 평가절하가 집단의식에 자리한다. 하지만 내적 아름다움이야말로 끝까지 유지되는 유일한 아름다움이기에 정말 중요하다.

기분이 좋지 않더라도, 아픈 아이를 간호하느라 밤을 온통 새웠더라도, 지금보다 열 살이나 서른 살 나이가 더 많더라도 내적인 아름다움에 기댈 수밖에 없다. 이런 아름다움은 영혼에 기반을 두며 어딜 가든 늘 지니고 다닐 수 있다.

그런 내적 아름다움을 카리스마, 은총, 품격, 침착함이라고 생각할 수 있다. 내적 아름다움을 지닐 때 우리 눈은 진정한 영혼의 창문이 된다. 우리가 보내는 미소는 누구든 편하게 해준다. 나이와 신체 특징에 상관없이 인품에서 저항하지 못하는 매력이 뿜어져 나와 아름답게 만들어준다. 이것이 바로 방 안을 환하게 빛내고 인생을 밝히며 세월이 흘러도 결코 줄어들지 않는 아름다움을 선사하는 광채다."

그녀 말처럼 진정 칭송하고 축하할 만한 아름다움은 내면의 아름다움이다. 고급 백화점의 화장품 코너에서는 살 수 없는 아름다움이다. 다행히 이런 아름다움을 밖에서 구하지 않아도 된다. 이미 우리 내면에 자리한 아름다움을 발견해 자유롭게 발현되게 하면 된다.

Part 9

행복의 경제학

"허영과 욕심이라는 사탄을 물리치고 자기 편애라는 괴물을 정복하며
무기력해지는 마음을 진정한다면 발걸음이 좀 더 가벼워질 것이다.
친구에게 차 한 잔을 대접하며 상심을 어루만져주려고 모든 것을 포기
한다면, 선한 어린이와 그 부모에 대한 폭력에 대항해 일어선다면, 소박
하게 살며 이 지구를 칭송하는 양심적인 선택을 한다면 발걸음이 좀 더
가벼워질 것이다.

-아비야의 성 테레사

배스킨라빈스라는 회사와 아버지가 아이스크림을 팔아 모은 엄청
난 재산을 뒤로하고 떠난 것은 사람들에게 해로운 제품으로 쌓은 부
를 누리고 싶지 않았기 때문이다. 다른 사람들이 기본적인 삶을 살기
위해 애쓰는 동안 특권을 누리는 삶을 상속받고 싶지 않았다. "내가
3루타를 쳤다고 생각했는데 알고 보니 3루에서 태어났다"라는 조지
W. 부시의 말이 생각났다. 몇 루에서 태어났는지 모르지만 나는 완전

히 다른 경기를 하려고 이 구장을 떠나고 싶어 했다.

　돈이 나쁘다고 생각해 이렇게 살기로 결심한 것은 아니었다. 오히려 나는 돈은 중요하고 의미 있는 거라고 생각했다. 돈이 없다면 오늘과 같은 시대에 살아남기 힘들다. 하지만 돈은 전지전능한 신이 아니다. 돈이란 수단이지 갈망하거나 숭배하는 대상이 아니다. 우리 삶을 통째로 지배하는 대상도 아니다.

　하지만 최근 돈과 우리 관계는 심각하게 잘못된 방향으로 가고 있다. 우리는 돈이 인간의 삶보다 중요하고 대자연보다, 영적인 측면보다 더 중요하다고 생각해 돈 자체를 목적으로 만들었다.

　주류 미디어는 나더러 '아이스크림콘을 내던진 반항아'라고 하지만 내가 반항한 대상은 아이스크림 이상이었다. 나의 반항은 양심을 버리고 이윤만 추구하는 행위에 대한 반항이었으며 도덕심 없는 경제 시스템에 대한 반항이었다. 힘없는 사람들과 후손들, 한계에 다다른 자연에 대한 관심과 우려의 표현이기도 했다.

　내 문제는 안락함이나 돈과 관련된 것이 아니다. 필요한 것보다 더 많이 가진 사람들은 질투의 대상이 되거나 칭송받고 반대로 물질적으로 가난한 사람들은 무시당하거나 잊어지는 삶의 방식에 문제를 느꼈을 뿐이다.

　지상에서 나에게 허락된 시간은 제한되었기에 촛불이 켜져 있는 짧은 시간에 무언가 다른 길을 가보고 싶었다. 유산을 상속하려는 욕망보다 훨씬 더 깊은 곳에서 진정한 삶을 상속받으려는, 나 자신을 찾고 친해지려는 욕망이 자리하고 있었다. 삶을 풍요롭게 만들어준 재산은 마음속에 자리한 진실이었다. 내가 상속받고 싶은 보물은 나 자신의 영혼이었다. 이 보물이야말로 절대 사라지거나 없어지지 않을 테니 말이다.

배스킨라빈스와 내 것일 수도 있었던 재산과 떨어져서 40년이 넘게 사는 동안 나는 한 번도 내 결정을 후회한 적이 없다.

그때까지만 해도 나는 '네 행복을 따라가라'는 말을 들은 적이 없었다. 20년이 지난 뒤 평생 가르치고 배우는 일을 게을리하지 않았던 신화학자 조셉 캠벨Joseph Cmpbell이 미국 PBS에서 만든 가장 인기 있는 텔레비전 시리즈 〈신화의 힘The Power of Myth〉에 출연해 빌 모이어와 인터뷰하는 과정에서 이 문구가 대중에게 널리 알려지게 되었다.

인터뷰 중 모이어가 캠벨에게 물었다. "보이지 않는 손이 도와준다고 느낀 적이 있습니까?"

캠벨은 이렇게 대답했다.

"항상 그렇게 느낍니다. 기적과도 같은 일이지요. 항상 보이지 않는 손이 있어 내가 성장하고 있다고 믿을 정도입니다. 자신이 만들어놓은 길에서 기다리는 행복을 따라간다면 지금의 삶이 마땅히 살아야 하는 삶이 됩니다. 이런 사실을 이해한다면 행복이라는 영역에 자리한 사람들을 만나기 시작하고 그들은 당신을 위해 문을 열어줄 것입니다. 자신이 생각하는 행복을 따라가세요. 두려워하지 마세요. 어디로 향하는지 몰랐던 새로운 문이 열릴 테니까요."

'행복을 따라가라'는 캠벨의 말은 하고 싶은 대로 하라는 의미가 결코 아니다. 훨씬 더 심오하고 자기만족을 넘어서는 아주 힘들고 희생적인 그 무언가를 의미한다. 영혼에 스며들어 오는 강렬한 욕구가 무엇인지 규명하고 열정을 바칠 수 있는 대상이 무엇이건 찾아내며 가능한 한 가장 충만하게 목표를 이루기 위해 온 정성을 다하라고 이야기한다. 그렇게 하면 인생의 방해물을 뛰어넘고 최고의 잠재력을 발휘해 내가 사는 세상을 위해 봉사할 거라 그는 확신했다.

가장 심오한 행복은 위대한 목적에 충실하게 살 때 찾아온다. 몇 년 전 메이시 백화점이 고객에게 '누가 행복을 돈으로 살 수 없다고 말했나?'라고 쓰여 있는 쇼핑백을 나눠준 적이 있다. 하지만 행복은 이런 쇼핑백에 담을 수 있는 게 아니다. 돈을 벌기 위해서라면 메이시 백화점은 모든 종교에서 말해온 것과 상반되는 메시지를 전한다고 해도 전혀 개의치 않을 것이다.

메이시뿐만이 아니다. 코카콜라는 코카콜라 판매기를 '행복 기계'라고 소개하는 대대적인 전 세계 마케팅 캠페인에 엄청난 금액을 쏟아 붓는다. 네슬레 역시 '행복은 네스퀵처럼 손쉬운 것'이라는 캠페인을 펼치고 있다.

현실에서 코카콜라와 네스퀵 같은 제품은 행복보다는 비만에 더 기여한다. 비만은 행복보다는 우울함과 더 많이 연관된 신체 상태가 아니던가.

예전의 멋진 삶을 누리느라 지불하는 대가를 우리가 제대로 아는지 궁금할 때가 있다. 혹시 우리는 자신을 속이는 것은 아닐까? 돈과 행복에 관해 거짓에 지나지 않을뿐더러 우리 삶과 이 세상의 가장 중요한 본질을 뒤흔드는 추측을 사들인 것은 아닐까?

돈의 가치

돈과 행복의 관계를 연구하는 학파에는 두 종류가 있다. 한쪽은 돈이 그리 중요하지 않다고 주장한다. "사랑하는 무언가를 통해 진정으로 성취감을 느낄 수 있다. 돈이 인생의 목표가 되어서는 안 된다. 그 대신 정말 사랑하는 것을 목적으로 추구하라. 사람들이 당신에게서 눈을 떼지 못하도록 그 일을 잘해내라." 시인 마야 안젤루Maya Angelou 는 이렇게 말했다.

이렇게 주장하는 진영에 환경보호주의자 존 뮈어John Muir가 있다. 그는 자신이 당시 억만장자인 E. H. 해리먼E. H. Harriman보다 더 부유하다고 말했다. "나는 내가 원하는 만큼 돈을 갖고 있는데, 그는 그렇지 않으니까요." 다른 한쪽에는 돈은 반드시 필요하며 그렇지 않다고 말하는 것은 가식이고 엘리트주의에서 나온 반응에 지나지 않는다는 이들이 자리한다. 이들은 악의 근원은 돈에 대한 사랑이 아니라 돈이 부족한 것이라고 강조한다. 돈으로 직접 행복을 살 수는 없지만 행복에 기여하는 상당히 많은 것을 살 수 있다고 말한다. 덜 소유함으로써 행복해질 수 있지만 더 많이 갖고 있으면 더 행복해질 수 있다고 말한다. 돈이 중요하지 않다고 말하는 이들은 자기 자식이 굶주리는 모습을 본 적이 없기 때문에 그렇게 변한다고 주장한다.

양쪽의 의견은 모두 진실이다. 어느 선에 이르기까지 많은 사람에게 돈은 중요한 요소다. 돈으로 음식과 옷과 집을 사고 다른 기본적인 욕구도 채운다. 일단 기본적인 욕구가 채워진다면 돈은 다른 의미를 갖게 된다.

형편이 어려운 가정에 500달러는 큰돈이다. 세를 내고 제대로 된 집에서 살거나 집에서 쫓겨나거나, 잠잘 곳을 구하거나 노숙하거나 하는 차이다. 부유한 사람에게 500달러는 옷을 사느라 몇 시간 쇼핑하며 쓰는 돈이거나 그만큼 금전적인 안정 또는 저축을 의미한다.

최근 비행기를 타고 가며 각기 다른 경제 상황에 놓인 사람들이 돈에 관해 어떻게 다르게 인식하는지 확인할 수 있었다. 내 좌석 앞에 자리한 에어 포켓에는 '하늘 위의 쇼핑'을 제공하는 잡지가 꽂혀 있었다. 이 잡지는 쇼핑 카탈로그로 수천 가지 쇼핑 목록을 소개했는데, 그중 어떤 물건도 정말로 필요한 것은 없었다.

지루해진 승객 7억 명은 이 사회에서 비교적 여유 있는 계층으로, 해마다 이 잡지를 참고해 1억 5,000만 달러에 이르는 쇼핑을 한다. 이 카탈로그에 실린 제품 가운데 가장 꾸준하게 인기를 누리는 베스트셀러는 플라스틱으로 만든 귀신 인형으로, 100달러짜리 '몬클레어 무어의 좀비'라는 정원용 장식품이다. '수선화 정원에 찾아온 피에 굶주린 괴물undead'이라는 소름 끼치는 이 장식물은 지나가는 사람들에게 혹시 이 집이 미치광이에게 점령되지는 않았는지 의심을 불러일으킬 뿐이다.

이 카탈로그를 넘기다가 329.99달러짜리 게임을 발견했다. "골프 퍼팅 게임 …… 실제 골프 컵은 없지만 …… 최신 소프트웨어를 통해 '가상' 골프 그린에 어떤 거리에도 상관없이 골프 컵을 설치할 수 있는 …… 9.7미터에 이르는 퍼팅 연습을 경험할 수 있는 장비……."

스카이 몰을 운영하는 중역들은 비행기 승객들이 이 카탈로그를 보며 오락과 휴식을 얻는다고 말한다. 장거리를 비행하는 동안 할 일 없고 불편한 승객들은 무언가 관심 가는 것을 찾으려 페이지를 넘긴다. 하지만 여기에서 소개하는 제품은 대부분 매우 하찮다는 고통스러운 아이러니가 있다. 퍼팅 게임의 가격은 가난에 시달리는 아프리카 한 가족의 일 년치 음식과 주거비다. 괴기스러운 정원 장식물을 사는 돈은 세계 여러 곳의 백내장 환자들이 새로운 세상을 만나게 해주는 수

술비에 해당한다.

　돈이 필요한 사람에게는 엄청난 변화를 가져다줄 수 있다. 가난한 나라는 물론이고 부유한 나라에서도 마찬가지다. 모든 인간에게는 음식과 피신처, 휴식, 옷이 필요하고 자신의 삶을 스스로 관리한다는 확신이 필요하다. 일자리가 없고 생계비를 벌지 못하는 사람과 기본 욕구조차 충족할 수 없는 사람은 무기력감과 절망감에 빠지기 쉬우며 폭력의 희생물이 되기 쉽다. 가난한 사람은 값비싼 대가를 치러야 한다. 오늘날 미국에서는 가난할수록 모든 비용이 올라간다. 슈퍼마켓에 가는 데 타고 갈 자동차가 없다면, 세 시간을 기다려 버스를 타고 갈 여유가 없다면 어쩔 수 없이 근처 식료품점에서 건강에 문제되고 가격은 더 비싼 식료품을 사야 한다.

　이 나라 많은 부분에서 가난은 범죄와 연결된다. 2009년 노숙자와 빈곤층을 위한 전미 법률 센터에서 펴낸 보고서에 따르면 가난한 사람들에게 적대적인 법률이 많다고 한다. 공공장소에서 잠을 자거나 먹거나 앉아 있는 것을 금지하는 법이 이 나라 여러 도시에 공표되어 있다. "노숙자건 백만장자건 보도에 누워 있으면 법을 어기는 것입니다." 플로리다주 세인트 피터스버그의 변호사는 배회금지법이 빈곤층만 차별하는 것이 아니라고 강조하며 이야기했다. 오랜 역사적 근거를 지닌 대응법이라고 했다. 프랑스의 소설가 아나톨 프랑스Anatole France는 이렇게 썼다.

　"놀라울 정도로 공평한 법률은 가난한 사람은 물론 부자도 다리 아래서 잠자거나 거리에서 구걸하거나 빵 훔치는 일을 금지하고 있다."

돈과 행복

　과학은 돈과 행복의 관계를 어떻게 설명할까? 지난 몇 십 년 동안 이 문제에 관해 전 지구적으로 상당한 연구가 행해졌다. 점점 더 많은 과학자가 참여하면서 각종 연구와 실험은 점점 더 세련되어갔다. 이제 과학자들은 사람들이 말한 것을 정리하는 데 만족하지 않고 사람들이 말한 것을 구체적으로 입증하고 있다. 행복은 다양한 경험론적 수단으로 믿을 만하고 효력 있고 일관성 있게 분석할 수 있다.

　《행복의 함정》을 쓴 리처드 레이어드는 이렇게 설명했다. "사람들의 감정이 실제로는 뇌의 각기 다른 부분과 연관되어 있음을 확인하는 과학적 기준을 찾아냈다. 스스로 행복하다고 느끼는 사람들은 좌반구에서 상당히 적극적인 전기 활동을 보여주었다. 이들은 친구들에게서 행복하다고 인정받고, 도움 요청에 더 적극적으로 반응하며, 직장 내 갈등 상황에 덜 관여하는 것으로 나타났으며 이른 나이에 사망할 확률도 더 낮은 것으로' 나타났다."

　이 데이터는 돈이 행복을 가져다준다는 사실을 지지했을까? 놀랍게도 가난한 층에서는 그렇게 나타났지만 일단 어느 선을 넘어서면 돈과 행복은 별다른 연관이 없다고 나타났다.

　덴마크와 스웨덴에서 사는 사람들은 세상에서 가장 행복한 국민이라고 인정받아왔다. 이 부유한 나라는 삶의 질과 행복, 사회적 복지를 측정할 때면 항상 최고 순위에 올랐다. 높은 세금, 술과 마약중독 등 나름대로 문제도 있었다. 하지만 많은 연구에 따르면 이런 나라는 살기에 가장 좋은 곳으로 나타났다. 재미난 일은 같은 연구에서 코스타리카도 이런 나라들과 비슷한 행복도를 나타냈다는 것이다. 코스타리카의 국내총생산GDP은 덴마크나 스웨덴의 4분의 1에 지나지 않는다.

이와 비슷하게 국민총생산이 미국의 10분의 1에 지나지 않는 과테말라 국민은 미국 국민보다 훨씬 행복했다. 온두라스 국민 역시 영국 국민만큼 행복해했는데 일인당 GDP가 영국의 12퍼센트에 지나지 않았다.

이 목록에는 끝이 없다. 엘살바도르인은 일본인이나 프랑스인에 비해 소득은 6분의 1수준이지만 훨씬 더 행복해했다. 이 자료에서 금전적인 부와 행복도를 비교할 때 일단 절대적 빈곤선을 넘어서면 별다른 상호관계가 나타나지 않았다. 가장 부유한 미국인을 조사해보니 행복 점수는 자동차나 전화 없이 생활하는 아미시인들과 비슷했다. 가장 부유한 미국인의 행복 점수는 전기나 수도 없이 생활하는 반유목민인 아프리카의 마사이족과 비슷한 정도였다.

물론 가장 가난한 나라의 경우 삶의 만족도도 가장 낮았다. 인도 캘커타에서 노숙하는 사람의 행복도는 조사 대상자 가운데 가장 낮았다. 하지만 이들이 거리를 벗어나 빈민가로 옮겨가면 이들의 행복도와 삶의 만족도는 47개국 대학생들과 비슷한 수준으로 나타났다.

다니엘 카네먼Daniel Kahneman은 2002년 노벨경제학상을 받았다. 그는 프린스턴대학 경제학 교수 알렌 크루거Alan Krueger와 함께 수입과 행복의 상관관계를 연구했다. 결론은 어땠을까?

"소득이 높으면 행복감도 높을 거라는 생각은 상당히 과장된 허상일 뿐이다."

물론 다른 결과를 보여주는 연구도 있겠지만, 연구에서는 대부분 특정 단계를 넘어서면 돈과 행복의 상관관계는 급속도로 약해지고 만다. 심리학자 데이비드 리켄David Lyyken은 "작업복을 입고 버스를 타고

국가	삶의 만족도	일인당 GDP(미국 달러)
코스타리카	8.2	9,606
덴마크	8.2	437,400
스웨덴	7.7	36,500
과테말라	7.6	4,700
캐나다	7.6	38,400
미국	7.4	45,800
엘살바도르	7.2	5,800
온두라스	7.1	4,100
영국	7.1	35,100
쿠웨이트	7.0	9,300
브라질	6.8	9,700
프랑스	6.5	33,200
중국	6.3	5,300
일본	6.2	33,600
타이완	6.2	30,100
짐바브웨	3.3	200
탄자니아	3.2	1,300

출퇴근하는 사람들은 양복을 입고 벤츠를 몰아 일하러 가는 사람들과 행복도가 비슷했다"라고 심도 깊은 연구결과를 요약했다. 초부유층은 어떨까? 심리학자 에드 디에너Ed Diener와 그의 동료들에 따르면 〈포브스〉 선정 100대 부자로 선정된 사람들은 평균적인 미국인보다 행복하지 않다고 한다.

이런 연구결과는 일반적인 관념과 너무 달라 연구 당사자조차 그 결과를 믿으려 하지 않았다. 최근 경제학에서는 수입이 많아지면 만족도를 높일 다양한 것을 선택할 수 있어 사람들에게 더 많은 기회를 즐기게 해준다고 이야기한다. 하지만 자료는 확실했고 일관성 있으며 설득력도 있었다. "나는 돈으로 행복을 살 수 있다고 믿는 경제학 수업을 받으며 자랐다. 하지만 이제는 그런 생각을 바꾸어야 한다." 행복 연구의 선구자인 영국 경제학자 앤드류 오스왈드Andrew Oswald는 이렇게 말했다.

이런 과학은 점점 더 강성해져 부의 축적을 중시하는 매체에서도 이런 사실을 확인할 수 있다. 스스로 자랑스럽게 '자본주의자들의 가장 중요한 도구'라고 하는 〈포브스〉는 2004년 선임기자 매튜 허퍼Matthew Herper의 기사에서 이런 이야기를 했다.

"돈으로는 행복을 살 수 없다. 수입이 늘어난다고 사람들은 더 행복해지지 않는다."

소박한 삶을 선호하는 미디어라고는 결코 할 수 없는 〈월스트리트저널〉 역시 비슷한 기사를 소개했다. "아무 일도 하지 않던 노숙자가 청소부나 수위 등으로 일하게 될 때 분명히 수입은 행복의 정확한 척도가 된다. 가장 기본적인 경제의 사다리를 뛰어오르면서 음식과 집 같은 기본 욕구를 충족할 수 있으니 말이다. 하지만 부가 증대된다고 해도 그 돈으로 행복을 살 수는 없다." 이 기사에서는 일리노이대학 에드 디에너와 펜실베이니아대학 마틴 샐리그먼Martin Seligman의 연구를 인용했다. 부와 행복에 관한 150여 가지 연구를 분석한 뒤 이들은 이렇게 썼다. "지난 수십 년 동안 경제적 산출이 가파르게 올라갔지만 삶의 만족도에는 아무런 변화가 없었다. 우울함과 불신만이 커졌을 뿐이다."

돈은 맥주와 비슷하다. 사람들은 대부분 좋아하지만 어느 선 이상이 되면 아무리 좋다고 해도 필요하지 않다고 느낀다. 맥주 한 잔은 기분을 좋게 만들어주지만 맥주 열 잔을 마신다고 행복이 열 배 늘어나지는 않는다. 오히려 좋지 않은 결과만 나올 뿐이다.

이와 비슷하게 소비를 늘리는 데만 집중하면 불행한 결과를 낳는다. 생명체 수천 종이 멸종했고, 공기와 물이 오염되었고, 기후를 좌우하는 대기 가스도 불안정해졌다. 고립되고 불안하고 욕심 많은 사람을 만들어냈고, 부의 심각한 불평등을 가져왔으며, 유례없이 심각한 빚만 늘어나게 되었다.

돈으로 살 수 있는 것들을 더 많이 갖게 되면 더 행복해질 거라고 생각한다. 오늘날 경제적인 문제가 있는데도 우리는 더 큰 집과 더 큰 자동차, 더 많은 가전제품 등 역사상 그 어떤 세대보다 더 많은 것을 갖고 있다. 사람들이 너무나 많은 것을 사들인 탓에 물건을 쌓아두는 개인용 저장고, 빌딩, 창고 등 새로운 산업이 생겨나 번성했다.

하지만 이렇게 온갖 것을 쌓아두는 일이 과연 합당할까? 몇 십 년 동안 물건을 사들이면서 우울함과 비만, 심장병과 이혼, 자살은 계속해서 늘어났다. 항우울제는 미국에서 가장 빈번히 조제되는 약이 되었다. 미국은 전 세계에서 처방되는 만성 우울증과 무기력함 조제약의 3분의 2를 소비하는 나라다. 오늘날 평균적인 미국 어린이는 정신과 치료를 받는 1950년대 어린이보다 불안감이 더 높다고 한다. 삶의 질을 더 좋게 해주는 단 하나의 요소가 무엇이냐는 질문에 여전히 미국인은 대답한다. '돈이 더 많으면 행복할 것'이라고 말이다.

우리는 여전히 돈을 충분히 벌지 못하면 어떻게 하나, 살아가는 데 필요한 것을 소유하지 못하면 어떻게 하나 하는 기본적인 두려움에 사로잡혀 있다. 아무리 많이 소유해도 충분하지 않다. 위험이 곳곳에 도사리고 있기에 진정한 만족은 불가능하다고 생각하는 듯하다. 오래전부터 돈과 물건이 행복으로 가는 티켓이라는 무차별 폭격을 받아왔기 때문일지도 모른다. 경제적 행복을 측정하는데 우리가 만든 기준이 모든 것을 엉망으로 만들어버린 것이다.

잘못된 방향을 가리키다

한 나라의 경제 수준은 어떻게 측정할까? 한 나라의 경제가 번성하는지 아닌지 어떻게 측정할까? 국민총생산GNP과 국내총생산GDP이 지난 75년간 그 대답이 되었다.

정책결정자에게 이보다 더 중요한 수치는 없었다. 다른 중요한 경제적 지표는 GDP의 퍼센트로 환산되었다. GDP가 경제에 관한 우리 사고의 중심이 되고 기본이 되는 바람에 지구상 모든 나라가 경제적 평가를 GDP를 기준으로 내리고 있다. 미국이 가장 부유한 나라로 여겨지는 것도 GDP가 제일 높기 때문이다. 경제학자, 정치가와 다른 지도자들 모두 GDP가 높을수록 국민이 잘산다고 생각한다.

불행히도 GDP와 GNP를 진정한 발전 수단으로 활용하는 것은 마치 수프를 포크로 떠먹는 것처럼 말이 안 되는 일이다. 적절하지 않은 도구를 사용하는 것이다. 암살되기 두 달 전 로버트 케네디는 그 이유를 이렇게 설명했다.

"우리의 GNP는 대기오염과 담배 광고, 고속도로를 달려가는 앰뷸런스 등을 모두 포함한다. 문에 사용하는 특수자물쇠, 이 자물쇠를 부순 사람들을 가두는 감옥까지 모두 포함해 계산한다. 삼나무 숲 파괴와 자연의 경이로움 상실도 포함되어 있다. 네이팜탄과 핵무기, 도시의 폭동을 진압하기 위한 방탄차도 포함된다. 하지만 GNP에는 아이들의 건강, 교육 수준, 즐거운 놀이는 포함되지 않는다. 시의 아름다움, 결혼의 의미, 지적인 논쟁, 공무원들의 성실함 등은 포함되지 않는다. 우리의 재치나 용기, 지혜나 학식, 동정심, 나라에 대한 헌신 등도 포함되지 않는다. 삶을 살아갈 가치가 있는 것을 제외한 모든 것을 더해 산출하는 것이 GNP다."

사회적 행복을 측정하는 가장 기본적인 기준이 왜곡되어 있다면 어떻게 부와 진정한 경제적 발전의 상관관계를 살펴볼 수 있을까? GDP도 GNP와 마찬가지로 그저 모든 금전적 지출을 더한 것에 지나지 않는다. GDP는 우리가 소비하는 것이 무엇인지 상관하지 않는다. 그 부가 어떻게 골고루 분배되는지, 우리가 쓰는 돈이 정말 우리 것인지 또는 미래 세대의 것을 빌려온 것인지 신경 쓰지 않는다. 영아사망률이나 사회의 폭력 정도는 고려 대상이 아니다. 그 나라에 노숙자가 얼마나 있는지, 실업자나 굶주리는 사람이 얼마나 있는지 관심도 없다. 그렇기에 GDP가 가장 높은 나라가 빈곤율이 가장 높은 나라가 되고 국가 부채가 가장 높은 나라가 될 여지가 충분하다.

돈이 여러 단계를 거치면 GDP가 올라가게 되어 있다. 가족이 붕괴되어 각종 보호시설이나 수양 가족이 필요하게 될 때는 GDP가 발생하지만 부모가 아이들을 성공적으로 키울 때는 GDP가 발생하지 않는다. 별로 필요하지 않은 물건을 사느라 신용카드 한도를 넘는다고 해도 GDP상으로는 좋은 결과가 나타난다. 돈을 절약하며 열심히 사는 것은 그렇지 않다. 이런 렌즈를 통해 본다면 경제적으로 가장 생산적인 사람들은 이혼 위기에 놓여 있는 암환자라고 말할 수 있다. 결혼생활을 행복하게 하는 건강한 사람은 경제적으로 아무런 부가가치를 만들어내지 못하는 셈이다. 집에서 음식을 만들고 걸어서 출퇴근하고 정원에서 직접 채소를 길러 먹고 담배를 피우지 않는다면 GDP 산출에는 도움이 되지 않는다.

운전을 더 많이 할수록 가솔린과 자동차 생산이 계산되면서 GDP가 올라간다. 교통체증에 갇혀 소비하는 시간이나 대기 중으로 배출되는 오염은 GDP 측정에 전혀 고려되지 않는다. 엑손 발데즈호의 원유 유출이나 감옥 건설 등으로 최근 GDP가 높아졌을 것이다. 이 모든 현상이 "성장을 위한 성장은 암세포의 철학이라 할 수 있다"는 에드워드 애비Adward Abbey의 말을 떠올리게 한다.

돈과 관련한 교환이 아니라면 GDP로 등록되지 않는다. 집안일이나 아이 돌보기 등 돈을 지불하지 않는 서비스는 존재하지 않는 것과 마찬가지다. 강이나 바다, 토양이나 삼림, 오존층 같은 천연자원은 아무런 가치가 없으며 이런 자연자원을 남용하거나 마구 개발해야 GDP 매출에 포함된다. GDP는 근본부터 잘못된 방식으로 경제 활동을 측정한다. 경제학자 마크 아니엘스키Mark Anielski는 자원 고갈을 자산의 유동화가 아닌 현재 소득으로 생각하는 경향이 있다고 지적했다. GDP는 기본적인 회계 원칙은 물론 상식에 위배된다는 것이다.

GDP의 대안

이 글을 쓰는 지금 우리는 지난 75년 동안 가장 심각한 경제 위기를 겪고 있다. 이 위기의 원인 가운데 하나로, 우리 경제의 성공을 측정하려고 만든 시스템이 실패로 돌아갔다는 사실에 전문가들은 경악했다. 2008년 경제 급락 이전까지 보여준 놀라운 경제 지표가 지속가능하지 않다는 점을 제대로 알지 못했다. 그때 말했던 경제성장은 거품으로 부풀려진 부동산과 주식시장에 근본을 둔 통계학적 신기루에 지나지 않았다. 더 나은 평가 시스템이 있었다면 이런 경제 위기를 미리 알아차리지 않았을까? 각국 정부는 현재와 같은 위기상황을 피하거나 적어도 최소화할 수 있는 예보 장치를 준비할 수 있지 않았을까?

GDP에 계속 의지하는 한 지도자들은 적절하고 믿을 수 있는 부를 측정할 수 없다. 다행히 경제적 부를 측정하는 데 GDP보다 훨씬 믿음이 가는 다른 기준을 만들어내려는 노력이 한창이다. 하버드대학 교수이자 노벨경제학상 수상자인 아마르티아 센Amartya Sen은 가난과 기근, 성차별 메커니즘을 이해하려는 노력으로 명예박사 학위를 80여 개나 받았다. 2008년 "지금의 GDP는 오해의 소지가 있어서 더 정확히 측정하려면 무언가 다른 시도가 필요하다"라고 말한 그는 이런 문제를 해결하려는 많은 학자 가운데 한 사람이다. 센 교수와 또 다른 노벨경제학상 수상자 조셉 스티글리츠Joseph Stiglitz 교수는 경제 평가와 사회 발전 위원회의 공동 대표이기도 하다. 이 단체는 GDP의 대안을 개발하기 위해 프랑스 대통령인 니콜라 사르코지Nicolas Sarkozy가 2008년 세웠다.

중국 정부는 자국의 놀라운 경제성장이 생태학적·사회적으로 상당한 대가를 요구한다는 사실을 깨닫게 되었다. GDP의 대안에 관한 놀라운 책 《행복의 경제학: 진정한 부의 확립The Economics of Happiness: Building Genuine Wealth》을 쓴 마크 아니엘스키는 '녹색 GDP 회계'를 어떻게 반영할지 정하기 위해 중국 정부와 함께 일하고 있다. 그의 목적은 삶의 질과 환경문제를 한 국가의 경제적 건전성에 반영하는 방법을 고안하는 것이다.

민주주의와 시장 경제를 채택한 30여 개국이 함께 만든 OECD에서는 GDP의 대안을 고민 중이고 다른 여러 곳에서도 새로운 기준을 연구하고 있다.

GDP의 대안으로 우리 삶의 건전성, 지역사회의 힘, 환경의 지속가능성 등을 고려한 여러 가지 지표를 고안 중이라는 사실에 마음이 든든하다. 하지만 행복을 결정하는 요인을 측정하고 현대의 복잡한 경제적 삶을 옳게 판단하기 위해 돈으로 환산한 매트릭스를 만드는 것은 결코 쉬운 일이 아니다. GDP를 대신할 단 하나의 새로운 측정법은 존재하지 않아 어쩔 수 없이 우리는 여러 지표를 활용하게 될 것이다. 나름대로 의미를 담아 경제적 현실과 우리의 사회적 행복을 가능한 한 완벽하게 표현해줄 지표 말이다. 이런 노력이 실현된다면 우리는 모든 사람이 함께 나누는 공평한 부라는 궁극의 목표로 이끌어주는 정책을 만들어낼 것이다.

GDP의 가능성 있는 대안

지속가능성 경제 복지 지수Index of Sustainable Economic Welfare: 경제학자 윌리엄 노드하우스와 제임스 토빈이 주장한 것으로, '경제후생제표'에 기반을 둔 지표.

유엔 인간 개발지수 The United Nations Human Development Index: 유엔개발계획이 해마다 발표하는 보고서에 등장하는 것으로, 평균수명, 건강, 교육, 문맹률 등을 포함하는 지표.

살아 있는 지구 지수 Living Planet Index: 세계자연보호기금 World wide fund for Nature과 유엔환경계획이 개발한 것으로, 전 지구적 생물 다양성에 중점을 둔 지표.

삶의 질 지수 The Quality-of-Life Index: 183개국 경제를 비교하는 지표로, 피임률, 아동복지, 대량살상, 주택가격, 교통 혼잡도, 술과 마약 중독자수, 수명 등 200여 개 요소를 활용해 해마다 〈이코노미스트〉에서 측정하는 지표.

국가 복지 평가 National Accounts of Wellbeing: 한 국가의 성공 여부를 좀 더 의미 있게 평가하고 정부가 시민들의 삶을 증진하는 데 도움이 되도록 사용하는 측정도구와 보고서로, 유럽 사회 조사와 세계 가치 평가 자료를 기반으로 발표한다.

진정한 진보 지수 The Genuine Progress Indicator: 의료 제도, 안전, 깨끗한 환경, 다른 행복 측정 요소 등을 통해 정책입안자들이 사람들에게 정말 의미 있는 것을 정확히 살필 수 있도록 만든 것으로, 리디파이닝 프로그래스에서 진행한다.

행복한 지구 인덱스 The Happy Planet Index: 지구 자원을 시민들을 위해 가장 오래 행복하게 사용하는지를 확인하는 데에 효과적인 지표로 뉴이코노믹스 재단이 해마다 조사해 발표한다.

진정한 부 측정 The Genuine Wealth Assessment: 가치에 기반을 둔 행복 연구와 운영 수단으로, 경제학자 마크 아니엘스키가 고안해 진행하고 있다. 개인, 지역사회, 국가, 기업 등이 자신의 가장 중요한 자산이나 삶을 의미 있게 만들어주는 것을 측정하게 만들어주는 지표다. 사람(인적 자원), 관계(사회적 자원), 환경(자연 자원), 물리적 기반(건설 자원), 돈(재정 자원) 등을 모두 통합해 평가한다.

국민총행복

경제적인 측면을 평가하는 가장 중요한 지표로 GDP 대신 다른 기준을 공식적으로 선택한 곳은 지구상에 단 한 나라, 아시아의 작은 나라 부탄뿐이다. 십 년 전만 해도 평균수명이 가장 짧았던 이 나라는 '국민총행복'이라는 것을 만들어 성공의 척도로 삼았다. 이런 변화는 1972년 왕위를 이어받은 직메 싱예 왕척Jigme Shingye Wangchuck이 만들었는데, 그는 스스로 왕권을 줄이고 이 나라 최초로 민주적인 선거를 이끌어냈다. 그 결과 이 나라에는 어떤 변화가 일어났을까?

가계소득이 극히 낮은 부탄에 여러 가지 면에서 놀라운 발전이 이루어졌다. 40년 전 부탄에는 공공교육이 없었는데 이제는 모든 수준에서 무료 학교가 세워지고 있다. 문맹률 역시 1990년대에는 90퍼센트였는데 이제는 50퍼센트로 크게 떨어졌고 계속해서 나아지고 있다.

40년 전에는 이 나라에 위생 병원이 하나도 없었는데 이제 부탄 국민은 무료로 의료혜택을 받을 수 있다. 정부에서는 유급 산후휴가 등 시민들이 가족과 함께 보낼 수 있도록 배려한다. 나이 든 사람들은 가족이나 정부의 연금 프로그램으로 노후를 편하게 보낼 수 있다.

부탄의 국민총행복에서 가장 놀라운 부분은 천연자원을 보호하려는 끝없는 노력이다. 인근 국가의 삼림이 무차별 개발되는 것과 달리 부탄은 원래의 자연 환경을 그대로 유지한다. 동물사냥은 금지되어 있고 가축을 먹이거나 나무를 베거나 광산을 채취하는 일은 엄격하게 관리하고 규제한다. 비닐 봉투는 사용할 수 없으며 연료를 사용할 때도 엄격히 규제한다. 왕을 기리는 공휴일에는 축제와 퍼레이드 대신 사람들이 모여 나무를 심으며 축하한다. 모든 생명체를 존중하라는 불교의 가르침을 따라 새로운 법률은 사람뿐 아니라 야생동물과 나무에게도 의미 있는 권리를 보장해준다.

이 모든 것이 사람들의 건강에 어떤 영향을 미쳤을까? 놀랍게도 부탄은 짧은 시간 안에 가장 극적으로 평균수명이 늘어난 나라가 되었다. 1984년에 부탄의 평균수명은 48세였는데 오늘날에는 66세가 되었다.

부탄의 사례가 보여주듯이 국민총행복은 그저 환상이 아니다. 단일 문화를 지닌 작은 미개발국가가 고려할 수 있는 극히 효과적인 개발 전략이다. 하지만 이런 방식을 훨씬 더 크고 다양한 문화가 섞여 있는 나라에도 적용할 수 있을까? 행복을 계량화하기는 복잡하고 어려우며 GDP를 대신할 '행복 지수'를 만드는 것은 상당한 도전이다. 물질적인 사고에 익숙해진 우리에게는 더욱 그러하다.

부탄의 사례를 보면 오늘날 소비문화에서 행복이 일시적인 물질적 위로와 기쁨에 있지 않다는 사실을 깨달을 수 있다. 이제 우리는 자기 자신은 물론 다른 사람과 좀 더 근원적인 대화를 나눠야 한다. 그렇다면 정말 가치를 두어야 하는 것은 무엇일까? 가장 심오하고 오래 지속되는 행복의 근원은 무엇일까?

잃어버린 영혼을 찾아

GDP는 국가 차원으로는 돈 쓰는 것을 사회적 행복과 동일시하도록 오도하고 개인 또는 가족 차원에서는 성공을 물질적인 조건으로 평가하도록 이끌어왔다. 만족스럽고 편안하고 건강한 것을 넘어서 훨씬 더 부자가 되고 싶어 하게 만드는 오늘날 문화의 한 단면이다. "둘 다 내 것! 네 것은 없어!" 하며 이기심을 강조하는 트윅스 초콜릿바 광고를 거부하는 대신 이를 재미있게 여기는 것도 그런 영향 때문이다.

이런 실수로 상당한 대가를 치르게 되었다. 다른 사람과 자신을 구분해서 생각하고 자신과 영혼을 분리하는 것이다. 진정한 부를 얻고 싶다면, 또 그런 행복을 오래 유지하고 싶다면 문화적인 최면에서 깨어나 경제적인 삶을 가치 체계와 일치하게 하는 것이 가장 중요하다.

이와 관련해 《돈 걱정없이 행복하게 꿈을 이루는 법》이라는 책을 쓴 친구 린 트위스트는 멘토이자 영감을 주는 주인공으로, 나뿐 아니라 수천 명, 수만 명에게도 영감을 불어 넣어주었다. 린은 돈 쓰는 일이 영적 실천의 한 방편이 된다면, 돈을 우리의 고귀한 의도와 성실함의 수단으로 활용할 수 있다면, 최고의 즐거움과 목적을 발견할 거라고 믿는다.

린과 그의 남편 빌은 세상 모든 사람이 함께 행복해지는 데에, 올바르고 지속가능한 삶의 방식을 만드는 데에 돈과 시간을 엄청나게 쏟아 부었다. 굶주림을 추방하기 위해 노력하는 단체에 처음으로 기부금을 낸 때를 린은 이렇게 기억한다. "그 일이 내 삶의 우선순위를 다시 생각하게 만들었습니다. 내 자아와 영혼 깊은 곳에서 변화가 일어나 삶과 돈의 문제를 새롭게 인식하게 되었지요. 엄청난 돈이나 재산이 가져다줄 수 없는 부유함을 경험하게 된 겁니다."

우리 모두 지금까지 부를 축적하고 자신을 아끼느라 돈을 사용했다. 하지만 린은 사람들에 대한 자신의 사랑과 삶에 대한 확신을 표현하는 데 돈을 사용할 수 있음을 확인했다. "우리 영혼과 우리의 가장 소중한 꿈, 가장 고상한 동경에 돈이 함께한다면 모든 사람이 진정한 부유함을 경험하게 될 것입니다. …… 이런 방식으로 돈을 사용하면 우리는 모든 생명체와 연결될 수 있습니다."

린은 자아를 표현하는 방법으로 돈을 쓰는 것이 얼마나 강력한 힘을 발휘하는지 믿고 있다. 또 그 길이 쉽지 않다는 것도 알고 있다. "여전히 연습 중입니다. 여전히 돈을 낭비하지요. 문제의 해결책이 아닌 문제의 일부분인 온갖 물건을 사들입니다. 돈에 관해 흥분하다가 돈에 관해 실망하다가 돈과 관련한 문제에서 당황하기도 하고 갈등을 일으키기도 합니다. 길 한가운데 서 있습니다. …… 하지만 이런 연습은 우리 시대에 쓸모 있고 중요한 것입니다."

돈 모으기가 삶의 가장 중요한 목표라는 생각을 떨쳐버리면 더 위대한 삶, 그저 무언가 소유하고 얻으려 노력하는 삶을 넘어선 새로운 삶을 얻을 수 있다. 린 트위스트는 바로 이 순간 '돈이 내가 누구인지 나타낸다는 생각, 내 사랑과 마음과 말과 인간성을 나타낸다는 생각'을 떨쳐버려야 한다고 말한다.

돈이 부패한다면?

삶의 가치기준과 돈 사이의 단절을 만들어내는 가장 애매하고 미묘한 문제는 돈은 지저분한 것 또는 나쁜 것이라는 생각이다. 이런 생각이 사람들의 무의식에 얼마나 깊이 자리 잡고 있는지 알면 놀랄 것이다. 하지만 이런 생각이 무의식에 자리해도 그 영향력이 덜한 것은 아니다. 오히려 훨씬 더 큰 힘을 발휘한다.

부유함에 편견을 갖고 있는 친구가 있다. 그는 부유한 사람은 탐욕으로 가득하다고 이야기한다. 부를 얻기 위해 부자들은 분명 다른 사람을 이용했을 거라고 확신한다. 아니면 그저 엄청난 부를 상속받았으므로 게으르게 산다고 말한다. 그는 신이 돈에 관해 어떻게 생각했는지 알게 된다면, 신이 돈을 준 사람들을 살펴보라고 이야기한다.

물론 이 친구의 확신에는 나름대로 이유가 있다. 부유한 사람 가운데 이기적이고 무례한 사람, 재산을 얻기 위해 남들을 착취하는 사람, 심지어 폭력과 잔인한 방법을 동원하는 사람도 있으니 말이다. 아무런 목적의식 없이 그저 나태하게 살아서 부럽기보다 불쌍한 부유한 상속자들도 많다. 하지만 부자를 멸시하는 것은 아주 잘못되었다. 그런 사람들은 부자들 가운데서만 찾을 수 있는 것도 아니고 설령 있다 해도 일부에 지나지 않는다. 자기중심적이고 남을 잘 속이며 게으른 사람들은 경제적인 위치와 상관없이 어떤 계층에나 있다. 예전에도 그랬고 지금도 그러하며 앞으로도 그럴 것이다. 긍정적이건 부정적이건 성품과 부 사이에는 일관된 상관관계는 없다.

부유한 사람은 동정심이 없다고 믿는 내 친구 같은 사람들은 돈과의 관계에서 힘든 경험을 할 것이다. 자신의 편견이 장애가 되기 때문에 그렇다. 인생에서 경제적인 안정을 경험한 적이 없고 부에 대한 편견 때문에 계속해서 재정적으로 고난을 겪게 될지도 모른다.

내 친구가 미처 보지 못한 진실이 하나 더 있다. 부유한 사람들이 확고한 가치와 따뜻한 목표를 갖고 있고 이에 합당하게 돈과 관계를 맺는다면 그들이야말로 세상을 위해 놀랄 만한 변화를 만들어낼 수 있다.

돈이 충분히 없어서 부끄러운 만큼 돈이 충분해도 부끄러울 수 있다. 돈을 제대로 다루는 방법, 돈에 관한 생각, 돈을 벌고 쓰고 남에게 주는 것이 우리 자신은 물론 더 넓은 지역사회를 치유하기 위한 영적 훈련임을 이해할 수 있어야 한다.

젤 크라빈스키Zell Kravinsky의 놀라운 사례를 생각해보자. 크라빈스키는 필라델피아의 작은 집에서 자라났고 지금도 그곳에서 멀지 않은 펜실베이니아주 젠킨타운에서 살고 있다. 젤의 부친은 노동자였고 모친은 교사였다. 그는 몇 년 동안 감정조절에 장애가 있는 아이들을 가르쳤고 펜실베이니아대학에서도 학생들을 가르쳤다. 대학에서 실시한 학생들의 강의 평가에서 그는 최고 강사로 선정되기도 했다.

그러는 동안 그는 일련의 부동산 투자를 했고 투자가 성공하면서 돈을 엄청나게 벌었다. 이 돈으로 그는 무얼 했을까? 부자는 이기적이라는 내 친구의 예상과 다른 일을 해냈다. 사실 사람들이 대부분 예상하지 못한 일을 했다.

크라빈스키는 4,500만 달러라는 엄청난 돈을 자신이 가장 관심 있어 하는 분야인 공공 의료와 보건에 기부했다. 자녀의 교육비 8만 달러를 제외하고 모든 돈을 기부했다.

크라빈스키는 질병통제와 예방 센터를 후원하는 재단에 역대 최고 금액을 기부했으며 존스홉킨스대학 블룸버그 공공보건 대학원, 오하이오 주립대 공공보건학 연구에도 상당한 액수를 기부했다. 충분히 풍족하게 살 수 있는데도 그는 여전히 몇 년 전 14만 1,500달러를 주고 산 집에서 아내와 자녀와 함께 소박하게 살고 있다.

돈이 얼마나 있건 없건 상관없이 무언가 돕고 싶은 마음이 있다면, 그때는 행동으로 옮길 방법을 찾으면 된다. "적은 돈으로 많은 사람을 도울 수 있습니다. 특히 보건과 관련한 분야라면 더 그렇지요. 가난한 나라에서는 아이들 50만 명이 해마다 비타민 A 부족으로 실명합니다. 비타민 A가 충분했으면 예방할 수 있었을 감염으로 아이들이 죽어가고 있습니다." 그가 존스홉킨스대학에 설립한 프로그램 가운데 하나는 비타민 A를 충분히 공급하는 일에 집중한다.

재산을 모두 기부한 그는 자신에게 무언가 특별한 선물을 하기로 했다. 사람들은 대개 근사한 디저트나 호사스러운 휴가 등으로 보상하겠지만 그는 달랐다. 그는 신장을 기증하기로 했다. 이것이 바로 오랫동안 꼭 하고 싶었던 일이었다고 했다. "내 생명을 잃지 않고 다른 사람의 생명을 구할 수 있다면, 왜 그 일을 하지 않겠습니까?" 그는 이런 행동이 독특하다고 생각하는 사람들을 깜짝 놀라게 하는 말을 했다. 신장 이식이 필요한 많은 흑인이 적절한 신장 기증자를 구하지 못해 죽어간다는 사실을 알게 된 그는 자신의 소망을 채워줄 필라델피아의 병원을 찾았다. 특별한 수혜자를 마음에 두지는 않았지만 그는 저소득 흑인에게 신장을 기증하고 싶다고 강조했다.

이렇게 완전히 이타적으로 기증하는 예는 극히 드물다. 해마다 미국에서는 6,000명이 신장 하나를 기증하는데, 대부분 가족이나 가까운 친구들을 위해서 한다. 완전히 얼굴 모르는 사람에게 기증되는 일은 해마다 30여 건에 불과하다.

크라빈스키를 성자라고 생각하는 사람들도 있지만 그는 그저 사람일 뿐이다. 그 역시 우리와 마찬가지로 자기 결정에 관해 고민했다.

그는 우리와 마찬가지로 자신이 할 수 있는 최선을 다했다. 하지만 그는 우리와 달리 돈으로 자기 영혼을 표현하는 방법을 찾아냈다. "나는 우리가 모두 형제이고 자매라고 생각합니다. 서로 껴안을 수 있다면 세상에는 전쟁도 인종차별도 없겠죠."

돈과 관계를 어떻게 맺느냐로 삶의 목적을 보여준 크라빈스키 이야기는 특히 소중하다. 돈이 얼마가 있건, 없건 우리가 해볼 수 있는 것들이다.

"무언가 나눠줄 방법은 많습니다. 승객을 위해 항상 웃는 버스운전사는 박애주의자입니다. 아픈 친척을 돌보는 것도 훌륭한 박애주의이지요. 돈을 기부하거나 장기 일부를 기부하지 않아도 좋습니다. 우리에게 필요 없는 것이 다른 사람에게는 아주 중요한 것일 수 있습니다."

불우한 사람들을 위해 자신에게 있는 모든 것을 나눠주라는 얘기가 아니다. 중요한 것은 할 필요가 있는 일을 하고, 돈과 인간의 정신에 관해 같은 숨결로 말하고, 돈에 관해 결정할 때는 두려움이 아닌 올바른 선택을 기준으로 삼아야 한다는 것이다. 은행계좌에 돈이 얼마나 들어 있건 있는 그대로 자기 모습에서 웃음과 기쁨, 아름다움을 찾아보자.

새롭고 멋진 인생

노벨평화상 수상자 슈바이처 박사는 오랫동안 어렵게 살아가며 힘들게 얻은 지혜를 바탕으로 이렇게 말했다. "내가 아는 것은 단 하나다. 우리 중 정말 행복한 사람은 어떻게 봉사할지 알아낸 이들이다."

누구에게도 쉽지 않은 일이다. 진정한 소명을 발견하려면 오랜 연습과 훈련, 경청과 포기가 필요하다. 마음 깊은 곳에 자리한 선물을 찾아내려면 끈질김과 헌신이 필요하다. 마땅히 그래야 하는 삶을 살려면 장점과 모든 약점이 필요하다.

나는 부유했던 적도 있고 가난했던 적도 있다. 솔직히 말하면 부유하던 때가 더 좋고 편했다. 하지만 부유한 사회의 가난함을 목격하면서 대단한 일을 하고 남을 도우려면 돈을 많이 가질 필요도, 가진 돈을 모두 줄 필요도 없다는 사실을 알게 되었다. 남을 돌보는 마음과 자비심이 있다면 헌신하는 마음과 배려심을 넉넉히 베풀 수 있다. 침착한 이성과 따뜻한 마음에서 오는 선물이 지갑 크기에 상관없이 착각에 사로잡힌 자아에서 오는 선물보다 훨씬 중요하다.

오래된 좋은 인생에서는 셀 수 없이 복잡한 욕망과 물질적 소유가 부의 기준이라고 강조했다. 하지만 진정한 부는 우리가 이 세상에 베풀어야 하는 선물을 나누고 축하하는 것이며, 다른 사람이 우리에게 주는 선물을 기쁘게 받는 것이다. 그러니 나가서 번성하라. 나가서 창의력을 발휘하고 열정적으로 충만하게 살아라. 나아가 모든 선택과 경험에, 모든 호흡과 모든 순간에 영혼이 지닌 모든 지혜를 발휘하라.

인생에 감사하는 한, 물질이라는 가리개를 넘어 자리한 의미와 목적을 잊지 않는 한, 마음이 호기심으로 가득 차 있는 한 우리는 새롭고 멋진 인생을 즐길 수 있다. 삶을 새롭게 인식하고 믿음을 되돌리며 일상적인 것 속에서 성스러운 것을 찾고 영적인 아름다움을 발견한다면 인생을 새롭고 멋지게 살 수 있다.

지상에서 보내는 시간이 우리 마음을 기쁨으로 가득 채워주길, 사랑을 따뜻한 담요로 삼고 평화를 편안한 베개로 삼고 기쁨을 영원한 삶의 동반자로 삼기를 기원한다.

옮긴이의 글

멋진 인생을 위한 한 걸음

"잘 살고 싶어!"

세상 사람들이 입버릇처럼 하는 말이다. 그런데 '어떻게 사는 것이 잘 사는 것인지' 구체적으로 묻는다면, 대부분의 사람들은 아마 이렇게 대답할 것 같다. 집은 클수록 좋을 것 같고, 큼지막한 중대형 차에, 유명 브랜드의 멋진 옷을 입고 맛있는 음식을 먹으며 쉬고 싶을 때 쉴 수 있는 삶. 통장에 돈도 잔뜩 들어 있고 남들이 부러워하는 타이틀이 명함에 적혀 있다면 멋진 인생 아니겠냐고.

세상이 바뀌면 멋지게 사는 것의 정의도 변한다. 많이 벌어 많이 쓰기 위해 더 바쁘게 정신없이 사는 것이 옳은지, 별 필요하지도 않은데 그저 더 큰 것들을 더 많이 소비하는 것이 정말 멋진 인생인지 의문이 들기도 한다. 육식의 폐해와 건강, 환경 문제에 관해서 이미 많은 책을 쓴 존 로빈스의 새 책은 이런 의문에서 출발했다.

그는 세상 모든 사람들과 마찬가지로 예기치 않은 성공을 거두기도 하고 예기치 않은 실패를 경험하며 얻고 잃었기를 반복한 사람이다. 아이스크림으로 유명한 배스킨라빈스의 상속자였지만 부와 명예를 포기했고 작은 섬으로 아내와 함께 들어가 직접 집을 만들고 농사짓는 삶을 선택했다. 자신의 경험을 녹여 책을 쓰는 새로운 일에 기꺼이 도전했고 베스트셀러 작가가 되어 성공을 거두는 기쁨을 맛보기도 했다. 하지만 다시 한 번 인생이 요동쳤고 특별한 보호가 필요한 쌍둥이 손자를 위해 투자를 했다가 금융사기에 휘말리며 파산 직전에 이르게 된다. 그 과정에서 그는 정말 '멋진 인생이란 무엇일까?' 깊이 생각해보았고 공허한 성명서가 아닌 삶을 조금이라도 바꿔 줄 현실적인 제안을 담은 책으로 펴내게 된다.

저마다 똑똑하다고 큰 소리 치는 사람들이 사실 얼마나 빈틈이 많은지 그는 제일 먼저 지적한다. 자신이 돈을 얼마나 벌어서 얼마나 쓰고 있는지 정확하게 파악해본 적이 있던가? 필요하지 않은 물건을 얼마나 많이 사들이고 있나? 이런 것들을 확인할 수 있는 체크리스트와 표를 만들었고 성격과 습관, 개성에 따라 6가지의 머니 타입을 정리해 독자들의 참여를 이끌어 낸다. 그가 이끄는 대로, 막연히 머리 속에 담아두었던 것을 구체적인 수치로 적어 가다 보면 그토록 소중하게 생각하는 내 인생의 시간과 에너지와 돈을 얼마나 낭비했는지 깜짝 놀라게 될 것이다. 이런 의미 없는 소비와 낭비가 자신의 삶에만 영향을 주는 것이 아니라 가족과 사회 전체, 지구 모든 생명체에까지 어떤 문제를 일으키는지 확인하면 다시 한번 놀랄 것이다.

자신이 사는 환경을 파괴하는 유일한 생명체가 바로 인간이라고 한다. 오존층이 사라지고 빙하가 녹아 대륙이 물에 잠기고 유독물질과 강과 바다, 토양이 오염되고 멸종하는 동물과 식물이 점점 더 늘어나고, 주변에서 벌어지는 일 중 정말 심각한 재앙이라 부를 수 있는 것은 자연이 아닌 인간이 만들어낸 결과다. 프랑스의 정신분석학자인 펠릭스 가타리는 "인류 스스로 근본적으로 변하지 않는다면 더 이상 인류 역사란 존재하지 않을지도 모른다"라고 말했는데 지금과 같은 무관심, 무신경함이 계속 된다면 우리 후손에게 미래란 것이 과연 존재나 할 수 있을까?

'더 이상 지금처럼 살 수는 없잖아? 무슨 수를 내야지.'

책을 읽은 후 이런 생각이 들었다면, 그 책은 충분히 존재 의미를 다했다 볼 수 있을 것이다. 존 로빈스가 쓴 《존 로빈스의 인생혁명》을 읽고 나면 무언가 작은 변화를 시도할 수 있는 용기를 얻게 될 것이다. 덜 쓰고 덜 버리며 더 많은 사랑을 베풀고 더 많은 자유를 누리는 새로운 멋진 인생에 한 발 내딛는 기쁨과 더불어!

김은령

옮긴이 김은령

이화여자대학교에서 영어영문학을 전공하고 같은 학교 대학원에서 언론학 석사학위를 받았다. 〈행복이 가득한 집〉 편집장을 거쳐 현재 월간 〈럭셔리〉의 편집장이자 번역가, 칼럼니스트, 비즈니스 라이팅 강사 등으로 활동 중이다. 지은 책으로는 《음반으로 쉽게 배우는 재즈 백과사전》 《바보들은 항상 여자 탓만 한다》 등이 있고, 옮긴 책으로는 《패스트푸드의 제국》 《침묵의 봄》 《텐진 파모의 마음 공부》 《나이 드는 것의 미덕》 《아름다운 청년 대니 서의 집》 등이 있다.

존 로빈스의 인생혁명

초판 1쇄 발행일 2011년 6월 22일
초판 3쇄 발행일 2021년 10월 25일

지은이 존 로빈스
옮긴이 김은령

발행인 박헌용, 윤호권
발행처 ㈜시공사 **주소** 서울시 성동구 상원1길 22, 6-8층 (우편번호 04779)
대표전화 02-3486-6877 **팩스(주문)** 02-585-1755
홈페이지 www.sigongsa.com / www.sigongjunior.com

이 책의 출판권은 (주)시공사에 있습니다. 저작권법에 의해
한국 내에서 보호받는 저작물이므로 무단 전재와 무단 복제를 금합니다.

ISBN 978-89-527-6227-6 13330

*시공사는 시공간을 넘는 무한한 콘텐츠 세상을 만듭니다.
*시공사는 더 나은 내일을 함께 만들 여러분의 소중한 의견을 기다립니다.
*잘못 만들어진 책은 구입하신 곳에서 바꾸어 드립니다.